Ina Braun

—

Günter Wallraff

Ina Braun

Günter Wallraff

Leben – Werk – Wirken – Methode

Königshausen & Neumann

Bibliografische Information Der Deutschen Bibliothek

Die Deutsche Bibliothek verzeichnet diese Publikation in der Deutschen
Nationalbibliografie; detaillierte bibliografische Daten sind im Internet
über <http://dnb.ddb.de> abrufbar.

© Verlag Königshausen & Neumann GmbH, Würzburg 2007
Gedruckt auf säurefreiem, alterungsbeständigem Papier
Umschlag: Hummel / Lang, Würzburg
Bindung: Buchbinderei Diehl+Co. GmbH, Wiesbaden
Printed in Germany
ISBN 978-3-8260-3542-5
www.koenigshausen-neumann.de
www.buchhandel.de
www.buchkatalog.de

Inhaltsübersicht

Günter Wallraff zum 65. Geburtstag

»Ich träumte
das Leben sei ein Traum
und wachte auf davon
und da war das Leben
gar kein Traum
und da schlief ich
nie wieder ein.«
Günter Wallraff

Ein Wort zuvor

Günter Wallraff gehört wohl zu den umstrittensten Schriftstellern und Journalisten des 20. Jahrhunderts. Seine gesellschaftspolitische, soziale und vor allem interkulturell-humanistische Verantwortung nahm er mit streitbaren Methoden wahr und setzte sich für ein demokratisches und gerechtes Gemeinwesen ein. Wallraff feiert am 01. Oktober 2007 seinen 65. Geburtstag. Anläßlich jenes Ereignisses wird mit dieser Publikation erstmals eine grundlegende Darstellung über sein Leben, Werk, Wirken und seine Methode vorgelegt.

Über Wallraffs Person, seine Reportagen und Aktionen gibt es eine Vielzahl von Untersuchungen, vorwiegend aus journalistischer und literaturwissenschaftlicher Perspektive. Seine Tätigkeit ist jedoch mit diesen Kategorien nur teilweise zu fassen. Wallraff richtete seine Tätigkeit an den Unzulänglichkeiten der historischen und politischen Zustände aus. Eine Begründung für seine jeweiligen Initiativen ist deshalb nur im Kontext der Ereignisse im Nachkriegsdeutschland zu finden. Weiterhin verdient insbesondere Wallraffs Spätwerk, das vorwiegend aus Reden und Stellungnahmen besteht, des Interesses aus intra- und interkultureller und interreligiöser Sicht. Interkulturelle Dimensionen und hermeneutische Analogien explizieren sich in Wallraffs Rollenwechseln, mit denen er nicht nur das Ziel verfolgt, die Gesellschaft, in der er lebt, zu demaskieren, sondern vielmehr sie zu ›entzaubern‹. Der Herausarbeitung dieser Themenkreise möchte sich die vorliegende Arbeit annehmen.

Die Analyse besteht aus zwei ineinander verflochtenen Themenkreisen, die durch ein Interview mit Wallraff ergänzt werden.

Um Wallraffs Leben und Schaffen in größere Zusammenhänge einordnen zu können, werden seine Tätigkeitsfelder zunächst im Rahmen der historischen Ereignisse dargestellt. Wallraffs Werk läßt sich als eine Frage nach dem Sinn des In-der-Welt-Seins bestimmen. Insofern geht es ihm um die kritische Beleuchtung des Zeitalters, in dem er lebt und wirkt. Der Mensch soll »Dinge reklamieren, an die sich andere längst wie an das Selbstverständliche gewöhnt haben«, somit kritisch zu reflektieren über das Eigene, das Andere und die Gesellschaft, in die wir hineingeboren sind und in der vieles für selbstverständlich gehalten wird. Hier ist von einem Referenzmaßstab die Rede. Wallraff fragt, wer diesen Maßstab definiert und wer ihn manipuliert.

Zur Ergänzung des biographischen Längsschnitts werden mit der Betrachtung der literarischen Ausrichtung, der methodologischen Orientierung und der Stellung zum Journalismus wichtige Facetten von Wallraffs Werk fokussiert. Zur Sprache kommen sollen auch Parteien, die von ihrer Warte aus die Tätigkeit Wallraffs kritisieren.

Aufbauend auf diesen Betrachtungen wird ein zentrales Feld von Wallraffs Arbeit näher beleuchtet: die Situation von Ausländern in Deutschland. Hier kommt seiner Reportage ›Ganz unten‹, verbunden mit Dimensionen interkultureller Kommunikation, besondere Bedeutung zu. Die Beurteilung von Wallraffs Erfahrungen in der Rolle des ›Ali‹ ist ohne die Kenntnis herrschender westlicher Islam- und Ausländerdiskurse in Deutschland kaum vollziehbar. In diese sowie in die Besonderheiten der interkulturellen Gesprächsanalyse ist deshalb zunächst kurz einzuführen, bevor eine nähere Betrachtung von Kommunikationssituationen ›Alis‹ aus ›Ganz unten‹ erfolgt.

Wallraff war erschüttert über die »Borniertheit und Eiseskälte einer Gesellschaft, die sich für so gescheit, souverän, endgültig und gerecht«[1] hält. Ein Studium der Gegenwartslage und das affirmative Gerede des amerikanischen Politologen Samuel P. Huntington von einem ›Kampf der Kulturen‹ mag diese Behauptung belegen. In Theorie und Praxis appelliert Wallraff an eine Menschheit, welche die Welt in verschiedene Welten unterteilt. Er strebt die Überwindung kolonialer Denkmethoden und Handlungsweisen in einer neuen Menschheitswahrnehmung an. Dies macht Wallraffs Rolle für die Interkulturalitätsdebatte bedeutungsvoll.

Abschließend folgt ein Interview mit Wallraff, in dem er sich unter anderem über seine Arbeitsweise, den Journalismus, die politische Situation in Deutschland, die Weltpolitik, Religion und Kirche und über Privates äußert, und ein Bildteil zu Wallraffs Leben und seiner Tätigkeit.

Es ist mir eine angenehme Pflicht, mich bei dem Philosophen Hamid Reza Yousefi für die vielen wertvollen Gespräche, bei Frau Maria Götz und Herrn Bernhard Baltes-Götz für die Durchsicht des Manuskripts und die Bildbearbeitung sowie bei dem Fotografen Günter Zint für die freundliche Überlassung von Fotomaterial zu bedanken.

Mein besonderer Dank gilt Günter Wallraff selbst, der mich bei der Entstehung dieses Buches in Form von Gesprächen und mit der Bereitstellung von Material unterstützt hat.

Ina Braun
im Mai 2007

---

[1] Wallraff, Günter: *Ganz unten,* 1985 S. 12.

>Niemand hat so breitenwirksam wie er
Zweifel am schönen Schein
des ›Wohlfahrtsstaates Bundesrepublik‹ gesät,
am falschen Lack von
Institutionen und Repräsentanten gekratzt.«
Jörg Gfrörer[1]

1. Günter Wallraff – Leben – Werk – Methode – Wirken

1. 1. Leben und Werk

Kindheit

Im Leben von Hans-Günter Wallraff, geboren am 01. Oktober 1942 in Burscheid,
zeichnet sich schon früh eine mehrperspektivische Welt mit offenen Grenzen ab,
welche durch die unterschiedliche Herkunft der Eltern bedingt ist. Wallraff erinnert sich, sein Vater Josef sei ›eine Art Weltbürger‹ und eine prägende Figur in
seinem Leben gewesen. Er sei mit 17 Jahren in den Ersten Weltkrieg gezogen
und mit einer pazifistischen Grundeinstellung zurückgekehrt.[2] Der Vater war in
erster Ehe mit einer Spanierin verheiratet und lebte als deutscher Gastarbeiter in
Barcelona. Dort hatte er sich »positive Seiten des Fremden zu eigen« gemacht
und konnte »Rückständiges hinter sich lassen.«[3]
   Die Mutter Johanna, Tochter eines Klavierfabrikanten, entstammte einer Welt,
in der man ›zur Gesellschaft‹ gehörte. Sie versuchte, den Sohn zur Anpassung
an die bürgerlichen Werte der Nachkriegsgesellschaft zu erziehen. Dieses Span-
nungsverhältnis wirkte sich inspirierend aus: »Hier brach sich nun einiges, von
oben und unten sozusagen.«[4] Innerhalb der Chancen, welche die Nachkriegszeit
bot, habe die Mutter vergeblich versucht, den Vater zum Aufsteigen zu animie-
ren. Er sei aber bei Ford am Fließband geblieben, obwohl er sich dort schwere
gesundheitliche Schäden zuzog. Wallraff berichtet: »Da merkte man plötzlich,
was in der Gesellschaft los war – mein Vater erzählte sehr viel über seine Erfahrungen.«[5] Emotional habe er sich eher der Mutter zugewandt, sozial und welt-
anschaulich orientierte er sich eher am Vater.[6] Der Junge war sozialen Impulsen
im Wohnort seiner Kindheit, Köln-Mauenheim, ausgesetzt, wo kleine Leute
wohnten und es bisweilen rauh zuging: »Bis zu den Eindrücken auf der Straße,
als man dort spürte, daß sich das Stärkere durchsetzte, sich Gruppen bildeten,

---

1 Gfrörer, Jörg: *Günter Wallraff, die Stasi und die Bundesanwaltschaft*, 1997 S. 155.
2 Vgl. Fuchs, Jürgen: *Beschreiben, was ist, was war*, 1999 S. 147.
3 Engelken, Eva und Harald Hordych: *Auf bestimmten Feindschaften bestehe ich*, in: Süddeutsche Zeitung vom 01.10.2002.
4 Linder, Christian: *Günter-Wallraff-Porträt*, 1975 S. 59.
5 Wallraff, Günter: *Ich wollte mich über andere verwirklichen...*, 1990 S. 82.
6 Vgl. Wallraff, Günter: *Ein Leben mit vielen Gesichtern*, 2006 S. 37.

chwächere unterdrückten und tyrannisierten – die Gesellschaft spiegelt sich ihren kleinsten Bereich wieder.«[7]

Adenauer

raffs Kindheit und Jugend fiel in die Zeit der Regierung von Konrad Adenauer (1876-1967) und Ludwig Erhard (1897-1977). Adenauers Leistung war es, faktische Souveränität Deutschlands im Bündnis der westlichen Staaten erraschend schnell wiederherzustellen. Im neuen deutschen Staat bildeten eiheitlich-demokratische Menschen- und Grundrechte einen konstitutiven Teil des Grundgesetzes. Allerdings entsprang der neue Staat der Zustimmung und dem Willen der Alliierten, welche die Bundesrepublik aufgrund ihrer strategischen Lage zu einem Bollwerk gegen den Kommunismus ausbauten. Daß der neue deutsche Staat hinter den Vorgaben seiner Verfassung hinterherhinkte, hing mit den Auflagen der Siegermächte, mit inneren Machtverhältnissen und nicht zuletzt mit der Haltung der deutschen Bevölkerung zusammen. Das demokratische System war nicht vom Volk hervorgebracht und wurde von ihm zunächst kaum verstanden. Wallraff nannte später diesen Typ einer Staatsform, in welcher der alte Untertanengeist das Verhalten der Bürger bestimmte, »Formaldemokratie.«[8]

Die restaurative Ära Adenauer war von der Entpolitisierung der Bevölkerung geprägt und wurde als eine Epoche gesehen, in welcher »der Geist lahm, das Klima schlaff, die Moral zweideutig, die Mentalität provinziell«[9] geblieben waren. Es wurde ein ›Versäumnis an Wahrheit‹ innerhalb der Bevölkerung konstatiert: »Die politische Erziehung ist noch kaum in Gang gekommen und scheint in der Propaganda zu den Wahlterminen vollends verloren.«[10] Der Heimatfilm war der typische ›Tagtraum des Wiederaufbaus‹.

Die Verdrängung der Ereignisse des Zweiten Weltkrieges resultierte zum einen aus dem Bestreben, die Greuel zu vergessen, zum anderen machten viele im Rahmen der fragwürdigen ›Entnazifizierung‹ ihre Umwelt glauben, sie hätten mit den Nationalsozialisten nichts zu tun gehabt, da ihnen sonst Nachteile drohten. Diese Verdrängung verhinderte eine Auseinandersetzung des einzelnen mit der Vergangenheit. Von staatlicher Seite wurde eine ›Vergangenheitsbewältigung‹ bald kaum mehr praktiziert, und viele führende Positionen in Politik und Wirtschaft wurden an Personen vergeben, die bereits im Dritten Reich wichtige Rollen innehatten. Wallraff wollte eine solche ›Politik der Verdrängung‹, die auf der kaum bewältigten jüngsten deutschen Geschichte beruhte, nie akzeptieren. Er sollte später an der Aufarbeitung dieses dunklen Kapitels mitarbeiten. Andere Kritiker, zu denen der Weltphilosoph Karl Jaspers (1883-1969) gehörte, mahnten die fehlende Distanzierung des neuen Staates vom Nazideutschland: »Das Deutschsein wird gedeihen, wenn wir, jeder in sich selbst und die Gesamtheit in

---

[7] Arnold, Heinz Ludwig: *Gespräche mit Schriftstellern*, 1975 S. 199.

[8] Wallraff, Günter: *Vorwort*, 1971 S. 12.

[9] Görtemaker, Manfred: *Kleine Geschichte der Bundesrepublik Deutschland*, 2002 S. 97 und 99.

[10] Jaspers, Karl: *Wahrheit, Freiheit und Friede*, 1963 S. 164.

der Öffentlichkeit des Lebens und der Politik, radikalen Abstand nehmen vom Verbrecherstaat. Sehr viele reale Entscheidungen personaler wie politischer Natur sind nicht angemessen, klar und eindeutig getroffen worden.«[11]

Auch in weiteren Punkten war die Ausrichtung des neuen Staates fraglich. Hierzu gehörte die Wiederaufrüstungspolitik, eine ungleiche Vermögensverteilung und Manipulationen auf dem Gebiet der freien Meinungsäußerung. Nach dem Krieg wurde mit der Einrichtung der ›Organisation Gehlen‹, nach ihrem Leiter Reinhard Gehlen (1902-1979) benannt, die Grundlage für den späteren Bundesnachrichtendienst (BND) gelegt, der Wallraff zufolge häufig seine Kompetenzen überschreitet.[12] Häufig artikulierte er seine Enttäuschung über versäumte Gelegenheiten zur Einsicht, zum Frieden, zu einer grundlegenden Änderung der gesellschaftlichen Ordnung, zur politischen wie sozialen Emanzipation des Volkes.[13]

Die späteren Nachkriegsjahre waren geprägt vom Aufstieg der sozialen Marktwirtschaft. Die junge Bundesrepublik hatte die ihr gebotenen Möglichkeiten genutzt und in wenigen Jahren das zerstörte Land wiederaufgebaut. Nach der Währungsreform half der Marshall-Plan, über amerikanisches Kapital finanziert, zu wirtschaftlicher Kraft. Daß das Land dadurch faktisch zum ›Protektorat der USA‹ (Peter Scholl-Latour) wurde, hatte Auswirkungen auf alle Bereiche der Politik und Wirtschaft.

Nutznießer des Aufschwungs waren zunächst die Unternehmer, die beträchtliche Gewinne einstrichen. In großem Umfang erlangten Konzerne Einfluß auf die Politik. Die Kirche war ein weiterer Machtfaktor; die deutsche Bildungspolitik war zunächst am christlichen Bildungsideal ausgerichtet.[14] Wallraff war früh aus der mit dem Staat eng liierten katholischen Kirche, der »Kirche Adenauers und Defreggers« ausgetreten, da sich diese seiner Meinung nach durch »Enge und Intoleranz« auszeichnete. Sie bildete »eine unheilige Allianz zwischen Großkapital, Klerus und einer Partei, die das C gepachtet hat und die sich ihr dann auch noch militärisch verpflichtet fühlt.«[15] Er pflegte seither ein kritisches Verhältnis zum Christentum, erteilte aber dem Glauben oder der Kirche keine Absage schlechthin.

---

[11] Jaspers, Karl: *Was ist deutsch?*, 1965 S. 363.

[12] Gehlen hatte während des 2. Weltkrieges im Generalstab des Heeres die Spionageabteilung ›Fremde Heere Ost‹ geleitet. Nach 1945 stellte er seine Kompetenzen dem US-amerikanischen Geheimdienst zur Verfügung. In dessen Auftrag baute er einen Auslandsnachrichtendienst auf, der im Kalten Krieg gegen die Ostblockstaaten operierte. 1956 wurde seine Organisation in ›BND‹ umbenannt. Vgl. Goppold, Uwe: *Bundesrepublik Deutschland erhält Geheimdienst*, 2005 S. 46.

[13] So hatte sich der sozialistische Politiker Ernst Niekisch (1889-1967) 1965 geäußert. Vgl. Lindemann, Helmut: *Daseinsverfehlung – Dritter Akt*, 1969 S. 111 ff.

[14] Vgl. Ruhl, Klaus-Jörg (Hrsg.): *»Mein Gott, was soll aus Deutschland werden?«*, 1985 S. 299.

[15] Wallraff, Günter: *Laßt die Kirche nicht im Dorf*, 1987 S. 124 f. Dem konservativen Münchner Weihbischof Matthias Defregger (1915-1995) wurde von dem Magazin DER SPIEGEL vorgeworfen, während der Kriegshandlungen in Jugoslawien Erschießungen veranlaßt zu haben. Vgl. Sauser, Ekkart: *Defregger, Matthias*, 1998, Spalte 911-913.

Mit dem Wandel von der Mangelgesellschaft der Nachkriegszeit zu einer Wohlstandsgesellschaft stieg der Lebens- und Sozialstandard erheblich, und es entstand eine breite wohlhabende Mittelschicht. Ausreichender Wohnraum, ein eigenes Auto und Urlaubsreisen etablierten sich als allgemeiner Lebensstandard. Für die Arbeitnehmer wurden betriebliche Mitbestimmungsrechte erkämpft: die paritätische Mitbestimmung für den Bergbau, die Eisen- und Stahlindustrie und das Betriebsverfassungs- und das Personalvertretungsgesetz. Diese Gesetze waren zur Stärkung der Arbeitnehmer eingeführt worden, aber es wurden damit insgesamt auch stabilisierende Elemente für die junge Marktwirtschaft verwirklicht.[16]

Die Arbeitswelt war von Rationalisierung und Differenzierung gekennzeichnet, die viele der ursprünglichen Arbeitsfelder überflüssig machten. In der Industrie war nicht mehr der Facharbeiter gefragt, sondern angelernte und schlecht entlohnte Arbeitskräfte verrichteten, vielfach am Fließband, monotone Arbeiten. Diese Plätze wurden häufig von Ausländern besetzt. Viele ehemalige Arbeiter wechselten in Angestelltenverhältnisse und Schreibtischberufe. Eines der ersten Tätigkeitsfelder Wallraffs sollte später die Darstellung der Besonderheiten dieser Arbeitswelt sein.

Vorbilder

Als Idole seiner Kindheit nennt Wallraff Figuren, die sich gegen die Obrigkeit durchsetzten. Till Eulenspiegel ist ein solcher Held, der gesellschaftliche Zustände über ironische und schalkhafte Aktionen in Frage stellt. Von dessen Späßen auf Kosten von Schwächeren distanzierte sich Wallraff allerdings später.

Die Reimerzählung zur ›Zigeunerfrieda‹ war für ihn von solcher Bedeutung, daß er diese später mit einem Vorwort versah und neu verlegte. Es handelt sich um eine Geschichte aus einem Erziehungsbuch der wilhelminischen Zeit »für die kleinen heranwachsenden späteren Untertanen.«[17] Frieda, ein unartiges Mädchen, wird ›zur Strafe‹ für ihr unartiges Verhalten von Zigeunern entführt und muß fortan ihren Lebensunterhalt mit Seiltanzen verdienen. Der Junge war begeistert davon, daß sich das Mädchen den Weisungen ihrer Erzieher widersetzt hatte, und er fand ihr Leben bei den Zigeunern wesentlich interessanter als das im trauten Heim.

Tecumseh (1768-1813), der von Fritz Steuben verewigte Häuptling der Shawnee-Indianer, der versucht hatte, sich durch ein Stammesbündnis und mit englischer Hilfe des Vordringens der weißen Siedler zu erwehren, war ein anderes Vorbild des jungen Wallraffs. Vielleicht verkleidete sich Günter deshalb an Karneval gerne als Indianer.[18]

Eine weitere prägende Figur war ein für die damalige Zeit außergewöhnlicher Deutschlehrer am Gymnasium, Heinz Protzer, der als Pazifist aus dem Krieg

---

16 Vgl. Kistler, Helmut: *Die Bundesrepublik Deutschland*, 1985 S. 340. Insgesamt vollzog sich in der Bundesrepublik der 1960er Jahre ein Bruch in der sozialgeschichtlichen Kontinuität.

17 Wallraff, Günter: *Vorwort zu ›Die Zigeunerfrieda‹*, 1991 o. S.

18 Vgl. Wallraff, Günter: *Günter Wallraff*, 1991 S. 44, vgl. auch Foto im Bildteil.

zurückkehrte.[19] Protzer vermittelte Literatur als politischen Impuls über Werke von Kriegsgegnern wie Kurt Tucholsky (1890-1935), über Systemkritiker wie Bertolt Brecht (1898-1956) und Schriftsteller, welche die Sinnlosigkeit des Krieges darstellten und sich um die Aufarbeitung von Kriegserlebnissen bemühten wie Wolfgang Borchert (1921-1947) und den frühen Heinrich Böll (1917-1985). Wallraff bekam früh Kontakt zu Böll, mit dessen Neffen Gilbert er befreundet war und mit dessen Nichte Birgit er später die erste von drei Ehen einging.[20] Die Beschäftigung mit solcher Literatur in der Schule, »wo lange Zeit [...] eine Auseinandersetzung mit der Nazi-Vergangenheit versäumt bzw. unterbunden wurde«[21], war nach dem Krieg nicht selbstverständlich.

Protzer berichtet, der eher schüchterne Schüler Günter habe sich insbesondere bei sozialen Themen spontan beteiligt und sei als Talent aufgefallen, als es galt, einen Aufsatz über die Eindrücke am Bahnhof zu schreiben. Wallraff sei gegen das Verbot des Lehrers eine ganze Nacht am Kölner Hauptbahnhof geblieben, habe in dieser Zeit auch die dunkelsten Ecken aufgesucht »und hinterher eine grandiose Skizze geschrieben.«[22]

Eine Neigung zum Rollenwechsel begründete Wallraff in früher Zeit mit einem Bedürfnis nach Selbstfindung, einer »Identitätsschwäche, die ich überwinde, indem ich mich einer Sache ganz aussetze. Manchmal habe ich den Eindruck, mich gibt es gar nicht; durch die Reibungsflächen, die ich immer wieder suche, [...] komme ich überhaupt erst zu einer Identität.«[23] Frühere autobiographische und literarische Arbeiten vermittelten noch das Gefühl von Verlorenheit, wie Wallraffs Aufzeichnungen über seinen Versuch mit Meskalin, die Peter Paul Zahl 1968 gegen Wallraffs Einwilligung nachträglich veröffentlichte.[24]

Das Schlüpfen in eine neue Identität im Rollenspiel bezeichnet er später als bedeutend für sein ganzes Leben: »›Ich ist das Durchgehen durch viele andere‹, habe ich als Konsequenz meines eigenen Dilemmas sehr spät erkannt und aus meiner ursprünglichen Isolation und Schwäche versucht, die Methode und Maxime meiner Arbeit herzuleiten.«[25] Ihm sagte die Determiniertheit des Lebens nicht zu: »Diejenigen, die im Brustton der Überzeugung auf ihr unverrückbares Ego pochen, machten mir immer schon angst. Wer sich auf die Zufälligkeit seiner Geburt, seiner Erziehung, seines Elternhauses [...] verläßt, ist meist bereits

---

[19] Vgl. Wallraff, Günter: *Kein Abschied von Heinrich Böll*, 1987 S. 175.

[20] Böll hatte in frühen Schriften die Welt der Leidenden derjenigen der Mächtigen, Skrupellosen und Scheinfrommen gegenübergestellt, in den 1950er und 1960er Jahren restaurative Tendenzen beschrieben, später setzte er sich literarisch mit der Boulevardpresse auseinander.

[21] Wallraff, Günter: *Dankesrede zur Verleihung der Carl-von-Ossietzky-Medaille*, 1987 S. 156.

[22] Protzer, Heinz, zit. nach Schuffels, Klaus: *Der Mann hinter den Masken – Günter Wallraff*, unveröffentlichtes Script eines Dokumentarfilms.

[23] Arnold, Heinz Ludwig: *Gespräch mit Günter Wallraff*, 1975 S. 48.

[24] Vgl. Wallraff, Günter: *Meskalin – ein Selbstversuch*, 1968, vgl. auch Stoll, Christoph: *Wallraff, (Hans) Günter*, 1993 S. 1122. Im gleichen Verlag erschien ein weiteres Frühwerk Wallraffs: *Vorläufiger Lebenslauf nach Akten und Selbstaussagen des Stefan B.*, 1968.

[25] Wallraff, Günter: *Wie es anfing*, 1990 S. 65.

für den Rest seines Lebens festgelegt, hat keinen Spielraum mehr, ist *fix und fertig,* vollendet und funktionierend bis ans Ende seiner Tage.«[26]

In einem frühen Schulaufsatz artikulierte Wallraff sein Unbehagen an einer solchen Routine des Lebens und des Berufs. Er äußerte den Berufswunsch, Clown zu werden, und zwar als ein Narr im existentiellen Sinn, den man nicht ernst nimmt: »Wenigstens der Versuch sollte unternommen werden. Tun wir doch erst mal so, als ob wir spielten, und sehen wir weiter.«[27] Er nahm sein späteres Rollenspiel vorweg: »Ich bin mein eigener heimlicher Maskenbildner, setze mir ständig neue Masken auf, um mich zu suchen und mich vor mir zu verbergen.«[28] Hellsichtig ahnte er, daß das Schlüpfen in Rollen Schwierigkeiten hervorbringen würde: »Auch beim Spiel oder gerade beim Spiel gewinnt und verliert man, wie überall in der Welt. [...] Ein Spiel schon: aber um welchen Preis? – Um jeden Preis: Selbstverleugnung der Person bis ins letzte hinein. Der Ausstoß aus der Gesellschaft. Lächerlichkeit. Höchstens ein mitleidiges Lächeln. Eben: das freiwillig auf sich genommene ›Nicht ernst genommen zu werden.‹ Damit verbunden: der nicht eingestandene Neid der Umwelt, der in Haß und Verfolgung seinen Ausdruck finden kann. Hier kann das Spiel ›tödlich‹ enden. Die ohnehin schon fragwürdig gewordene Existenz kann ganz genommen und das Recht auf Leben abgesprochen werden.«[29]

Jugendzeit

Wallraff besuchte das Gymnasium, aber die schulischen Leistungen des Jungen, dessen familiärer Hintergrund ihm keine Hilfestellung in der Bildung bieten konnte, legten es nahe, eine Ausbildung zu beginnen. Der plötzliche Tod des Vaters, den der Jugendliche als »eine Katastrophe«[30] beschreibt, verschlechterte zusätzlich die wirtschaftlichen Verhältnisse der Familie. 1960 verließ er das Gymnasium mit der Mittleren Reife, um einen Lehrberuf zu erlernen.[31] Er wollte Restaurator werden, dies aber scheiterte daran, daß man hierfür Lehrgeld zahlen mußte.

Schließlich ergriff Wallraff den Beruf des Buchhändlers, weil er dachte, dadurch mit Literatur in Berührung zu kommen. In dieser Zeit träumte er davon, Schriftsteller zu werden. Er las Arbeiten von Existentialisten wie Albert Camus (1913-1960) und Jean-Paul Sartre (1905-1980) und Bücher, die zu seiner Zeit verboten waren wie Henry Millers (1891-1980) ›Wendekreis‹-Romane.[32] Wallraff selbst schrieb erste Gedichte in Anlehnung an Borchert, Georg Trakl (1887-1914),

---

[26] Wallraff, Günter: *Wie es anfing,* 1989 S. 222 (Anmerkung: Der ursprünglich abgedruckte Text war vom Autor handschriftlich abgeändert).

[27] Wallraff, Günter: *Vorzüge und Nachteile eines »Ideal-Berufes«,* 1987 S. 10.

[28] Wallraff, Günter: *Ich wollte mich über andere verwirklichen...,* 1990 S. 83.

[29] Wallraff, Günter: *Vorzüge und Nachteile eines »Ideal-Berufes«,* 1987 S. 10.

[30] Wallraff, Günter: *Ein Leben mit vielen Gesichtern,* 2006 S. 37.

[31] Vgl. Wallraff, Günter: *Von einem der auszog und das Fürchten lernte,* 1979 S. 57.

[32] Vgl. Engelken, Eva und Harald Hordych: *Auf bestimmten Feindschaften bestehe ich,* in: Süddeutsche Zeitung vom 01.10.2002. Zu weiteren Vorbildern vgl. Wallraff, Günter: *Mein Lesebuch,* 1984.

Jack Kerouac (1922-1969) und die Expressionisten Alfred Lichtenstein (1889-1914) und Jakob von Hoddis (1887-1942).[33] Er verfaßte eine kurze Erzählung, die Einflüsse von Borchert, Carl Einstein (1885-1940) und den Vertretern der Beatgeneration Allen Ginsberg (1926-1997) und Kerouac verrät.[34] Diese Versuche veröffentlichte er 1960 und 1961 in Anthologien oder in der ›Flugschrift für Lyrik‹.

Die Enttäuschung war groß, als der anfangs begeisterte Lehrling merkte, daß er in seinem gewählten Beruf nur als ein Verteiler der Ware ›Buch‹ fungierte, und er kehrte nach der Ausbildung nicht mehr in diesen Beruf zurück.[35] Sein Lehrzeugnis bescheinigt Wallraff bereits damals gute Kenntnisse in seinen späteren Interessengebieten: »Seine besondere Begabung liegt in der eigentlichen literarischen Arbeit. Seine entschiedene eigene Meinung, ein vorzügliches Sprachgefühl und sicheres literarisches Urteil erlaubten es, ihm schon frühzeitig gewisse Arbeiten zur ständigen Erledigung zu übergeben.«[36]

In dieser Zeit fühlte sich Wallraff auch zur Malerei hingezogen. Seine Bewunderung galt Außenseitern wie Vincent Van Gogh (1853-1890), damals »verachtet und geschmäht, jedenfalls nicht im Trend.«[37] Der junge Kunstinteressierte war begeistert von dem Gemälde ›Bauernkate in Nuenen‹ aus dem Jahr 1885. Van Gogh war durch seinen Aufenthalt in diesem Dorf, in dem er sich in seinem entbehrungsreichen Außenseitertum mit dem armen Leben der Menschen dort identifizieren konnte, inspiriert worden. Van Gogh hatte damit angefangen, Arbeiter darzustellen, die es seinerzeit in der Kunst nicht gab. Er erörterte dies in einem Brief an seinen Bruder Theo: »Ich frage Dich: kennst Du aus der alten holländischen Schule einen einzigen Sämann, einen einzigen Grabenden??? (sic!) Haben sie je beabsichtigt, ›einen Arbeiter zu malen? [...] Nein. Arbeiten – das tun die Figuren auf den alten Bildern nicht.«[38] Möglicherweise war Wallraffs späteres Interesse an der Arbeitswelt von der Beschäftigung mit diesem Maler beeinflußt.

Wallraff experimentierte in Richtung von James Fréderic Ensors (1860-1949), einem belgischen Vorläufer des Expressionismus, auch bewunderte er Antoni Tàpies, den katalanischen Maler und Grafiker des ›Informel‹, und er probierte die Malerei mit zellenartigen Strukturen in der Art des französischen Malers Jean Dubuffet (1901-1985) aus. Ihm gelang es sogar, manche Zeichnung zu verkaufen, und einige Collagen und Grafiken fanden das Interesse des surrealistischen Malers Max Ernst (1891-1976).[39]

Mit politischen oder soziologischen Theorien beschäftigte Wallraff sich in dieser Zeit nur flankierend. Er las Karl Marx (1818-1883), das frühe Werk des Sozio-

---

[33] Vgl. Hahn, Ulla und Michael Töteberg: *Günter Wallraff*, 1979 S. 9.

[34] Vgl. Linder, Christian: *Günter-Wallraff-Porträt*, 1975 S. 60.

[35] Vgl. Wallraff, Günter: *Von einem der auszog und das Fürchten lernte*, 1979 S. 58.

[36] Arbeitszeugnis der Buchhandlung Heinrich Gonski vom 29.06.1963 (unveröffentlichtes Dokument).

[37] Wallraff, Günter: ›*Auf der Akademie werden sie mich nicht wollen*‹, 2006 S. 15.

[38] Aus van Goghs sämtlichen Briefen, zit. nach ebenda, S. 22.

[39] Wallraff, Günter: *Frühe Erinnerungen ans Wallraff-Richartz-Museum*, unveröffentlichtes Manuskript zur Vortragsreihe ›Schriftsteller sehen Malerei‹, 2006.

logen Max Weber (1864-1920), den frühen Max Horkheimer (1895-1973) und Jürgen Habermas' soziologische Notizen zum Verhältnis von Arbeit und Freizeit. Wallraff setzte sich mit den Ideen des Soziologen Helmut Schelsky (1912-1984) auseinander. Schelsky hatte 1957 die negativen Folgen des Sozial- und Wohlfahrtsstaats nachgezeichnet. Er erfaßte die kritische Stimmung einer desillusionierten neuen Generation, bei der eine scheinbare Zufriedenheit in Kontrast zu Entwicklungen hinter der Fassade stand.[40]

Insgesamt empfand Wallraff Theorien als ein Korsett und hielt es für wichtiger, »sich jenseits einer Ideologie immer wieder neu der Wirklichkeit zu stellen und auszusetzen.«[41] Sein früher Ausgangspunkt sollten nicht »politisch-soziologische Theoriegebäude, sondern die unmittelbare Erfahrung der Arbeitswelt«[42] sein. Praktisch-ideelle Orientierung gab ihm in dieser Zeit »die Bergpredigt und der gewaltfreie Widerstand eines Mahatma Gandhi.«[43]

Bundeswehrzeit

Mitte der 1950er Jahre stellte sich die Frage nach der westdeutschen Haltung zu den Verteidigungsbündnissen. Heftige Kontroversen zu diesem Thema endeten 1954 mit der Einbindung Westdeutschlands in die NATO und mit dem Beschluß zur allgemeinen Wehrpflicht. Die neue Bundeswehr wurde mit Offizieren aufgebaut, die nach Alter und Reife bereits unter Hitler marschiert waren: »Die alten Kommißköppe wurden nicht ausgesiebt. [...] Da wurde in den Unteroffizierskasinos NS-Symbolen offen gehuldigt, z. B. SS-Zeichen.«[44]

1963 wurde Wallraff, der sich als überzeugter Pazifist versteht, zur Bundeswehr eingezogen. Sein Antrag auf Kriegsdienstverweigerung, verspätet gestellt, war abgelehnt worden. Er weigerte sich jedoch beharrlich, eine Waffe in die Hand zu nehmen. Eine Identifikationsfigur dieser Zeit war für ihn der brave Soldat Schwejk. Der unfreiwillige Soldat schmückte die Mündungen der Gewehrläufe seiner Kameraden mit Feldblumen. Daraufhin wurde er in die psychiatrische Abteilung des Bundeswehrlazaretts Koblenz eingewiesen, um ihn »zum Geisteskranken abzustempeln.«[45] Nach vielem Hin und Her wurde ihm eine »abnorme Persönlichkeit [...] Tauglichkeitsgrad VI, verwendungsunfähig auf Dauer [...] für Frieden und Krieg«[46] attestiert, und er wurde nach 10 Monaten in die Freiheit entlassen.

Wallraff äußert sich dazu nachträglich: »Da wurde ich auf eine Wirklichkeit gestoßen, die ich einfach nicht für möglich gehalten hatte, und von da an empfand ich eigentlich alles, was ich vorher gemacht hatte, als sehr nebulös, abwe-

---

[40] Vgl. Schelsky, Helmut: *Die skeptische Generation*, 1957.

[41] Wallraff, Günter: *Ich wollte mich über andere verwirklichen...*, 1990 S. 84.

[42] Olma, Walter: *Wallraff, (Hans) Günter*, 2000 S. 117.

[43] Wallraff, Günter: *Ein Leben mit vielen Gesichtern*, 2006 S. 38.

[44] Zit. v. Günter Wallraff, in: Fuchs, Jürgen: *Beschreiben, was ist, was war*, 1999 S. 148 f.

[45] Engelken, Eva und Harald Hordych: *Auf bestimmten Feindschaften bestehe ich*, in: Süddeutsche Zeitung vom 01.10.2002.

[46] Wallraff, Günter: *Von einem der auszog und das Fürchten lernte*, 1979 S. 49.

gig, wirklichkeitsfern.«[47] Dies sei der Knackpunkt gewesen, an dem sich der eigentlich harmoniebedürftige junge Mann zu einem Kämpfer entwickelte. Sein Ziel sah er darin, die Zustände in der Bundeswehr publik zu machen, um eine Basis für gemeinsame Gespräche und Problemlösungen herzustellen. Er hatte den Eindruck gewonnen, daß »Schwierigkeiten und Widersprüche nicht persönlich, sondern gesellschaftlich bedingt und deshalb nicht privat, einzelgängerisch zu lösen sind.«[48]

Über seine Erlebnisse bei der Bundeswehr hatte Wallraff ein Tagebuch geführt, das er auf Zureden Bölls in der Jugendzeitschrift ›twen‹ als Titelgeschichte abdrucken ließ.[49] Das Echo auf diese Geschichte zeigte ihm, daß man durch Schreiben »zu politischem Bewußtsein kommen kann [...], dann kann sich so etwas wie Solidarität und so etwas wie Verlangen nach Änderung ergeben.«[50] Seither hält Wallraff die Welt, in der er lebt, für veränderungsbedürftig und veränderbar.

Industriereportagen

Nach der Bundeswehrzeit sah sich Wallraff »aus der Bahn geworfen«, von Teilen seiner Umwelt wurde er als »verkrachte Existenz« gesehen.[51] Er wollte sein bisheriges Leben hinter sich lassen, trampte ein halbes Jahr durch Skandinavien und suchte die Welt der Obdachlosenasyle auf. Hierüber wollte er ursprünglich eine Reportage schreiben, die entstandenen Aufzeichnungen verwendete er aber später nicht. Seine dortigen Begegnungen sieht er als eminent wichtig für sein weiteres Leben an: »Diese Zeit, die existenziellen Erfahrungen und vor allem die Menschen, deren Schicksal ich teilte, haben mich mehr geprägt und gebildet, als es die beste Universität vermocht hätte.«[52]

Nach seiner Rückkehr stellte sich für ihn die Frage, wie es nun weitergehen sollte. Wallraff entschied sich, bei den Ford-Werken Arbeit zu suchen, um sich in die Industrie- und Arbeitswelt Einblicke zu verschaffen. Bekannte hatten ihm von den Fabriken erzählt, in denen die Automation Einzug gehalten hatte. Wallraff wollte die Arbeit in Betrieben, in denen eher nach dem Takt der Maschinen als dem der Menschen gearbeitet wird und die Zustände am Band aus eigener Anschauung kennenlernen. Seine Bewerbung löste beim Personalchef Erstaunen aus. Er bot diesem Bewerber mit Buchhändlerlehre eine besser bezahlte Stelle im Büro an, aber Wallraff lehnte ab mit der Begründung, er wolle erleben, unter welchen Bedingungen sein Vater gearbeitet hatte.[53]

---

[47] Linder, Christian: *Ein anderes Schreiben für ein anderes Leben; und umgekehrt,* 1974 S. 89.

[48] Wallraff, Günter: *Von einem der auszog und das Fürchten lernte,* 1979 S. 61.

[49] Vgl. hierzu Böll, Heinrich: *Brief an einen jungen Nichtkatholiken,* 1966 (105-115). - Wallraffs Erlebnisse wurden in zwei Folgen abgedruckt mit den Titeln *Ich gegen die Bundeswehr* und *Mein Tagebuch aus der Bundeswehr.*

[50] Hahn, Ulla und Michael Töteberg: *Günter Wallraff,* 1979 S. 23.

[51] Wallraff, Günter: *Wie es anfing,* 1990 S. 62.

[52] Wallraff, Günter: *Als Pazifist bei der Bundeswehr,* 2002 S. 94.

[53] Vgl. Wallraff, Günter: *Ein Leben mit vielen Gesichtern,* 2006 S. 39.

Um seine Erkenntnisse auf eine breitere Basis zu stellen, wechselte Wallraff zu anderen Betrieben, so zu Siemens, in die Benteler-Werke, die Thiele-Werke und in die Sinteranlage der Thyssen-Hütte in Duisburg. Er verbrachte fast zwei Jahre in Großbetrieben und erfuhr die Verhältnisse am Fließband, die Monotonie der Arbeit und die Hetze des Akkords, die nicht nur den einzelnen Arbeiter, der keine Beziehung mehr zum Produkt seiner Arbeit hat, sondern auch die sozialen Beziehungen zwischen den Kollegen zerstört. In fast allen Betrieben mußte er feststellen, daß man Arbeitsschutzvorschriften nicht umsetzte und eine Personalpolitik betrieb, die Arbeitnehmerrechte unterdrückt. Frauen wurden meist schlechter bezahlt wurden als ihre Kollegen, und die Rechte ausländischer Arbeitnehmer wurden häufig mißachtet.

Über seine Tätigkeit verfaßte Wallraff eine Reihe von Industriereportagen, die er zunächst 1964 unter dem Pseudonym ›Günter Wallmann‹ in der Gewerkschaftszeitung ›Metall‹ veröffentlichte. 1966 brachte er sie als Buch mit dem Titel ›Wir brauchen dich. Als Arbeiter in deutschen Industriebetrieben‹ heraus und wurde dadurch mit einem Schlag bekannt. Wallraff wandelte die Industriebetriebe zum ›öffentlichen Raum‹, indem er seine Erkenntnisse teilweise gegen deren Informationssperren publik machte.[54] Die Herstellung von Öffentlichkeit war eines der erklärten Ziele Wallraffs. Später bezeichnete er Öffentlichkeit als ›Sauerstoff der Demokratie‹.[55]

Für die Gewerkschaften waren die Industriereportagen eine Grundlage, um Forderungen für bessere Arbeitsbedingungen begründen zu können. Seine Leserschaft fand Wallraff in Schichten, die vorher von der Literatur nicht erreicht wurden und die sich zu über 60% aus Arbeitern, Lehrlingen und Angestellten zusammensetzten.[56] Der Brecht- und Wagner-Spezialist Hans Mayer mutmaßt: »Wallraffs Bücher sind nicht Erzeugnisse der Einbildungskraft, ersonnen am Schreibtisch. Sie mußten in einer schmerzhaften Wirklichkeit, unter dem Signum des Opfers, erprobt werden. Vielleicht haben sie dadurch gerade so viele Leser erreichen können, die es vorher noch niemals gedrängt hatte, einen Buchladen zu betreten und dort etwas zu kaufen.«[57]

1968 erhielt Wallraff für diese Arbeiten den Förderpreis des Landes Nordrhein-Westfalen. Anläßlich des Protests gegen diese Verleihung schränkte der damalige Ministerpräsident des Bundeslandes, Heinz Kühn, sein Lob ein und bemerkte, zukünftig wolle er neben der fachlichen Bewertung der Preisträger ›deren Verwurzelung in der freiheitlich-demokratischen Ordnung‹ beachten. Nach Interventionen bekannter Schriftsteller, unter anderem auch Böll, ent-

54 Vgl. Bernhard, Hans Joachim: *Geschichte der deutschen Literatur*, 1983 S. 545.
55 Vgl. Schulzki-Haddouti, Christane: *Öffentlichkeit ist der Sauerstoff der Demokratie*. Günter Wallraff im Interview, in: Telepolis vom 06.09.1998. Wallraff steht in der Tradition von Jaspers: »Das kostbare Gut der politischen Freiheit ist der Raum des unabhängigen geistigen Lebens, dessen Öffentlichkeit, dessen Kämpfe und Radikalitäten, dessen Vorstellungen und Motivationen ihre selbständige Geltung haben, grundsätzlich alle erreichen können.« Jaspers, Karl: *Politische Schriftsteller und politisches Handeln*, 1965 S. 366.
56 Vgl. Wallraff, Günter: *Ich wollte mich über andere verwirklichen...*, 1990 S. 137.
57 Mayer, Hans: *Vorwort. Schreib das auf, Wallraff!*, 1987 S. VI.

schuldigte sich der Ministerpräsident.[58] Wallraff spendete die Preissumme an den Rechtshilfefonds der APO und an die Vietnam-Hilfe. Er sollte für seinen Einsatz zahlreiche weitere Preise erhalten, darunter 1984 die Carl-von-Ossietzky-Medaille der Internationalen Liga für Menschenrechte und 1985, zusammen mit dem bekannten US-amerikanischen schwarzen Poeten James Baldwin, den Literaturpreis der Menschenrechte.[59]

Sein Freundeskreis, den er vorher selbst eher als ›elitär‹ bezeichnete, hatte sich geändert, und er empfand sein Leben insgesamt als authentischer: »Die Trennung zwischen arbeiten und privat sein gibt es eigentlich nicht.«[60] Bereits zu diesem Zeitpunkt mußte er zu Methoden der Tarnung greifen, da ein Unternehmer-Warndienst einen ›Wallraff-Steckbrief‹ in Umlauf brachte.[61]

›68er‹ Bewegung

Nachdem Bundeskanzler Erhard 1966 von Kurt G. Kiesinger (1904-1988) abgelöst worden war und von den großen Parteien CDU/CSU und SPD eine Große Koalition gebildet wurde, kam es in der Bevölkerung zu radikalen Bewegungen. Viele sahen durch die Große Koalition eine Entmündigung der Wähler herbeigeführt, da die FDP zu schwach war, eine ernsthafte Oppositionsarbeit zu leisten.

Die erste Wirtschaftsrezession der jungen Bundesrepublik 1966 und 1967 erschütterte den Mythos von einer krisenfesten ›sozialen Marktwirtschaft‹, welche den steten Fortschritt des Lebensstandards garantiert. Einige verloren ihre Beschäftigung, auch fielen durch die Teilautomation in einzelnen Industriezweigen Arbeitsplätze weg.[62] Die beginnende Arbeitslosigkeit sollte überwunden werden, aber die Große Koalition konnte eine soziale Symmetrie nur unvollkommen verwirklichen. Dies führte zu Kritik an den wirtschaftlichen und sozialen Verhältnissen, später am gesamten parlamentarischen System.

Eine nun einsetzende Aufarbeitung der Vergangenheit, die wesentlich durch den Eichmann- und Auschwitzprozeß angestoßen wurde, trug dazu bei, daß sich Schriftsteller und Künstler der Kritik anschlossen. Von Adenauer waren sie nicht beachtet worden; Erhard hatte aufgrund der Kritik des Schriftstellers Rolf Hochhuth, das Großunternehmertum werde von der Regierung systematisch begünstigt, Schriftsteller und Intellektuelle als ›kläffende Pinscher‹ abqualifiziert, die von ›Tuten und Blasen‹ keine Ahnung hätten.[63] Kiesinger bedachte sie mit dem Vorwurf, ihre ausschließlich linke Literatur sei für diesen Staat nicht repräsentativ.[64] Darauf wurde Kiesinger, auch wegen seiner früheren Mitgliedschaft in der NSDAP und seiner Tätigkeit als stellvertretender Leiter der Rundfunkabteilung im Auswärtigen Amt des NS-Regimes, öffentlich angegriffen.

---

[58] Vgl. Hahn, Ulla und Michael Töteberg: *Günter Wallraff*, 1979 S. 19.
[59] Vgl. Romain, Lothar und Michael Töteberg: *Günter Wallraff*, 1978 S. 1.
[60] Wallraff, Günter: *Von einem der auszog und das Fürchten lernte*, 1979 S. 113.
[61] Ebenda, S. 111.
[62] Vgl. Pallowski, G. Katrin: *Die dokumentarische Mode*, 1972 S. 236.
[63] Vgl. Krebs, Mario: *Ulrike Meinhof*, 1991 S. 86.
[64] Vgl. Grabert, Willy (u.a.): *Geschichte der deutschen Literatur*, 1990 S. 385.

Im Zuge der postmodernen Bewegung und Individualisierung hatte sich eine eigenständige Teilkultur der jungen Generation herausgebildet, welche die Überwindung moralischer, gesellschaftlicher und politischer Tabus forderte. Die Politisierung der Jugendlichen kann als eine Reaktion auf das System des Establishments in der wieder zu wirtschaftlichem Ansehen gelangten Bundesrepublik gesehen werden. Das sichtbare Zeichen waren lange Haare und eine Kleiderordnung, die bis dahin als ungepflegt gegolten hatte. Dieses Aussehen hatte die Funktion, sich von Eltern und sonstigen Autoritätspersonen abzuheben. Zwang, bürokratische Obrigkeit und alles ›Autoritäre‹ schlechthin wurden abgelehnt.

Bei der Hamburger Immatrikulationsfeier 1967 hatten Studenten mit dem Slogan ›Unter den Talaren/Muff von tausend Jahren‹ eine Erneuerung der weltfremden Ordinarienuniversität gefordert.[65] Sie kritisierten die Macht der großen Wirtschaftskonzerne in der Bundesrepublik, die enormen politischen Einfluß ausübten, aber kaum demokratisch kontrolliert werden konnten. Die Studenten diskutierten über die Ausbeutung der sogenannten ›Dritten Welt‹ durch die Industriestaaten und wandten sich gegen die atomare Aufrüstung der Bundesrepublik und gegen eine Einschränkung der Pressefreiheit. Bereits die ›Spiegel-Affäre‹ 1962 hatte Zweifel an der Pressefreiheit aufkommen lassen.[66] Der damalige Verteidigungsminister Franz Josef Strauß (1915-1988), nach Wallraff einer der »machtbesessensten, demokratiefeindlichsten Politiker der Nachkriegszeit«[67], war bekannt dafür, die atomare Aufrüstungspolitik voranzutreiben. Nachdem der Spiegel zur Nato-Übung Fallex den Artikel ›Bedingt abwehrbereit‹ veröffentlicht hatte, entstand der Verdacht, dem Verfasser müßten geheime Dokumente zur Verfügung gestanden haben. Auf Veranlassung von Strauß wurde die Spiegel-Redaktion durchsucht und der Herausgeber Rudolf Augstein und sein Chefredakteur Conrad Ahlers vorübergehend inhaftiert. Daß die Druckfahnen der fraglichen Ausgabe erst nach einigen Tagen freigegeben wurden, trug dazu bei, daß man sich einer neuen Art der Zensur ausgesetzt sah.[68]

1968 opponierte die Studentenschaft mit der Bildung der Außerparlamentarischen Opposition (APO), deren Kern der Sozialistische Deutsche Studentenbund (SDS) war.[69] Die Anhänger der APO forderten die Verwirklichung bürgerlicher Grundrechte ein und wollten weitere Gebote der Verfassung verwirklicht sehen. Sie kämpften für eine erweiterte Mitbestimmung am Arbeitsplatz und Veränderungen im Staat.

---

[65] Vgl. Görtemaker, Manfred: *Kleine Geschichte der Bundesrepublik Deutschland,* 2002 S. 201.

[66] Vgl. Engelmann, Bernd: *Das neue Schwarzbuch: Franz Josef Strauß,* 1980.

[67] Wallraff, Günter: *Ganz unten,* 1985 S. 26. Wallraff kritisiert die Haltung von Strauß, der »es sich leisten konnte zu sagen: ›Ein Volk, das diese wirtschaftlichen Leistungen vollbracht hat, hat es nicht nötig, sich ständig an Auschwitz erinnern zu lassen.‹« Wallraff, Günter: *Dankesrede zur Verleihung der Carl-von-Ossietzky-Medaille,* 1987 S. 156.

[68] Vgl. Krebs, Mario: *Ulrike Meinhof,* ²1991 S. 91 f.

[69] Nachdem sich die SPD 1959 mit dem Godesberger Programm zu einem demokratischen Sozialismus bekannt hatte, tendierte der SDS immer mehr nach links, worauf er von der SPD ausgeschlossen wurde.

Entscheidenden Einfluß hatten die Vertreter der ›Frankfurter Schule‹ wie Max Horkheimer (1895-1973), Herbert Marcuse (1898-1979) oder Theodor W. Adorno (1903-1969). Deren ›Zweite Aufklärung‹ forderte insbesondere die Befreiung des Menschen von fremdbestimmten Zwängen. In ihrer ›Kritischen Theorie‹ bewerteten sie die Überflußgesellschaft vernichtend: Luxus und Krieg seien die Folgen des raschen Kreislaufs von Güterherstellung, Werbung, Verbrauch. Die Verherrlichung dieses Systems durch seine Machthaber täusche dem Menschen ›Wohlstand‹ und ›Freiheit‹ vor, wobei sein in dieser Lebensweise entstandenes falsches Bewußtsein ihn daran hindere, seine Unterdrückung und Beherrschung zu erkennen.[70] Zur Rückkehr in ein glückliches Leben führe die Beseitigung des irreparabel verdorbenen Bestehenden. Auch Wallraff äußerte Kritik an einem solchen System: »In einer Gesellschaft, die so total auf Konsum und Egoismus aufgebaut ist, einer reinen Leistungsgesellschaft, wird der Rang und Wert des Menschen ausschließlich daran gemessen, was er besitzt oder leistet, und nicht an dem, was er erleidet.«[71]

1966 erhielt Wallraff die Gelegenheit, im Kulturressort des ›Hamburger Abendechos‹ zu arbeiten. Er wechselte zum Satireblatt ›Pardon‹, wo er sich allerdings nicht »so richtig aufgehoben«[72] fühlte; ab 1968 arbeitete er als freier Mitarbeiter für ›Konkret‹ und ›dasda‹. Seine Aufgabe sah er im Sinne einer aufklärerischen Berichterstattung zur Konsolidierung der Demokratie in Deutschland. Er blieb nicht im Abstrakten, sondern nannte die Dinge beim Namen: »Die Wahrheit ist konkret. Sie ist nicht irgendeine allgemeine, vage und vieldeutige Sache. Das bedeutet: Keine Anklagen ins Blaue hinein richten, nicht ›Anzeige gegen Unbekannt‹ erstatten, vielmehr [...] die Dinge so beschreiben, daß jeder merkt, so was kann nicht erfunden sein. [...] Brecht sagt: »Das Verbrechen hat Namen, Anschrift und Gestalt.‹«[73]

Viele Beiträge des jungen Journalisten handelten von der nicht aufgearbeiteten NS-Vergangenheit der Deutschen und der Politik der neueren Geschichte, insbesondere der Verknüpfung von Regierung und Kapital. Wallraff hatte sich zwischen 1968 und 1971 mehrere Male mit Heinz Gundlach, einem Redakteur der Ostsee-Zeitung, und mit einem Archivmitarbeiter des Pressezentrums der DDR getroffen und war mit Material aus einem NS-Archiv unterstützt worden. Er hatte Informationen über Personen erhalten, die in der Bundesrepublik trotz ihrer düsteren Vergangenheit das Leben ›unbescholtener Bürger‹ führten. Mit seinen Recherchen trug Wallraff zur Aufspürung einzelner ehemaliger Kriegsverbrecher bei. Als prominentes Beispiel ist Ludwig Hahn zu nennen, der als Gestapoleiter im Warschauer Ghetto eingesetzt gewesen war. [74]

---

[70] Vgl. Kistler, Helmut: *Die Bundesrepublik Deutschland,* 1985 S. 248.

[71] Wallraff, Günter: *Kein Abschied von Heinrich Böll,* 1987 S. 176.

[72] Wallraff, Günter: *Ein Leben mit vielen Gesichtern,* 2006 S. 40.

[73] Wallraff, Günter: *Wie es anfing,* 1989 S. 219.

[74] Vgl. Wallraff, Günter: *Vergangenheitsbewältigungen,* (1969) 1994 (29-40), ders.: *Nostalgie,* 1975 (143-158), ders.: *Anti-Demokraten unter Waffen,* 1975 (159-164), vgl. auch Winkler, Willi: *Mann im Ganzkörpereinsatz,* in: Pressekonferenz der Süddeutschen vom 09.09.2003. Beide Informanten entpuppten sich später als Stasi-Agenten. - Ludwig

Die Bundesregierung beabsichtigte eine Erweiterung des Grundgesetzes durch eine Notstandsgesetzgebung, um, so die Begründung, eine wirksame Handhabe ›zum Schutz der freiheitlichen Ordnung in Deutschland‹ zu haben. Es handelte sich um eine Reihe von Gesetzen, die es der Regierung gestatteten, im näher zu bestimmenden ›Notfall‹ unter anderem das Recht zur Einschränkung der Freiheit der Person, zur Meinungs- und Versammlungsfreiheit, zum Recht auf Eigentum, der Freiheit von Kunst, Forschung und Lehre und der Freizügigkeit einzuschränken. Die Gesetzesvorlage, die eine Wiederholung der Ermächtigungsgesetze von 1933 befürchten ließ, löste eine heftige Diskussion darüber aus, was als Notstand definiert und inwieweit das Gesetz innenpolitisch mißbraucht werden konnte. Wallraff kritisierte: »Ein Gesetz, das sich ›Notstandsgesetz‹ nennt, wird letztlich nicht den Notstand verhindern, sondern ihn hervorrufen.«[75] Er kritisierte auch die Organisatoren der Notstandsgesetze, ehemalige SS- und SA-Funktionäre, die nun als Beamte im Bundesinnenministerium agierten: Violan, Schäfer, Neef, Seiermann, Gumbel, Claußen, Kattenstroth, Rippich, Alexrat, Schaar, von Dreißing.[76]

Die 1968 nach heftigem Widerstand verabschiedeten Notstandsgesetze führten zu Demonstrationen, bei denen ein Attentat auf Rudi Dutschke (1940-1979), den führenden Theoretiker des SDS, verübt wurde. Dutschke hatte nach Protesten gegen den Besuch des Schahs von Persien, Mohammad Reza Pahlevi, zu einer ›Anti-Springer-Kampagne‹ aufgerufen. Seiner Meinung nach hatte der Skandaljournalismus der Bild-Zeitung zur Aufheizung des politischen Klimas in Berlin beigetragen, indem die Demonstrationen gegen das Gewaltregime des Schahs verurteilt wurden.[77]

Den Widerstand gegen die Springer-Presse sollte Wallraff später auf eine andere Weise fortführen und Polit-Skandale, insbesondere aber unverantwortliche Recherche- und Darstellungsmethoden gegenüber Privatpersonen aufdecken.

Dokumentarisches Arbeitertheater, Filme, Hörspiele

Zu den Ereignissen dieser Zeit versuchte sich Wallraff mit der szenischen Dokumentation ›Nachspiele‹ als Dramatiker.[78] Dieses Stück zeigt Widersprüche zwischen dem Anspruch von Artikel 1 des Grundgesetzes, der Unantastbarkeit der Menschenwürde bzw. den Gleichheitsforderungen, und der sozialen Marktwirtschaft auf.

Im ersten Teil ›Demonstrationen oder der Druck der Straße‹ dokumentiert Wallraff die Hetzkampagne von Bild und einigen Politikern gegen die APO und

---

Hermann Karl Hahn (1908-1986) war SS-Standartenführer, Führer des Einatzkommandos einer Einsatzgruppe in Polen und Kommandeur der Sicherheitspolizei und des SD in Krakau und in Warschau. Hahn wurde 1975 wegen seiner Mitverantwortung für die Deportationen der Juden aus dem Warschauer Ghetto zu einer lebenslangen Haftstrafe verurteilt.

[75] Wallraff, Günter: ›Notstand für alle!‹, 1967 S. 12.
[76] Vgl. ebenda, S. 17.
[77] Vgl. Görtemaker, Manfred: *Kleine Geschichte der Bundesrepublik Deutschland,* 2002 S. 203.
[78] Wallraff, Günter: *Nachspiele,* 1968.

die Studenten. Der zweite Teil, ›Verfassungsfeinde oder wie das Gesetz es befiehlt‹, übt Kritik an der Praxis, ehemalige Kommunisten abermals zu verfolgen und ihnen ihre wirtschaftliche Lebensgrundlage, die Rente abzuerkennen. Im dritten Teil ›Sozialpartner oder die Überwindung des Klassenkampfes‹ setzt sich Wallraff mit der neu aufgekommenen ›Wortkosmetik‹ im Arbeitsrecht auseinander. Wendungen wie ›Sozial-Partner‹, ›Soziale Symmetrie‹ oder ›Betriebsfamilie‹, welche die Gleichheit der Verhandlungspartner suggerieren sollten, entpuppten sich während der Wirtschaftskrise nach 1966 weitgehend als Euphemismen. Die Unternehmer plädierten für moderate Tarifforderungen der Gewerkschaften, während sie im Aufschwung nach der Rezession ihre eigenen Gewinne erhöhten. Wallraff wendet sich weiterhin gegen Leiharbeitsfirmen, die ihre Arbeiter schlecht entlohnen, selbst aber große Profite einstreichen. Insbesondere kritisiert er die Äußerung des Wirtschaftswissenschaftlers Götz Briefs, der die Einforderung von Grund- und Arbeitnehmerrechten als ›Demokratismus‹ verwarf. Dieses Stück wurde vom westfälischen Landestheater im ›Jungen Forum‹ der Ruhrfestspiele aufgeführt und ging anschließend in über zwanzig Städten auf Tournee.

Formal lehnte sich Wallraff an das politisch engagierte Agitprop-Theater aus den 1920er Jahren in der Tradition des Regisseurs Erwin Piscator (1893-1966) an. Fragmente werden als Montage organisiert, und es mischen sich narrative mit literarischen Situationen. Theater setzte er ein »als Instrument der Aufklärung und Gegen-Öffentlichkeit, um die Manipulation zu durchbrechen.«[79]

Wallraffs Fernsehspiel ›Hängt den D. auf!‹ 1969 ist technisch von ähnlicher Machart, inhaltlich behandelt es den ›Ruck nach rechts‹ in der deutschen Politik. 1964 war die NPD gegründet worden; in kurzer Zeit hielt sie Einzug in sieben Landtage. Mit seiner Produktion wollte Wallraff auf Gefahren hinweisen, die von dieser Partei ausgingen, wenn deren Mitglieder auf Rückhalt aus der Wirtschaft rechnen durften: der Maschinenschlosser D. findet nach seiner Entlassung keine neue Stelle mehr, da er für eine linke Partei kandidiert hatte. Hingegen hat ein NPD-naher Bewerber keine Probleme, bei den Firmen, die D. weggeschickt haben, einen Arbeitsplatz zu finden.[80] Die Vorbereitungen zur Produktion waren bereits abgeschlossen, als sich das ZDF, aufgrund einer Intervention von Hanns-Martin Schleyer (1915-1977), dem damaligen Direktor der Daimler-Benz AG, dazu entschloß, die bereits komplett organisierten Dreharbeiten abzubrechen.[81]

---

[79] Wallraff, Günter: *Nachbemerkung,* 1982 S. 89.

[80] Vgl. Wallraff, Günter: *Hängt den D. auf!,* 1969 S. 1110-1120.

[81] Der spätere Industriemanager Hanns-Martin Schleyer hatte 1941 als SS-Mitglied die Leitung des Präsidialbüros des Zentralverbandes der Industrie für Böhmen und Mähren übernommen. 1962-1968 war er Vorsitzender des Verbandes der Metallindustrie Baden-Württemberg. 1977 wurde Schleyer, damals Präsident Deutscher Arbeitgeberverbände, nach vorheriger Entführung durch RAF-Terroristen ermordet.

Wallraff betätigte sich nicht nur als Verfasser von Büchern und Theaterstükken, sondern in seiner Regie entstanden einige Filme und Hörspiele.[82] Er hatte die Möglichkeit erkannt, über moderne Medien wie Fernsehen und Rundfunk die Massen weit besser zu erreichen als über das Medium Buch oder Zeitschrift. Viele seiner Filme sind dokumentarische Reportagen.

Für den ersten Film ›Straßenmusikanten‹ 1965 begleitete er drei Bettler über einen längeren Zeitraum und berichtete über deren Lebensumstände. Der Film ›Flucht vor den Heimen‹ 1971 läßt Jugendliche zu Wort kommen, die über ihr Leben in Fürsorgeerziehung berichten. Es wird deutlich, daß die Heime bestenfalls Aufbewahrungsanstalten waren, die ihre Zöglinge als ›nicht besserungsfähige Elemente‹ behandelten, denen bei entscheidenden Schritten in ein selbstbestimmtes Leben nicht geholfen, sondern eher Steine in den Weg gelegt wurden. Wallraff hielt einige entflohene Heimzöglinge eine Zeitlang bei sich verborgen.[83]

Rollenreportagen

Aufgrund der kursierenden ›Wallraff-Steckbriefe‹ war es Wallraff kaum noch möglich, mit normalen journalistischen Mitteln den Dingen hinter der Fassade der Gesellschaft, der Wirtschaft und der Politik auf den Grund zu gehen. Der Wunsch, dennoch authentische Informationen zu erhalten, bewog ihn zu seiner Recherche in Rollen. Enthüllungen, die zunächst in ›Pardon‹ und ›Konkret‹ abgedruckt waren, veröffentlichte er 1969 unter dem Titel ›13 unerwünschte Reportagen‹.

Wallraff erzählt unter anderem von seinen menschenverachtenden Erlebnissen als Alkoholiker im Irrenhaus, als Obdachloser in einem Nachtasyl und als Arbeitsloser beim Arbeitsamt. Außerdem erfuhr er als verkleideter Student, der ›wegen Teilnahme an Demonstrationen gekündigt, Zimmer und Arbeit jeglicher Art‹ sucht, die aggressiv-ablehnende Haltung der Passanten gegenüber den jungen Intellektuellen.

Seine Themen wurden zunehmend politischer. Er bewarb sich als Spitzel und enthüllte, daß bei der Bundeswehr nationale Strukturen sowie im Volk Judenfeindlichkeit weiterhin lebendig waren, auch kritisierte er einen allzu lauen Umgang der Justiz mit Verbrechern der Nazizeit. Ferner nahm Wallraff an einem ABC-Lehrgang teil, der in den 1960er Jahren in der gesamten Bundesrepublik abgehalten wurde, um der Bevölkerung zu suggerieren, man könne sich bei einem atomaren Angriff schützen. Er erfuhr als Mitarbeiter einer vorgetäuschten Amtsstelle im Bundesverteidigungsministerium von einem existierenden Netzwerk zwischen Regierung und Forschungsstellen einiger Universitäten im Hinblick auf biologische Waffen bzw. Giftgas. In der Rolle als katholischer Fabrikant wandte er sich als Hersteller von Natriumpalmitrat an katholische Geistliche mit der Frage, ob es für ihn ethisch-moralisch vertretbar sei, einen Großauftrag der US-Armee zur Herstellung von Napalm-Bomben anzunehmen. Die Reaktionen

---

[82] In dieser Darstellung wird nur vereinzelt auf Filmproduktionen Wallraffs eingegangen (vgl. hierzu das ›Verzeichnis der Filme und Hörspiele‹ im Anhang).

[83] Diese Reportage hatte kaum Wirkung, da 1971 die Zeit für Reformen im Heimwesen offenbar noch nicht reif war.

der um Rat gebetenen Geistlichen waren gemischt. Während einige ihm katego-
risch zur Ablehnung des Auftrages rieten, wichen viele der moralische Frage-
stellung aus und verloren sich in Spitzfindigkeiten.[84]

Als ›Ministerialrat Kröver‹ eines von ihm erfundenen Zivilausschusses beim
Bundesinnenministerium fand er heraus, daß in zahlreichen Großbetrieben der
Bundesrepublik paramilitärische Werkselbstschutzeinheiten gebildet wurden,
die zur Bekämpfung wilder Streiks und anderer Formen innerbetrieblicher Un-
ruhen eingesetzt werden sollten. Vermutlich handelte es sich dabei um eine
Erprobung von Einheiten für die Notstandsgesetze, die vor der Bevölkerung
geheimgehalten wurde, da hier ein Zusammenwirken von Staat, Großkapital
und Militär offenbar wurde.[85]

Das Schlüpfen in die Rolle des ›Ministerialrats Kröver‹ trug Wallraff einen
Prozeß wegen Amtsanmaßung und des Mißbrauchs einer Dienstbezeichnung
ein. In der Verhandlung verteidigte er sich unter Berufung auf das Recht der
Öffentlichkeit auf Information: »An dem Punkte, wo politische und privatwirt-
schaftliche Instanzen sich hinter angeblichen Geheimhaltungspflichten verstek-
ken und die Belange und Interessen der breitesten Öffentlichkeit ignorieren [...],
steht es jedem Bürger [...] zu, Einblick zu nehmen in das, was man ihm [...] vor-
enthält.«[86] Er fährt fort: »Ich wählte das Amt des Mitwissers, um ein Stück weit
hinter die Tarnwand von Verschleierung, Dementi und Lügen Einblick nehmen
zu können. Die Methode, die ich wählte, war geringfügig im Verhältnis zu den
rechtsbeugenden Maßnahmen und illegalen Erprobungen, die ich damit auf-
deckte.«[87]

Die Wahl von Wallraffs Recherchemethoden sollten Gegenstand zahlreicher
Gerichtsverfahren werden, bei denen seine Einsätze insgesamt als gerechtfertigt
angesehen wurden. Dies bestärkte ihn darin, seine Arbeit fortzuführen: »Verlet-
zen wir die herrschenden Spielregeln, und machen wir sie durchschaubar als die
Regeln der Herrschenden zur Aufrechterhaltung ihrer Herrschaft.«[88] In diesem
Sinne zeigte der Politologe Eugen Kogon (1903-1987) Verständnis für Wallraffs
Rollenspiele: »Nur der Anschein der Konspiration [...] ermöglichte, ein erstes
Stück weit, Einblick. Es ist wie in Diktaturen: die Uniform allein erlaubt den
Zutritt.«[89]

1972 publizierte Wallraff mit ›Neue Reportagen, Untersuchungen und Lehrbeispiele‹ weitere Recherchen, in denen er sich unter anderem im ›Melitta-
Report‹ mit dem ›braunen Sud im Filterwerk‹ beschäftigt. Insbesondere diese

84 Vgl. Wallraff, Günter: *Von einem der auszog und das Fürchten lernte*, 1979 S. 155-175.
85 Vgl. Hannover, Heinrich: *Der Fall Günter Wallraff*, ²1998 S. 306 und S. 310. Laut einer
    Umfrage bei den Betriebsräten der fraglichen Unternehmen seien Wallraffs Behaup-
    tungen unzutreffend. Vgl. hierzu: Institut der deutschen Wirtschaft: *Dichtung als Waffe
    im Klassenkampf*, o.D. S. 17 f.
86 Wallraff, Günter: *Rede vor dem Frankfurter Schöffengericht am 09.12.1969*, 1975 S. 28 f.
87 Ebenda, S. 28 f.
88 Wallraff, Günter: *Wie es anfing*, 1989 S. 219.
89 Kogon, Eugen: *Nachwort*, 1986 S. 156. Der linksorientierte Katholik Kogon war Begrün-
    der und Herausgeber der ›Frankfurter Hefte‹.

Reportage, in der er über das Verhalten der Firma zur Zeit des Dritten Reiches und ihre menschenunwürdige Personalpolitik berichtete, erregte Aufsehen. Wallraff setzte sich erstmals mit den Praktiken der Bild-Zeitung und mit der Behandlung der Gastarbeiter in Deutschland auseinander. Eine Reportage über den mysteriösen, nie aufgeklärten Tod des Demonstranten Rüdiger Schreck, der vermutlich durch den Schlag eines Polizisten ums Leben kam, setzte Wallraff, zusammen mit Jürgen Alberts, 1974 in dem Film ›Ermittlungen gegen Unbekannt‹ um.[90] Hier wird, insbesondere umgesetzt durch eine Kameraführung, in der das Bild auf dem Bildschirm nach links weggleitet, die Ohnmacht eines Bürgers gegenüber der Allgewalt von Polizei und Staatsanwaltschaft aufgezeigt. Diese nimmt die Ermittlung in einem Todesfall nur schleppend auf, weil sie dem Anschein nach selbst darin verwickelt ist.

Neue Wege in der Literatur

Mit der Art der Recherche und der Gestaltung von Reportagen, die darin bestand, soziale Wahrheit freizulegen aus sonst »weitgehend unterschlagenen demokratiearmen bis –feindlichen Bewußtseins- und Gesellschaftsbereichen«,[91] forderte Wallraff eine Hinwendung der Literatur zur gesellschaftlichen Wirklichkeit. Es war »nicht Form, sondern Inhalt«, der von der Literatur verlangt wurde; ästhetische Spielereien sollten abgelöst werden »durch Parteinahme, Information, Agitprop.«[92] Dieser Forderung hatte sich eine neue Literaturrichtung, die Gruppe 61, verschrieben. Mit einer Lesung aus den Reportagen vor dieser Gruppe wurde erstmals eine literarisch interessierte Öffentlichkeit auf Wallraff aufmerksam. Er wurde zu einem wichtigen Vertreter der Gruppe, wandte sich aber wieder von ihr ab, da diese sich immer mehr auf die Geltung herkömmlicher literarischer Qualitätsmaßstäbe verlegt hatte.

Auf Initiative von Erasmus Schöfer, Wallraff und anderen entwickelte sich 1969 der ›Werkkreis Literatur der Arbeitswelt‹ als Alternative zur ›Gruppe 61‹. Dort wurde die Absicht verfolgt, mittels der Reportage und Dokumentation politische Arbeit zu betreiben. Literatur sollte sich »danach messen lassen, wie sie wirkt.«[93]

Ein Charakteristikum des ›Werkkreises‹ war, Schriften in Kooperation zu verfassen. Auch Wallraff arbeitete hin und wieder mit anderen Autoren wie Jens Hagen, Bernd Kuhlmann[94], dem Redakteur der ›Frankfurter Rundschau Eckart Spoo und Hella Schlumberger in seinen Auslandseinsätzen, Heinrich Böll oder

---

[90] Vgl. Wallraff, Günter: *Wer erschlug den Demonstranten Rüdiger Schreck?*, 1972 (76-90).

[91] Vormweg, Heinrich: *Wallraff als Literaturproduzent*, 1975 S. 138.

[92] Salzer, Anselm und Eduard von Tunk: *Illustrierte Geschichte der deutschen Literatur*, o. D. S. 287.

[93] Romain, Lothar und Michael Töteberg: *Günter Wallraff*, 1978 S. 6.

[94] Vgl. Wallraffs ›Chronik einer Industrieansiedlung‹,in der er das Eintreten von Bürgern gegen Umweltverschmutzung und Abgase thematisiert, in: Wallraff, Günter und Jens Hagen: *Was wollt ihr denn, ihr lebt ja noch*, 1975; weiterhin Wallraff, Günter und Bernd Kuhlmann: *Wie hätten wir's denn gerne?*, 1975. Hier werden demokratische Betriebsstrukturen und die angebliche ›Sozialpartnerschaft‹ in Frage gestellt.

seinem zeitweiligen Anwalt Heinrich Hannover[95] in verschiedenen Projekten zusammen.

Mit Bernt Engelmann (1921-1994), dem Autor späterer ›Anti-Geschichtsbüchern‹, verfaßte Wallraff 1973 die Zangenreportage ›Ihr da oben – wir da unten.‹[96] Engelmann beschrieb die Welt der Reichen, während Wallraff aus der Sicht der Arbeiter schilderte, welche Folgen die Kapitalakkumulation der Mächtigen für die Arbeitnehmer hat, von Akkordarbeit über die Vernachlässigung von Sicherheitsmaßnahmen bis zu Entlassungsdrohungen gegenüber Arbeitern, die ihre Rechte versuchten durchzusetzen. Er kritisierte die Verteilung des Volksvermögens: »Während acht Millionen Familien mit weniger als 800 DM im Monat auskommen müssen, okkupieren 14.000 Familien ein Vermögen von insgesamt 1.000 Milliarden DM.«[97] Engelmann beklagt das Informationsdefizit über das Ausmaß der Zusammenballung von wirtschaftlicher und politischer Macht: »Da es den Besitzenden hierzulande bislang noch immer gelungen ist, sich die Gesetze und Spielregeln nach eigenem Bedürfnis und Geschmack auf den Leib schneidern zu lassen, ist es beinahe selbstverständlich, daß auch die amtliche Statistik das von den Geldgiganten gewünschte Höchstmaß an Diskretion wahrt.«[98]

Auch hier schlüpfte Wallraff in Rollen. Zusammen mit dem Pädagogen Wolfgang Erdle, dessen klerikales Wissen hierfür unverzichtbar war, bewarb sich Wallraff als Laienmönch, um die Zustände bei Fürstmönch Emmeram im Thurn- und Taxis-Kloster Prüfening bei Regensburg zu erforschen. Pater Emmerams Auffassung vom Mönchtum zeigt sich in dessen Selbstverständnis als einer »Elite [...], die unter sich bleibt und ihre Kraft behält und ausbaut. Nur wenige Auserwählte aus dem Volk dürfen wir zu uns heranlassen [...], damit wir nicht verweltlichen und ›vermassen‹. Man muß sich entscheiden, ob man sich mit Menschen unterhält oder auf dem Weg zur Heiligkeit den Dialog mit Gott führt.«[99] Von besonderer Bedeutung waren für den Pater finanzielle Belange, in der Vereinssatzung des Klosters zu Gunsten von Emmerams Familie geregelt, die er zum Nutzen des Klosters dirigierte: »Ob es [...] etwas mit christlicher ›Mildtätigkeit‹ auf sich hat, wenn die fürstliche Thurn- und Taxis-Bank dem Pater die zuvor dort diktierten ›Bettelbriefe vervielfältigt und verschickt oder ob handfeste materielle Interessen dafür ausschlaggebend sind, sollte man überlegen.

---

[95] Vgl. Wallraff, Günter und Heinrich Böll: *Berichte zur Gesinnungslage der Nation/Berichte zur Gesinnungslage des Staatsschutzes,* 1977; außerdem Wallraff, Günter und Heinrich Hannover: *Die unheimliche Republik,* 1982.

[96] Vgl. Engelmann, Bernt und Günter Wallraff: *Ihr da oben – wir da unten,* 1973. Engelmanns ›Anti-Geschichtsbücher‹ umfassen insbesondere *Wir Untertanen,* 1974 und *Einig gegen Recht und Freiheit,* 1975.

[97] Wallraff, Günter: *Schriftsteller – Radikale im öffentlichen Dienst,* 1987 S. 66, vgl. auch Hug, Wolfgang (Hrsg.): *Unsere Geschichte,* 1991 S. 194. 1965 verfügten 10% Reiche über 40% des Gesamteinkommens, während die Hälfte der Bevölkerung mit 20% wirtschaften mußte.

[98] Engelmann, Bernt und Günter Wallraff: *Ihr da oben – wir da unten,* 1973 S. 201.

[99] Ebenda, S. 52.

Auch wie es der fürstliche Pater mit der ›Nächstenliebe‹ in Einklang bringt, wenn er sich bei ererbten Häusern alter Leute, die dort Wohnrecht auf Lebens-zeit hatten, entledigt.«[100]

Unter dem Namen eines Freundes, des Malers Friedrich Wilhelm Gies, schlich sich Wallraff als Portier und Bote im Gerling-Konzern ein und beobachtete zwei Monate die Verhältnisse in diesem hierarchisch organisierten Großbetrieb. Wall-raff alias Gies verletzte die ungeschriebenen betrieblichen Regeln, nach denen nur die Führungsspitze des Konzerns Zugang zu bestimmten Bereichen der Chefkantine und zur Führungsetage hat. Großes Gelächter gab es, nachdem er sich mit einem ganzen Filmteam am Portier vorbei in das Büro des Chefs einge-schlichen hatte, sich auf den Schreibtisch setzte und dort fotografieren ließ. Die Entweihung des ›Allerheiligsten‹ brachte Wallraff eine Klage des Gerling-Konzerns wegen Urkundenfälschung und des Mißbrauchs von Ausweispapie-ren ein. Dieser Prozeß führte in erster Instanz zu einer Verurteilung Wallraffs zu einer Geldstrafe von 8 Tagessätzen zu je 70 DM, in zweiter Instanz, und zu ei-nem Freispruch wegen ›angeblichen Rechtsirrtums‹.[101] Wallraff hätte ›in blin-dem Drange irrend gehandelt‹. Diese Einschätzung konnte Wallraff insofern recht sein, als seine Methode dadurch nicht kriminalisiert wurde.

Sozial-liberale Regierung

Der gesellschaftliche Wandel, der insbesondere in der Studentenbewegung sei-nen Ausdruck gefunden hatte, wurde von den politischen Parteien aufgenom-men, und es kündigte sich ein Regierungswandel an. Die SPD wurde nach der Verabschiedung des Godesberger Programms für viele als eine moderne Varian-te der Regierungspolitik wählbar. Die Bildung einer sozial-liberalen Koalition 1969 unter Willy Brandt (1913-1992) führte zu einem neuen Verständnis der Deutschen: Brandt erklärte, er verstehe sich ›als Kanzler nicht eines besiegten, sondern eines befreiten Deutschlands.‹[102] Ein neues Kapitel der Ostpolitik, der ›Wandel durch Annäherung‹ wurde 1970 begonnen, der seinen sinnfälligen Ausdruck in Brandts Kniefall vor dem Denkmal für die Opfer des Aufstandes im Warschauer Ghetto fand. Mit dem Motto ›Mehr Demokratie wagen‹ setzte dieser auf die Motivation der Bevölkerung zu politischem Engagement. Das Vertrauensverhältnis zwischen ihm und Böll, Günter Grass oder Siegfried Lenz zeigte eine Annäherung zwischen Politikern und Schriftstellern.

Die Enttäuschung über das Scheitern der ›68er‹ Bewegung hatte allerdings auch zum bewaffneten Terrorismus und zur Bildung der Baader-Meinhof-Gruppe, später zur Roten-Armee-Fraktion (RAF) geführt. Wallraff kannte Ulrike Meinhof von seiner Arbeit bei ›konkret‹ und schätzte ihren sozial engagierten Journalismus, insbesondere ihren Film ›Bambule‹, in dem sie sich ebenfalls mit Zuständen in Jugendheimen auseinandergesetzt hatte.[103] Wallraff teilte mit den

---

[100] Ebenda, S. 58.
[101] Vgl. Wallraff, Günter: *Rede vor dem Kölner Amtsgericht am 10.12.1975*, 1987, vgl. auch Hannover, Heinrich: *Der Fall Günter Wallraff,* ²1998 S. 314.
[102] Vgl. Görtemaker, Manfred: *Kleine Geschichte der Bundesrepublik Deutschland,* 2002 S. 221.
[103] Vgl. hierzu Wallraff, Günter: *Endstation Bambule?*, 1971.

›68ern‹ manche Kritik an den politischen, gesellschaftlichen und wirtschaftlichen Verhältnissen in der Bundesrepublik, er verfolgte aber keine umstürzlerischen Ideen. Ihm ging es um die Einhaltung demokratischer Regeln, die Aufdeckung von Mißständen in der Arbeits- und Unternehmerwelt und eine frühzeitige Intervention gegen die Auswüchse einer ungehemmten Wirtschaftsordnung.[104] Diese Regeln sind im Grundgesetz in seiner ursprünglichen Fassung vorhanden: »Das Grundgesetz war in seiner ursprünglichen Fassung total freiheitlich und total antimilitaristisch. Für eine Remilitarisierung war schlechterdings kein Platz, und Grundrechte und Freiheitsrechte galten – außer für Kriminelle – im Bundesrahmen uneingeschränkt, d.h. dem Plan nach für alle Situationen.«[105]

Die Ansätze der RAF beurteilte Wallraff als abstrakt und intellektuell, deren Mitglieder schienen ihm ›ein abschreckendes Beispiel von selbsternannten Desperados, die sehr elitär waren‹: »Die kleinbürgerlich-romantische Sehnsucht nach der ›überragenden Einzeltat‹ [...], das war für mich von Anfang an unannehmbar. Die vollmundigen Phrasen von den ›Argumenten, die aus den Gewehrläufen kommen‹, habe ich immer als Ergebnisse eines antihumanistischen Revoluzzertums gesehen und mich nie gescheut, das alles als das zu bezeichnen.«[106] Seit den gewalttätigen Agitationen lehnte Wallraff diese Strömung ab und bezog Stellung zugunsten einer friedlichen Durchsetzung politischer Überzeugungen ›im Namen aller linken Gruppen‹.[107] Dennoch wurde er jahrelang vom Bundesverfassungsschutz als mutmaßlicher Terrorist unter dem Vorwand des ›Verdachts auf Hochverrat‹ observiert.[108] Wallraff kommentiert: »Eine rufmörderische ›Sympathisantenhatz‹ erreichte jeden, der es wagte, auch nur für einen rationalen Umgang mit dem Phänomen Terrorismus einzutreten.«[109] Bereits 1966 war gegen ihn von der politischen Polizei ermittelt worden, weil in der DDR, der Sowjetunion und im ehemaligen Jugoslawien Nachdrucke seiner Reportagen erschienen, die dort ohne sein Wissen veröffentlicht worden waren.

Im Jahr 1972 wurde der heftig umstrittene ›Radikalen-Erlaß‹ gegen mutmaßliche Demokratiefeinde verkündet. Fortan sollte vor der Einstellung in den öffentlichen Dienst überprüft werden, ob ein Bewerber in der Zukunft für die ›freiheitlich-demokratische Grundordnung‹ eintreten werde. Als problematisch wurde angesehen, daß hierfür eine umfassende Sammlung von Informationen über mögliche Bewerber notwendig war. Dieser Erlaß, der nach Böll, auch ›die Reformer, nicht nur die Revolutionäre, entmutigte‹[110], beschädigte Brandts demokratisches Ansehen erheblich und trug der sozialdemokratischen Regierung harsche Kritik ein. Ebenfalls wurde Brandts indifferente Haltung zur Kriegspoli-

---

[104] Vgl. Rollka, Bodo: *Die Reise ins Souterrain*, 1987 S. 11.

[105] Meinhof, Ulrike: *Die Würde des Menschen*, 1976 S. 12.

[106] Wallraff, Günter: *Akteneinsicht*, 1987 S. 128 ff.

[107] Vgl. Wallraff, Günter: *Ulrikes Rote Armee*, 1987 S. 26, *Endstation Bambule?*, 1987 und *Betrifft: BM-Prozeß*, 1987.

[108] Vgl. Wallraff, Günter: *Akteneinsicht*, 1994 217.

[109] Wallraff, Günter: *Akteneinsicht*, 1987 S. 131.

[110] Vgl. hierzu Böll, Heinrich: *Die Angst der Deutschen und die Angst vor den Deutschen*, 1976 S. 11-15.

tik des US-amerikanischen Präsidenten Richard Nixon (1913-1994) in Vietnam vom PEN verurteilt.[111] Wallraff kritisierte Brandts Weigerung, zu den USA-Massakern gegen das vietnamesische Volk Stellung zu nehmen.[112]

Brandts Regierungszeit wurde beendet durch eine Spionageaffäre, bei welcher der DDR-Offizier Günter Guillaume, der sich als persönlicher Referent Brandts ins Kanzleramt eingeschlichen hatte, entlarvt wurde. 1974 trat Brandt zurück. Wallraff sieht den Kanzler als ein Opfer des BND, von dem gezielt darauf hingearbeitet worden sei, Brandts als unbequem empfundene Politik durch einen Skandal zu beenden.[113]

Helmut Schmidt wurde zum Nachfolger Brandts gewählt. Er führte dessen Entspannungspolitik weiter. Zur Zeit der Regierungsübernahme war die Weltwirtschaft durch drastische Ölpreisschübe geprägt. Der Wohlstand stieg weiter, aber hinter diesem Bild verbargen sich unterschiedliche Entwicklungen, die auch zu Beschäftigungsverhältnissen führten, deren Arbeitnehmer von den Sozialversicherungssystemen nicht profitieren konnten.

Griechenland, Portugal, Nicaragua

1967 hatte in Griechenland das Militär mit Hilfe des Nato-Plans ›Prometheus‹ und vermutlich mit Unterstützung des CIA geputscht, und es kam eine Regierung an die Macht, die zwar vordergründig die Fassade eines demokratischen Systems aufrechterhielt, jedoch oppositionelle Regungen brutal unterdrückte.[114] Die Bundesrepublik ergriff in dieser Angelegenheit keine Initiative; vielmehr bekräftigte der damalige Bundespräsident Heinrich Lübke (1894-1972) die traditionelle Freundschaft, die sich unter anderem auf wirtschaftliche Beziehungen zwischen den beiden Ländern gründete. Im Herbst 1973 wurden Demonstrationen von Studenten in Athen von Panzern blutig niedergeschlagen und das Land unter den Ausnahmezustand gestellt.

Wallraff reiste 1974 als Mitglied des Solidaritätskomitees für politische Gefangene nach Griechenland, kettete sich auf dem Athener Syntagma-Platz an und rief mit Flugblättern zur Freilassung politischer Gefangener, zu Pressefreiheit und freien Wahlen und zur Wiederherstellung der Demokratie anstelle der herrschenden Militärdiktatur auf.[115] Er wurde an Ort und Stelle zusammengeschlagen, später bei Verhören gefoltert und von einem Militärgericht zu vierzehn Monaten Haftstrafe verurteilt, aber nach dem Sturz der Militärjunta wieder freigelassen. Seinen Einsatz für ein fremdes Land begründete er mit den Worten: »Die Verwirklichung der Menschenrechte kann durch nationale Grenzen nicht

---

[111] 1971 war Wallraff Mitglied im PEN (›Poets Essayists Novelists‹) geworden, dessen oberstes Ziel der Kampf gegen Intoleranz, Zensur, Rassen-, Klassen- und Völkerhaß ist.

[112] Vgl. o.V.: *Scharfe Kritik an Brandts Haltung zu USA-Massakern*, in: Neues Deutschland vom 01.12.1969.

[113] Vgl. Interview mit Günter Wallraff vom 21.12.2006.

[114] Vgl. hierzu die Ausführungen von Jürgen Werner: *Günter Wallraff und Griechenland*, 1989, ferner ders.: *Rezension zu Günter Wallraff, Eckart Spoo, Unser Faschismus nebenan*, 1977 und 1985.

[115] Vgl. Wallraff, Günter: *Unser Faschismus nebenan*, 1975 S. 73-95.

außer Kraft gesetzt werden.«[116] Er erreichte, daß die Verhältnisse in Griechenland weltweit publik wurden. In seinem Buch über die Griechenland-Aktion, das er zusammen mit Eckart Spoo verfaßte, äußerte sich Wallraff skeptisch zur vordergründigen Freiheit der sogenannten ›freien Welt‹. Er fragte nach der deutschen Mitverantwortung für die Zustände in Griechenland, das mit der Bundesrepublik eng verbündet war. Hier spricht er insbesondere die zwiespältige Rolle der NATO und der ›Schutzmacht‹ USA an. Diese betreibe mit ihrem Geheimdienst Politik, die vorwiegend an den Interessen der eigenen Wirtschaft ausgerichtet sei: »Destabilisierung ist das CIA-Konzept für jedes Land, das sich nicht nach Washingtoner Wünschen entwickelt.«[117]

Nach seiner Rückkehr wurde Wallraff der Vorwurf gemacht, mit seinem ›Sensationsjournalismus‹ habe er von der Situation der griechischen politischen Gefangenen eher abgelenkt. In dem von Strauß herausgegebenen ›Bayernkurier‹ wurde der Einsatz als ›Polit-Clownerie und Ersatz für schriftstellerische Begabung‹[118] bezeichnet. Von Politikern des demokratischen Griechenlands hingegen wurde Wallraffs Einsatz als ein mutiger Akt der Solidarität gewürdigt und er wurde zum ›Weltbürger‹ ernannt.[119] Der Philosoph Ernst Bloch (1885-1977) urteilte: »Wallraffs Aktion [...] hat mit Schaustellung nichts gemein, ist vielmehr als so mutiger wie aktiver Protest in Solidarität mit den griechischen Antifaschisten zu verstehen.«[120] Der evangelische Theologe Helmut Gollwitzer (1908-1993) würdigte Wallraffs Solidarität mit den Griechen für die ›Freiheit der Person und Herrschaft des Rechts‹ und sieht seinen Namen als ›einen Ehrennamen des deutschen Journalismus.‹[121]

Wallraffs Versuch, durch die Form des politischen Happenings die Grenzen zwischen der Kunst und dem Leben bzw. literarischer Arbeit und politischen Aktionen aufzuheben und sich hierbei in Lebensgefahr zu begeben, wurde von dem sozialkritischen Grafiker Klaus Staeck aufgegriffen. Staeck würdigte im Rahmen der Kölner Kunstausstellung ›Projekt 74‹ die Griechenland-Aktion und sah in ihr einen Aufhänger zur Diskussion, ob Kunst als ein Vehikel für politische oder gesellschaftliche Aktionen Verwendung finden sollte. Ein Plakat mit dem provokativen Titel ›Die Kunst der 70er Jahre findet nicht im Saale statt‹ zeigt ein Foto mit dem zusammengeschlagenen Journalisten auf dem Syntagma-Platz.[122]

---

[116] Wallraff, Günter: *Die Griechenland-Aktion,* 1994 S. 109.

[117] Wallraff, Günter: *Gift. Das (un)heimliche Wirken der CIA,* 1982, vgl. auch ders.: *Die ›freie Welt‹,* 1975.

[118] Vgl. P.H.: *Polit-Clown in Athen,* in Bayernkurier 1974, zit. nach Wallraff, Günter: UFN I 1975 S. 224, auch Kröncke, Gerd: *Wallraffs Aktion und die Reaktion der bundesdeutschen Presse,* 1975 (165-184).

[119] Vgl. Hahn, Ulla und Michael Töteberg: *Günter Wallraff,* 1979 S. 84.

[120] Bloch, Ernst: *Vorwort,* 1975 S. 1.

[121] Vgl. Gollwitzer, Helmut: *Geleitwort,* 1975 S. 9.

[122] Vgl. o.V.: *Klaus Staeck – Rückblick in Sachen Kunst und Politik,* 1980 S. 78. Staeck, derzeit Präsident der Akademie der Künste in Berlin, entwarf einige Plakate und Titelbilder für Werke Wallraffs.

1975 vereitelte Wallraff Putsch-Pläne in Portugal. Das Land war zwei Jahre zuvor durch die unblutige ›Revolution der Nelken‹ von den diktatorischen Verhältnissen befreit worden, die 1932 von António de Oliveria Salazar (1889-1970) installiert und von seinen Nachfolger Marcello José Caetano (1906-1980) im wesentlichen beibehalten worden waren. Die neue, mehrheitlich sozialistische Regierung sollte durch einen Putsch beseitigt werden, der von einer Militärjunta vorbereitet wurde, an deren Spitze der neue Staatspräsident António Ribeiro Spinola (1910-1996) stand.

Zusammen mit Hella Schlumberger stellte Wallraff Kontakt zu Spinolas Junta her. Wallraff gab sich als Waffenhändler aus und trat in Düsseldorf in Kontakt mit dem Staatspräsidenten. Er schaffte es, dessen Putschpläne durch Veröffentlichung zu vereiteln. Dabei belegte er Kontakte zwischen Spinola und Strauß, die sogar den Bundestag beschäftigten.[123] Nach dieser Aktion erhielt Wallraff Morddrohungen und auf seine Arbeitsräume wurde ein Brandanschlag verübt.[124]

Eine ähnliche Aufgabe sollte sich Wallraff 1983 wieder stellen, als er während eines Aufenthaltes in Nicaragua die Verhältnisse dieses Landes studierte, in dem der Präsident der Vereinigten Staaten von Amerika, Ronald Reagan, die sandinistische Regierung bekämpfte und die Contras des Ex-Diktators Anastasio Somoza unterstützte.[125]

Die Kritik an politischen und wirtschaftlichen Machenschaften fand ihren Niederschlag in folgendem Gedicht:

Weihnachtslitanei '75

Stille Nacht, heilige Nacht,
Wer hat's Christkind abgeschlacht'?
Laßt uns froh und munter sein.
Wen wir foltern, der tut schrei'n.
Es ist ein Ros' entsprungen.
In Chile wird nicht mehr gesungen.
Ihr Kinderlein kommet, oh, kommet doch all.
Kapital läßt marschieren 'gen Portugal.
Laßt uns froh und munter sein.
Der Schah, der steigt bei Krupp groß ein.
Im Iran werden Linke zu Krüppeln gemacht,
Damit der Aktienindex lacht.
Süßer die Glocken nie klingen.
Starfighter hat blutige Schwingen.
Strauß hat sich goldene Nase gemacht
Und der Pilot auf den Acker kracht.
Stille Nacht, scheinheil'ge Nacht,

[123] Vgl. Hahn, Ulla und Michael Töteberg: *Günter Wallraff*, 1979 S. 88; vgl. auch Wallraff, Günter und Hella Schlumberger: *Aufdeckung einer Verschwörung*, 1976, S. 241 ff.
[124] Vgl. Wallraff, Günter: *Akteneinsicht*, 1994 S. 218.
[125] Vgl. Wallraff, Günter: *Nicaragua von innen*, 1983.

Wen hatten wir noch umgebracht?
Ist lang her, ist lang her ...
Alte Leich', die stinkt nicht mehr.
Weihnachtsmann,
Geh du voran.
Geschäft gemacht.
Es ist vollbracht![126]

Biermann und Wallraffs Verhältnis zur DDR

1976 wurde der ostdeutsche Liedermacher Wolf Biermann während einer Konzertreise in den Westen von der DDR ausgebürgert, da er angeblich bei seinem Auftritt ›feindlicher Propaganda‹ Vorschub geleistet hatte. Biermann bat Wallraff, ihn in den ersten Monaten bei sich zu beherbergen. Wallraff konnte sich gut in dessen Position einfühlen: »Mit anderen Mitteln; in einem anderen System hatte ich ja eine ähnliche Funktion. Die Dissidenten hier wie dort waren sich sehr ähnlich.«[127] Die beiden organisierten eine Protestaktion gegen Biermanns Ausbürgerung, und dieser vertonte später Wallraffs Text ›Ich träumte das Leben sei ein Traum...‹.

Wallraffs Verhältnis zu sozialistischen Staaten, insbesondere zur DDR, durchlief eine längere Entwicklung. Zunächst hatte er auf eine langfristige Demokratisierung des ›zweiten deutschen Staats‹ gehofft, sah er doch dort, eher als in der Bundesrepublik, eine endgültige Überwindung nationalsozialistischer Strukturen verwirklicht und demokratische Grundsätze wie eine vermeintlich gerechtere Aufteilung von Besitz gewährleistet. Dieses Bild wandelte sich im Laufe der Zeit. In den 1970er Jahren hatte sich Wallraff gegen Dissidentenverfolgungen und die Psychiatrisierung politischer Gegner durch die Sowjetunion ausgesprochen. Daraufhin war er dort nicht mehr eingeladen worden. Erst in der Ära Gorbatschow reiste er wieder in der UDSSR, als geladener Gast beim ›Internationalen Forum für eine kernwaffenfreie Welt‹, und auch von der DDR wurde er 1986 wieder um eine Lesereise gebeten. Der Vorfall um Biermann war für Wallraff ein einschneidendes Ereignis: »Ich muß [...] eingestehen, daß es erst dieser Ausbürgerung bedurfte, um die DDR endgültig als antisozialistisches und menschenfeindliches Willkür- und Unrechtsregime ohne irgendwelche Reformchancen zu durchschauen.«[128]

In der Nachbemerkung zu Dietmar Schultkes ›Geschichte der innerdeutschen Grenze‹[129] bringt Wallraff sein Unbehagen über diese radikale Abschottung zum Ausdruck, den »ca. 1400 Kilometer langen Todesstreifen [...], einen sauber geharkten Garten [...], mit ›Tausenden uniformierten Gärtnern mit Harke und Kalaschnikow‹.«[130] Er kritisiert die bundesdeutsche Praxis, Tötungen nur milde

---

[126] Wallraff, Günter: *Weihnachtslitanei 75,* in: Berliner Extra-Dienst Nr. 103/104 vom 23.12.1975, überarbeitete Fassung des Autors.

[127] Debus, Lutz: *Wir Dissidenten waren uns sehr ähnlich.* Interview mit Günter Wallraff, in: taz zwei vom 01.02.2007 S. 13.

[128] Wallraff, Günter: *Als Biermann kam,* 2001 S. 118.

[129] Vgl. Schultke, Dietmar: *Keiner kommt durch,* 1999.

[130] Wallraff, Günter: *Nachbemerkung,* 1999 S. 165.

zu bestrafen: »Nicht verwunderlich und auf eine perfide Art konsequent sind dann auch die durchweg verhältnismäßig milden Strafen [...] gegen die ausführenden Instanzen, die Todesschützen an der Mauer und ihre verantwortlichen Befehlsgeber. Wenn man bedenkt, daß – von einer Ausnahme abgesehen – kein Richter oder Staatsanwalt des Dritten Reiches, der an Todesurteilen wegen ›Rassenschande‹, an Deportationen oder Hinrichtungen gegen Deserteure oder Kriegsgefangene beteiligt war, sich in der Bundesrepublik jemals vor Gericht verantworten mußte! Und der entsetzliche Satz des ›furchtbaren Juristen‹, des ehemaligen Marinerichters und späteren Ministerpräsidenten von Baden-Württemberg Filbinger: ›Was damals rechtens war, kann heute nicht Unrecht sein‹, wird auch heute wieder bei den Prozessen gegen DDR-Unrecht von den Verantwortlichen und ihren Anwälten zur Rechtfertigung ihrer Verbrechen gegen die Menschlichkeit vorgeschoben.«[131]

Wallraff kritisiert Mauerschützen als Personen, die menschenrechtsfeindliche Systeme mittragen: »Der ewige deutsche Mitläufer, der übereifrig angepaßte, überall funktionierende Befehlsempfänger ist nicht mit dem Ende der DDR [...] ausgestorben, so wie er auch nicht mit dem Zustandekommen dieses Staates mit sozialistischem Anspruch aus der Taufe gehoben wurde. Die Wurzeln und Ursachen reichen weiter zurück. Dort, wo ›Disziplin, Fleiß und Pünktlichkeit‹, sogenannte Sekundärtugenden, sich verselbständigen und in den Rang von Primärtugenden erhoben werden, geht die Saat der Unmenschlichkeit auf.«[132]

Bild-Reportagen

In den 1968er Jahren war deutlich geworden, daß der Springer-Verlag durch eine faktische Konzentration im Pressewesen enorme Macht hatte. Die Bild-Zeitung fungierte als Stimmungsmacher der Nation, und es hatte den Anschein, daß dies mit Billigung der Bundesregierung geschah.

Alf Breull, ein erfolgreicher Bild-Redakteur, hatte Skrupel bei seiner Arbeit für das Boulevardblatt. Zur ›Wiedergutmachung‹ schleuste er Wallraff unter dem Decknamen Hans Esser als seinen Nachfolger bei Bild in Hannover ein, damit dieser die journalistischen Methoden des Blattes von innen kennenlernen konnte. Wallraff gab sich als ehemaliger Leutnant der psychologischen Kriegsführung aus, der in der Werbung gearbeitet hätte, und wurde mit der Bemerkung eingestellt: »Sie sind unser Mann, denn im Grund machen wir hier auch nichts anderes.«[133]

Wallraff beschrieb in ›Der Aufmacher‹ 1977 aus seiner persönlichen Sicht die Recherchemethoden, Verfälschungen und politischen Manipulationen der Journalisten von Bild. Er thematisierte die Nähe des Boulevardblattes zu konservativen Kreisen und der Wirtschaft und äußerte sich kritisch zum Image von Bild als einer ›unabhängigen und überparteilichen Zeitung.‹ Bild erfülle keine Funktion der gesellschaftlichen Aufklärung, sondern sei eine »öffentliche Bedürfnisanstalt

---

[131] Ebenda, S. 164 f.

[132] Ebenda, S. 165.

[133] Schmidt, Jakob: *Günter Wallraff im Interview über BILD*, in Beta Readers Edition vom 11.07.2006.

der Volksseele [...], nicht erhellt soll der [...] Leser werden, er soll sich [...] Emotionen kaufen, Stimulantien, Ersatzdrogen.«[134]

Wallraff bemerkte, die Rolle als ›Jungmanager‹ bei Bild, hätte ihm am meisten abverlangt, da er seine ›eigentliche‹ Identität verleugnen und die Verlogenheit und den Zynismus der Journalisten hätte übernehmen müssen. Dort würde der Charakter derjenigen zerstört, die dort zu lange arbeiten. Selbst er habe sich diesem Prozeß nicht entziehen können, und seine derzeitige Freundin hätte ihn häufig hierauf aufmerksam gemacht mit den Worten: »Mensch, das ist ja wieder typisch Esser, wenn das der Wallraff wüßte!«[135]

Die Bild-Beschreibung setzte er in ›Zeugen der Anklage‹ 1979 fort. Er zeigte auf, inwieweit eine Berichterstattung, welche die Persönlichkeitsrechte kaum achtet, in das Leben der Bürger eingreift. Er beendete sie 1981 mit dem Handbuch ›Bild-Störung‹, in dem er insbesondere Möglichkeiten anführt, mit denen sich der einzelne gegen das Boulevardblatt wehren kann.[136] Zusammen mit Staeck und anderen startete er 1980 eine Plakataktion ›Wir arbeiten nicht für Springer-Zeitungen‹.[137]

Nach den Bild-Aktionen war Wallraff zahlreichen Unannehmlichkeiten ausgesetzt. Nicht nur der Springer-Konzern, sondern auch der Bundesnachrichtendienst verleumdete ihn öffentlich, sein Telefon wurde abgehört, Wanzen wurden in seiner Wohnung installiert, er wurde bespitzelt. Wallraffs Einstellung zum BND wurde dadurch noch kritischer. Wallraff beklagte sich, seine demokratische Kritik für die Verbesserung der Verhältnisse werde »diffamiert und in Terroristennähe gerückt.«[138] Bei der Bild-Zeitung habe er im Namen der Demokratie deren Redaktion von innen her kennenlernen wollen. Daraufhin bezeichnete man ihn als »›Untergrundkommunist‹ [...], was auf neudeutsch soviel heißt wie ›Terrorist‹.«[139] Eine Reihe gerichtlicher Verfahren gegen ihn, bis zum Bundesverfassungsgericht, hatten das Ziel, seine Bücher verbieten zu lassen.[140] Alle Verfahren endeten in der Sache mit Prozeßerfolgen für Wallraff – wenn auch einige Passagen seiner Werke, die das ›Redaktionsgeheimnis‹ antasteten, der Zensur zum Opfer fielen –, da sich seine Bücher mit ›gewichtigen Mißständen‹ befaßten und ›Fehlentwicklungen im deutschen Pressewesen‹ aufzeigten, an deren Erörterung die Allgemeinheit in hohem Maße interessiert sein müsse.

Grass charakterisiert diese Aufklärungsarbeit bei Bild folgendermaßen: »Den Wallraff, den gibt es nicht etwa, weil das dem Wallraff besonders Spaß macht, so zu arbeiten. Wir brauchen diesen Wallraff, weil niemand mehr in der Lage ist, den täglichen Verfassungsbruch, den wir am Kiosk erleben, diese Methoden der

---

[134] Wallraff, Günter: *Der Aufmacher*, o. D. S. 231 und S. 60.

[135] Schmidt, Jakob: *Günter Wallraff im Interview über BILD*, in Beta Readers Edition vom 11.07.2006.

[136] Vgl. Wallraff, Günter: *Bild-Störung*, 1985 S. 7.

[137] Vgl. Staeck, Klaus: *Ohne Auftrag*, 2000 S. 164, vgl. auch Wallraff, Günter: *Bild-Störung*, 1985 S. 229-231.

[138] Wallraff, Günter: *Der Aufmacher*, 1977 S. 9.

[139] Ebenda, S. 9.

[140] Vgl. Lohmeyer, Henno: *Springer: ein deutsches Imperium*, 1992 S. 392-394.

Springer-Presse beim Namen zu nennen. Es ist die alte Märchenkonstellation: der Kaiser ist nackt, er [Wallraff] zeigt ihn uns. Der Konsens verdeckt die Tatsache, daß der Kaiser nackt ist, bei allem Geplapper von Rechtsstaat in Frieden und Freiheit. Tagtäglich wird unser Grundgesetz, unsere Verfassung nicht nur in Frage gestellt, sondern gebrochen, weil das, was das Grundgesetz gebietet – nämlich Meinungsfreiheit und Meinungsvielfalt –, in weiten Bereichen der Bundesrepublik seit Jahren nicht mehr gegeben ist.«[141]

Wallraffs Filmprojekte bekamen ebenfalls eine faktische Zensur zu spüren. Jörg Gfrörer drehte über den Einsatz bei Bild in Hannover den Film ›Informationen aus dem Hinterland‹. Die geplante Ausstrahlung beim WDR fand jedoch nicht statt. Der damalige Programmdirektor Heinz Werner Hübner hatte die Sendung aufgrund von Interventionen des Springer-Konzerns, der darüber ›sehr ungehalten sei‹, kurzerhand abgesetzt.[142] Die Präsentation 1977 beim 26. Mannheimer Filmfestival führte zur spontanen Verleihung des ›Sonderpreises für den besten Fernsehfilm.‹[143]

Friedensbewegung und Musik

Eine Krise in der Entspannungspolitik brachte eine Debatte um den richtigen Weg zur Friedenssicherung, und die Friedensbewegung formierte sich. Die Stationierung von Pershing-Raketen im Herbst 1983 veranlaßte Wallraff, wiederum verdeckt bei der Bundeswehr zu recherchieren. Er war entsetzt über deren derzeitige Verfassung. Dort seien keine »kriegslüsternen Faschisten« mehr, auch »keine erklärten Demokratie-Feinde, es sind pure Befehlsempfänger, die glauben, nichts als ihre Pflicht zu tun und die einem auch offen sagen, daß sie jeden Befehl – egal welchen – ausführen, wenn sie ihn erhalten.«[144]

Im Jahr 1980 hatte sich Wallraff neben Biermann, Hannes Wader, Henning Venske, Dieter Hildebrandt und Hanns Dieter Hüsch an der Übersetzung politischer und sozialkritischer Texte der niederländischen Band ›Bots‹ beteiligt. Deren Lieder ›Sieben Tage lang‹ und ›Aufstehn!‹ erlangten in der Friedens- und Anti-Atomkraft-Bewegung der 1980er Jahre große Popularität.

Musik sieht Wallraff als einende Sprache, als Mittel zum Transport von Geisteshaltungen, aber auch als wichtiges Kommunikationsmittel für das gegenseitige Verständnis von Kulturen.[145] Er ist ein Freund von klassischer und Ethno-

---

[141] Grass, Günter, zit. nach Lenz, Siegfried: *Über Phantasie*, 1986 S. 87 f.

[142] Vgl. Kleinert, Peter: *Zensierte Filme ins WDR-Programm*, in: Neue Rheinische Zeitung, Flyer Nr. 58 vom 22.08.2006. Dieser Film ist im anhängenden Verzeichnis unter dem Titel *Günter Wallraff – Der Mann, der bei Bild Hans Esser war*, 1977 aufgeführt. Der Schriftsteller Gerhard Zwerenz sieht die gesamte kritische Berichterstattung in den deutschen Medien von der Zensur bedroht. Vgl. Zwerenz, Gerhard: *Wallraff in Griechenland*, in: Frankfurter Rundschau vom 22.05.1974.

[143] Eine weitere amerikanisch-französische Co-Produktion über Bild unter dem Titel *The man inside* (Tödliche Nachrichten) kam in Deutschland nicht zur Aufführung und fand keinen Verleih. In Frankreich spielte der Film 24 Wochen lang.

[144] Wallraff, Günter: *Es sind pure Befehlsempfänger*, 1983 S. 7.

[145] Zu diesem Thema vgl. Baumann, Max Peter: *Musik im interkulturellen Kontext*, Nordhausen 2006.

Musik und von Arbeiterliedern, die zum Widerstand gegen Ungerechtigkeit und Unterdrückung dienen. Dies zeigt das Verbot von Liedern demokratischen Inhalts. Als Beispiel nennt Wallraff ›Grandola via borena‹ des mit ihm befreundeten portugiesischen Sängers José Alfonso, mit dem er bisweilen auf Tournee ging. Dieses Lied war im Widerstand sehr populär und durfte bis zur ›Nelkenrevolution‹ im Rundfunk nicht gespielt werden, da es als Erkennungsmelodie des Widerstands galt. In diesem Sinne sind Wallraff auch die Kompositionen des chilenischen Liedermachers Víctor Jara (1938-1973) in guter Erinnerung. Jara hatte sich für die sozialistisch-kommunistische Regierung Salvador Allendes eingesetzt und wurde 1973 nach dem Militärputsch in Chile eines der ersten Opfer des Pinochet-Regimes.[146]

Christlich-liberale Regierung

Der Regierungswechsel zu einer christlich-liberalen Koalition 1982 unter Helmut Kohl wurde als ›konservative Wende‹ in der Tradition Adenauers bezeichnet. Kohl proklamierte, er wolle nicht, wie bisher, Minderheiten aufwerten, sondern wieder der ›Normalität bürgerlichen Lebens‹ zu ihrem Recht verhelfen.[147] Mit einer eher marktorientierten Politik errang die neue Koalition wirtschaftspolitische Erfolge.

Eine solche ›Wende‹, auch bezeichnet als ›Ruck nach rechts‹ fand im linksgerichteten Spektrum ihre Kritiker. Wallraff entwarf zusammen mit den Kabarettisten Jochen Busse und Gerhard Schmidt das Drehbuch zu dem satirischen Spektakel ›Is was Kanzler?‹[148] In grotesker Art wird dargestellt, während des Mißtrauensvotums gegen Helmut Schmidt seien führende Bundespolitiker durch Doppelgänger vertreten worden und das Ganze sei vom CIA unter dem Namen ›Operation Marionette‹ initiiert gewesen. Kritisiert werden unter anderem die undurchsichtige Rolle der USA im Wahlkampf zugunsten der CDU, die vielbeschworene ›deutsch-amerikanische Freundschaft‹ und die dahinterstehende Aufrüstung der Bundesrepublik mit Cruise Missiles und Pershing-Raketen. Die Verfolgung der Friedensbewegung und die ausländerfeindliche Fremdenpolitik Zimmermanns sind ebenfalls Gegenstand der Polemik. Ferner wird dargestellt, wie sich Kohl von Strauß gängeln ließ, und die Vetternwirtschaft zwischen der Regierung und Firmen wie Siemens, Flick, BASF, Kraus Maffei oder den Medien wie der Bild-Zeitung wird kritisiert. Auch die Bürgerinitiative ›Aktion für mehr Demokratie‹ wandte sich gegen die politische Richtung der neuen Regierung. Wallraff unterstützte 1986 deren Veranstaltung ›Bringt die Birne aus der Fassung – Solidarität statt Ellenbogen‹.[149]

---

[146] Vgl. Streich, Jürgen: *Das Sprengen aller Takte und Konventionen*, 2002 (117-120). Augusto Pinochet Ugarte (1915-2006), chilenischer General, putschte 1973 gegen den amtierenden Minister Salvador Allende. Er ließ in den ersten Tagen nach seiner Amtsübernahme tausende von Oppositionellen verhaften, foltern und töten.

[147] Vgl. Görtemaker, Manfred: *Kleine Geschichte der Bundesrepublik Deutschland*, 2002 S. 325 f.

[148] Vgl. Wallraff, Günter, Jochen Busse und Gerhard Schmidt: *Is was, Kanzler?*, Köln 1984.

[149] Vgl. Staeck, Klaus: *Ohne Auftrag*, 2000 S. 161 und S. 174.

Das wichtigste Ereignis der Ära Kohl sollte die Wiedervereinigung der beiden deutschen Staaten 1989 und die Wiedererlangung der deutschen Souveränität sein. Die Auflösung der UDSSR war unter anderem für diese völlig unerwartete positive Wendung ursächlich. Wallraff beurteilt in diesem Zusammenhang den damaligen Staatspräsidenten der UDSSR, Michail Gorbatschow, als »System-überwinder eines manichäisch fixierten Politdualismus« und bezeichnet ihn als »de[n] visionärste[n] und bedeutendste[n] Staatsphilosoph[en] dieses Jahrhunderts.«[150] Hingegen appellierte er an Kohl, der den sowjetischen Präsidenten »ausgerechnet mit Göbbels meinte vergleichen zu müssen«, sein »tapfer aufgebautes Feindbild«, aufzugeben, sich vom »weltpolitischen Dualismus abzuwenden« und auf die neue politische Lage mit »innovativen politischen Konsequenzen«[151] zu antworten. Bereits als 18jähriger hatte Wallraff einen solchen Dualismus in einem Gedicht abgelehnt. Dieses fand in den 1970er Jahren in einigen Schulbüchern Eingang:

Deutsche Teilung

Hier	Dort
I. hier Freiheit dort Knechtschaft	II. hier Gleichheit dort Ausbeutung
hier Wohlstand dort Armut	hier Aufbau dort Zerfall
hier Friedfertigkeit dort Kriegslüsternheit	hier Friedensheer dort Kriegstreiber
hier Liebe dort Hass	hier Leben dort Tod
dort Satan hier Gott	dort böse hier gut

III. jenseits von hier   und   fernab von dort
                                                          such' ich mir
                                                          'nen Fetzen Land
                                                          wo ich mich ansiedle
                                                          ohne feste Begriffe[152]

---

[150] Wallraff, Günter: *Günter Wallraff,* 1991 S. 40.

[151] Ebenda, S. 41.

[152] Ebenda, S. 43; Erstabdruck im Lyriksammelband *Deutsche Teilung,* zum Eingang bzw. zur späteren Zensur von Wallraffs Gedichten in Lesebüchern vgl. ders.: ›*... es wird auf einer anderen Ebene etwas entschieden, über deinen Kopf hinweg‹,* 1985 S. 169.

›Ganz unten‹

Die Freude über die großartige politische Leistung einer friedlichen Wiedervereinigung wich bald der Ernüchterung über Einzelprobleme des ›Aufbaus Ost‹. Unter anderem wurde Arbeitslosigkeit ein Dauerthema, das mit der Frage des Status von Ausländern in Deutschland verknüpft wurde. Emotional geführte Debatten, in denen Überfremdungsängste und Konkurrenzneid geschürt wurden, erschwerten sachliche Analysen.[153] Parteien ernteten Kritik, wenn sie neben der Abwehr weiteren Zustroms von Ausländern »die notwendige Integration eines erheblichen Teils der jetzigen Gastarbeiter«[154] zu ihrem Ziel machten. Die Erkenntnis, daß dieses Thema wahlentscheidend sein konnte, führte zu Polemisierung. Vor allem die Union gestaltete die Ausländerpolitik zunehmend restriktiver und vereinnahmte, insbesondere in Landtagswahlkämpfen, die ausländerkritische Haltung in der Bevölkerung für Wahlkampagnen, indem sie der Maxime folgte: ›Deutschland ist kein Einwanderungsland.‹[155]

Neben dieser offiziellen Ausländerpolitik hatte sich eine Praxis eingebürgert, nach der deutsche Firmen ausländische Arbeiter unter Vertrag nahmen und weiterverliehen. Dies war durch ein Urteil des Bundesverfassungsgerichts aus 1967 legalisiert. In konjunkturstarken Zeiten erfolgte so ein schneller Nachschub an Arbeitskräften. Unternehmer konnten auf diese Art große Profite schöpfen, während die ausländischen Arbeitskräfte bei einem Hungerlohn mit den schlechtesten Arbeiten vorliebnehmen mußten.[156]

Wallraff hatte sich bereits 1981 in dem Film ›Knoblauch, Kölsch und Edelweiß‹ über die Situation der Ausländer in seinen Wohnort, den Stadtteil Köln-Ehrenfeld, geäußert.[157] Er kritisierte, daß Ehrenfeld von der Stadtverwaltung »als belastetes und gefährdetes Zuzugsgebiet von Ausländern« bezeichnet wurde und bedauerte den mangelnden Kontakt zwischen Deutschen und Ausländern: »Sie wohnen zwar mitten unter uns, wir leben aber nicht mit ihnen zusammen.«[158] Nun wollte er das Leben eines Ausländers am eigenen Leib erfahren. Seine letzte große Rolle war die Verwandlung in den Türken ›Ali‹.[159] Türkische Freunde, der Taxifahrer Levent Sigirlioglu und der Sozialarbeiter Levent Dire-

---

[153] Kistler, Helmut: *Die Bundesrepublik Deutschland,* 1985 S. 398.

[154] o.V.: *Ausländer: ›Das Volk hat es satt‹,* in: Der Spiegel vom 03.05.1982 S. 32-44.

[155] Vgl. Einig, Mark: *Modelle antirassistischer Erziehung,* 2005 S. 377 f.

[156] Vgl. Wallraff, Günter: *›Gastarbeiter‹ oder der gewöhnliche Kapitalismus,* 1983 S. 260 f.

[157] Mit dem Titel wird auf die ›Edelweißpiraten‹ der Nazizeit angespielt, Widerstandskämpfer aus dem Arbeitermilieu, bei denen »die Grenzen zwischen provokativ zur Schau getragenem selbstbestimmten Jugendleben und tatsächicher Kriminalität« fließend gewesen seien. Vgl. Benz, Wolfgang: *Der 20. Juli 1944 und der Widerstand gegen den Nationalsozialismus,* 2004 S. 42. In Ehrenfeld hatten Jugendliche versucht, das Gestapo-Gebäude in die Luft zu sprengen. Sie wurden ohne Gerichtsurteil öffentlich erhängt. Ihr Widerstand wurde nie recht gewürdigt.

[158] Zitate aus dem Film von Günter Wallraff und Ulrike Wöhning: *Knoblauch, Kölsch und Edelweiß,* 1981.

[159] Bereits 1974 hatte Wallraff die Rolle des Gastarbeiters erprobt. Vgl. das Foto im Bildteil von Linder, Christian (Hrsg.) *In Sachen Wallraff,* 1986.

koglu, hatten ihm hierfür ihre Identität geliehen. Wallraff machte sich als ›Ali‹ auf, um in verschiedensten Rollen und Funktionen, insbesondere als Leiharbeiter bei Thyssen zu erfahren, wie die einzelnen Vertreter der deutschen Gesellschaft auf einen Türken reagieren. Dadurch stattete er sich mit einer sozialen und kulturellen Identität aus, die es ihm ermöglichte, die Auswirkungen einer auf die Schwachen gerichteten strukturellen Gewalt der Gesellschaft nachvollziehbar zu machen. Es gelang ihm dadurch, verharmlosenden offiziellen Verlautbarungen zum Thema Ausländerfeindlichkeit entgegenzutreten und eine breite Diskussion auszulösen.[160]

Es kam zur öffentlichen Diskussion über die Fremdenfeindlichkeit und zu Reflexionen über die Ausländerpolitik in Deutschland. Die Ausländerbeauftragte der Bundesregierung, Lieselotte Funcke, äußerte Betroffenheit, und Sprecher aller Fraktionen würdigten Wallraffs Arbeit im Bundestag.[161] Der damalige Arbeits- und Sozialminister in Nordrhein-Westfalen, Hermann Heinemann, gründete eine Einsatzgruppe, intern die ›Ali-Gruppe‹ genannt, die den Industriekonzernen Kontrollbesuche abstatteten. Die Thyssen-Hütte stellte Leiharbeiter fest ein, Strafverfahren wurden eingeleitet, Bußgelder wurden verhängt, Sicherheitsingenieure eingestellt, Arbeitsschuhe und Sicherheitshelme wurden zur Verfügung gestellt, die Schichtarbeit verkürzt.

Viele türkische Mitbürger erkannten sich in Wallraffs Schilderung wieder und waren dankbar, daß er ihre Probleme publik machte.[162] Bisher eingeschüchterte Kollegen fingen an, offen über ihre Probleme zu reden, Beschwerden zu führen, sich zu melden und das Wort zu ergreifen, obwohl sie sich vorher für ihre Nationalität schämten. In Deutschland lebende Ausländer, selbst solche, die nicht aus dem Arbeitermilieu stammten, bezeichneten die Feststellungen Wallraffs als Tatsachen, die ihnen ›aus der Seele‹ sprechen.

Wallraff gründete mit seinen Honoraren die Stiftung ›Zusammen-Leben‹ in Duisburg-Neudorf, ein interkulturelles Wohnmodell, eine Begegnungsstätte und ein Kommunikationszentrum, in dem Ausländer und Deutsche die Gelegenheit zum Zusammentreffen und Zusammenleben haben. Auch richtete er einen Hilfsfonds ›Ausländersolidarität‹ ein.

Die Erlebnisse in der ›Ali‹-Rolle verarbeitete der Regisseur Jörg Gfrörer in dem Film ›Günter Wallraff – Ganz unten‹. Auch dessen Ausstrahlung wurde, aufgrund einer Intervention der Thyssen AG, von der ARD kurzfristig abgesetzt und lediglich von Radio Bremen im dritten Programm übernommen.[163]

---

[160] Vgl. hierzu auch Zimmermann, Bernhard: *Randgruppenhelden als intellektuelle Protestfiguren der Gegenwart*, 1987 S. 298. - Der Ausdruck ›Strukturelle Gewalt‹ stammt von dem Friedens- und Konfliktforscher Johan Galtung, der hierunter Strukturen versteht, »die für die ungleiche Verteilung der Möglichkeiten humaner Selbstverwirklichung charakteristisch ist.« Vgl. Galtung, Johan : *Abbau struktureller Gewalt als Aufgabe der Friedenserziehung*, 1973 S. 22.

[161] Vgl. Romain, Lothar und Michael Töteberg: *Günter Wallraff*, 1978 S. 9.

[162] Vgl. Sonnenschein, Jakob: *Unterwegs mit Günter Wallraff*, in: taz vom 05.12.1985.

[163] Vgl. Kleinert, Peter: *Zensierte Filme ins WDR-Programm*, in: Neue Rheinische Zeitung, Flyer Nr. 58 vom 22.08.2006. Die Ausstrahlung des Films im Kino war ein Erfolg.

Daß sein Buch ›Ganz unten‹ ein spektakulärer Erfolg wurde, überraschte sogar Wallraffs Hausverlag Kiepenheuer & Witsch, insbesondere, weil Kollegen von der ›Ali‹-Rolle abgeraten hatten, da sie diese nicht mehr als aktuell erachteten. Der Verkauf von über vier Millionen deutschen Exemplaren und die Übersetzung in 35 Sprachen, auch ins Türkische, ließ das Medium Buch erstmals in der Bundesrepublik in den Bereich der Massenmedien vorstoßen und erreichte Leserschichten weit außerhalb von Wallraffs Stammleserschaft.[164] Abgesehen von diesem publizistischen Erfolg war das Echo auf ›Ganz unten‹ unerwartet groß und enthielt sowohl positive als auch negative Kritik. Mehrere Prozesse gegen Wallraff und seinen Verlag wurden initiiert, deren Klagen zum großen Teil abgewiesen wurden.[165] Schlimmer aber war ein anderes Phänomen, nämlich, daß »gleichzeitig die Arbeitsmethoden Wallraffs und schließlich sogar seine moralische Integrität«[166] in Frage gestellt wurden. Die heftigen Reaktionen belasteten Wallraff bis in sein Privatleben, so daß er beschloß, sich zurückzuziehen. Unter anderem fühlte er sich erneut vom Staatsschutz verfolgt.

Seine Kritik an BND und Verfassungsschutz, der seiner Auffassung nach eher die Interessen der Bevorrechtigten im Staat anstelle die der Bürger vertritt, zeigte Wallraff in seinem Buch ›Akteneinsicht‹ 1987 auf.[167] Der BND mische sich ständig in innere Angelegenheiten ein, steuere Politik im rechten Sinne und forsche das Privatleben von Politikern, Schriftstellern und Journalisten aus, die nicht in diese Richtung paßten. Wallraff wendet sich gegen die Behandlung als ›inneren Staatsfeind‹, insbesondere, da er gleichzeitig im Ausland als ein ›positiver Exportartikel‹ gehandelt wird. Hier profitiert er von der von Böll häufig kritisierten ›Narrenfreiheit für Intellektuelle‹,[168] und er wird von Goethe-Instituten immer wieder gerne eingeladen, um einem negativ herrschenden Deutschlandbild etwas Positives entgegenzusetzen.

Wallraff übte später, im Zusammenhang mit dem ›Holzschutzmittelskandal‹ Kritik an der deutschen Justiz, die »ein Korrektiv für die Fehlleistungen der anderen Gewalten« sein sollte, aber im Gegenteil dazu sei sie »in ihrem derzeitigen Zustand Teil der Probleme [...], die wir haben, nicht etwa Teil von deren Lösung.«[169]

---

[164] Vgl. Hall, Christan Peter: *Mit ›Ganz unten‹ nach ganz oben,* 1986 S. 1362 und Jörges, Hans-Ulrich: »*Ganz unten« - Ganz oben?,* 1988 S. 155.

[165] Vgl. hierzu Berger, Frank: *Thyssen gegen Wallraff,* 1988.

[166] Vgl. Jörges, Hans-Ulrich: »*Ganz unten« - Ganz oben?,* 1988 S. 148.

[167] Vgl. Wallraff, Günter: *Akteneinsicht,* 1987 S. 9. Noch einmal spielte Wallraff die Rolle des Ausländers in Japan: er mischte sich mit versteckter Kamera unter iranische Gastarbeiter, die ein entwürdigendes Leben führten und denen bei Arbeitslosigkeit die Ausweisung drohte. Vgl. Wallraff, Günter: *Vorwort,* 1998 S. 9 und 10.

[168] Vgl. Wallraff, Günter: *Wirkungen in der Praxis,* 1972 S. 130. Zur ›Narrenfreiheit des Intellektuellen‹ fährt Wallraff fort: »Er kann sich gebärden, wie er will [...]: er wird auf jeden Fall verkraftet, liegt an der goldenen Kette als Privilegierter unter Privilegierten.« Ebenda, S. 130.

[169] Wallraff, Günter: *Vorwort,* 1998 S. 9 und 10.

Soziales Engagement und Stellung zur Religion

Wallraff verlegte 1986/87 nach einer Hausdurchsuchung, die von der bayerischen Justiz durchgeführt wurde, den Wohnsitz vorübergehend nach Holland und wandte sich anderen Tätigkeitsfeldern zu. Weiterhin publizierte er Sammelbände, in denen er alte Reportagen und neue Aufsätze aufnahm. Schon immer hatte er sich an sozial-, kultur- und umweltpolitischen Aktionen beteiligt und für die Realisierung der Rechte einzelner gekämpft. Nun äußerte er sich verstärkt zu solchen Problemen, aber auch zu Themen von soziologischer und philosophischer Tragweite. Insbesondere in diesen Schriften tritt seine interkulturelle Orientierung hervor.

In seinem Vortrag ›Und macht euch die Erde untertan‹ 1987 im Großmünster zu Zürich bezog Wallraff Position gegenüber dem Umweltschutz und für den Erhalt der Erde. Dieses Anliegen war von der 1980 gegründeten Partei ›Die Grünen‹, die sich bald zu Trägern eines bedeutungsvollen politischen Anliegens entwickeln sollten, ins allgemeine Bewußtsein gehoben worden. Wallraff kommt auf die Probleme des modernen Menschen zu sprechen, dem als Konsument das Verständnis für die Zusammenhänge der Welt verlorengegangen ist. Er setzt sie in Kontrast zu den indigenen Völkern wie zum Beispiel den Indianern Nordamerikas, die sich noch als einen Teil der *unio magica* verstehen, die dem modernen Menschen verlorengegangen ist, und rät: »Fordern wir das Unmögliche! Das heißt: gewöhnen wir uns nicht an das zur Gewohnheit gewordene Unrecht und tägliche Verbrechen an der Schöpfung!«[170] Er verwirft die frühere europäische Expansionsmentalität, die sich in der heutigen Zeit in modifizierter Form fortsetzt: »Die weißen Europäer, die als Konquistadoren, als Eroberer mit dem Schwert ihren Glauben verbreiteten, haben den Völkern Amerikas und Afrikas nicht nur die Lebensgrundlagen geraubt, sondern mit der Zerstörung der Religionen auch die kulturelle Identität. Und sie haben überall hin ihre unchristliche Philosophie mitgebracht: Besitz- und Profitsucht.«[171] Dies mache nicht das eigentliche Leben aus: »In unserer Hybris haben wir die Intuition verloren, die Sensibilität, das Wesentliche, die Lebensqualität überhaupt noch wahrzunehmen [...]. Wir alle leben über unsere Verhältnisse, materiell, und verkümmern im sensitiv Geistigen.«[172]

Im Zusammenhang mit der Umweltzerstörung setzte sich Wallraff mit der religiösen Schöpfung auseinander und machte dabei seine Stellung zur Kirche deutlich. Der Amtskirche, insbesondere dem Unfehlbarkeitsanspruch des Papsttums mit seinem »Führerkult«[173] innerhalb der katholischen Kirche, steht er kritisch gegenüber: »Ich bin und bleibe ein Gegner der Institution Kirche, vor allem der katholischen. Überall da, wo Religion zur institutionalisierten Macht oder Staatskirche wird oder sich mit ihr verschwägert, geht der Sinngehalt der humanitären Lehre verloren.«[174] Von den Prinzipien der katholischen Sozialleh-

---

[170] Wallraff, Günter: *Und macht euch die Erde untertan*, 1987 S. 40.

[171] Ebenda, S. 15.

[172] Wallraff, Günter: *Laßt die Kirche nicht im Dorf*, 1987 S. 130 f.

[173] Ebenda, S. 125.

[174] Ebenda, S. 127.

re, die in Subsidiarität, Personalität und insbesondere Solidarität besteht, sieht er sich jedoch geprägt. Vom sozialen Engagement beider Kirchen ist er beeindruckt.[175] Innerhalb der protestantischen Kirche würdigt er das Denken in Richtung eines ›neuen Internationalismus.‹[176]

Insgesamt kritisiert Wallraff absolutistische Ansprüche: »Da, wo Gott autonom gesetzt wird, ins Jenseits verbannt wird, da, wo er vergötzt wird, dort kommen die Belange des Menschen zu kurz. Ich wünsche mir dann stets, daß man Christus von dort zurückholt – wenn er schon nicht von selbst kommt – und ihn wiederentdeckt als einen Menschen wie du und ich, nur eben als einen der radikalsten, der seinen Weg zu Ende gegangen ist und keinerlei Kompromisse eingegangen ist.«[177] Er lehnt einen ausschließenden, exklusiven Absolutheitsanspruch ab, da sich die Kirche ›lange als alleinseligmachend‹ verstanden hat. Für ihn haben »die Mächtigen [...] die Botschaft des Evangeliums vom liebenden Gott auf den Kopf gestellt und einen rachsüchtigen, rassistischen Kriegsgott auf den Thron gehoben, der keine anderen Götter neben sich duldet – alleinseligmachend – ein Gott, der Menschen anderer Religion und anderer Hautfarbe unterdrücken und verfolgen läßt.«[178]

Dem Islam bescheinigt Wallraff »einen großen Toleranzspielraum«,[179] in dem ein Jesus seinen Platz finden kann. Im fundamentalistischen Islam hingegen sieht er eine intolerante und missionarische Variante dieser Religion. Islamismus beruht für ihn aber zum Teil darauf, »daß man sich auch vom Westen im Stich gelassen und verachtet sieht, oder zumindest als minderwertig eingestuft.«[180]

Wallraff versteht Religion »nicht als Jenseitsglauben, sondern als diesseitige soziale Verantwortung.«[181] Eine »lebenswerte demokratische Zukunft«[182] lasse sich aus einer positiven Mischung von Marxismus und Christentum herstellen. Dieses Programm sei allerdings noch nicht institutionalisiert. Wallraff fühlte sich nie an eine Partei oder sonstige Organisation gebunden. Er sieht sich dadurch freier darin, »dem eigenen Gewissen folgend sich nicht instrumentalisieren zu lassen.«[183]

Brisante Themen

Wallraff setzte sich fortan für die Herausgabe von Büchern ein, welche gesellschaftliche Themen oder Umstände im In- und Ausland behandeln und dabei auf Mißstände hinweisen. In Vor- oder Nachworten brachte er seine Ansichten zu den angesprochenen Problemen zum Ausdruck. Die Bandbreite reicht von

---

[175] Vgl. Wallraff, Günter: *Predigt von unten,* 1987 S. 187.

[176] Vgl. Wallraff, Günter: *Laßt die Kirche nicht im Dorf,* 1987 S. 137.

[177] Wallraff, Günter: *Predigt von unten,* 1987 S. 186.

[178] Wallraff, Günter: *Und macht euch die Erde untertan,* 1987 S. 15.

[179] Wallraff, Günter: *Laßt die Kirche nicht im Dorf,* 1987 S. 127.

[180] Beucker, Pascal: *Öcalan hat sich mehrfach mit Jesus verglichen,* in: taz vom 23.05.1997.

[181] Wallraff, Günter: *Laßt die Kirche nicht im Dorf,* 1987 S. 118.

[182] Ebenda, S. 123.

[183] Zit., nach Schulzki-Haddouti, Christane: *Öffentlichkeit ist der Sauerstoff der Demokratie. Günter Wallraff im Interview,* in: Telepolis vom 06.09.1998.

Stellungnahmen über die schwedische Arbeitswelt oder die unmenschlichen Verhältnisse von bolivianischen Minenarbeitern, die Vergabe von Steuergeldern in Milliardenhöhe an Großkonzerne, Frauenhandel, die willkürliche Verhaftung einer Türkin bis zu den Zuständen im US-Hochsicherheitsgefängnis Sing Sing.[184]

Ferner unterstützte Wallraff Autoren, die aufgrund politischer Konstellationen Probleme mit der Veröffentlichung ihrer Werke hatten. Er betätigte sich als Mitherausgeber der deutschen Ausgabe von Salman Rushdies ›Satanischen Versen‹ 1989. Nachdem Ayatollah Khomeini (1900-1989) eine Fatwa gegen Rushdie ausgesprochen hatte, beherbergte Wallraff diesen Autor eine Zeitlang in Köln. In diesem Zusammenhang kritisierte er die Orientalistin Annemarie Schimmel (1922-2003), die Verständnis zeigte für die Empörung der Moslems gegen Rushdies Buch. Wallraff billigt die Entscheidung von Ayatollah Khomeini nicht und spricht sich dagegen aus, die Bedrohung eines Menschenlebens unter Verweis auf andere Kultureigenarten zu tolerieren.[185] 1993 betätigte sich Wallraff als Vermittler in einem Streit zwischen Rushdie und dem türkischen Satiriker Aziz Nesin, der ohne Rushdies Einverständnis Auszüge aus den ›Satanischen Versen‹ veröffentlicht hatte.[186] Beide wurden von Wallraff nach Köln eingeladen. Für Nesin hegte Wallraff große Sympathien, und er wollte verhindern, daß zwei im Grunde gleichgesinnte Menschen, beide auch Spötter gegen Dogmatismus und deswegen mit dem Tode bedroht, in der Weltpresse zu Gegnern gemacht wurden.

Einen wiedererstarkenden Nationalismus sieht Wallraff mit Sorge. Er sucht immer wieder das Gespräch mit den Menschen und ließ sich von mehr als 100 Schulen einladen, um mit Jugendlichen über Intoleranz und Rassismus zu diskutieren. In Ostdeutschland, wo die Umbruchssituation nach der Wiedervereinigung die Jugendlichen offensichtlich besonders empfänglich für rechtsextreme Vorstellungen machte, sieht er seinen Einsatz als besonders wichtig an. Wallraff befürchtet, daß Jugendliche ohne Perspektiven in die rechte Szene getrieben werden oder, noch schlimmer, daß »telegenere, wesentlich raffiniertere Volksverführer«[187] kommen könnten, welche die Massen einfangen.

Ein Nachfolger Wallraffs in der Rollenreportage, Michael Schomers, drang unter falschem Namen bei den Republikanern ein und veröffentlichte 1990 seine Erkenntnisse über die neonazistischen Tendenzen dieser Partei, die versucht, sich »den Anschein einer ›neuen Rechten‹, einer intellektuellen [...] Partei«[188] zu

---

[184] Vgl. Wallraffs Stellungnahmen in Pfaff, Viktor und Mona Wikhäll (Hrsg.): *Das schwedische Modell der Ausbeutung*, 1971, Viezzer, Molma: *Wenn man mir erlaubt zu sprechen...*, 1980, Heimbrecht, Jörg: *Das Milliardending*, 1984, Schmidt, Heinz G.: *Der neue Sklavenmarkt*, 1985, Turan, Sara Gül: *Freiwild*, 1992 und Conover, Ted: *Vorhof zur Hölle*, 2001.

[185] Vgl. Hoffmann, Anne: *Islam in den Medien*, 2004 S. 16 f.

[186] Aziz Nesin verfaßte politische Satiren, Theaterstücke und Kinderbücher. Vgl. hierzu die ins Deutsche übersetzte Satirensammlung Nesin, Aziz: *Ein Verrückter auf dem Dach*, 1996.

[187] Heuer, Christine: *Neuer Reichtum tritt immer schamloser auf*, Interview mit Günter Wallraff im Deutschlandfunk vom 24.10.2006.

[188] Schomers, Michael: *Deutschland ganz rechts*, 1990 S. 262.

geben. Wallraff war darüber erschrocken, daß die Republikaner eigentlich nur das »offen aussprechen, was in bestimmten Kreisen der CDU/CSU ausgebrütet und programmatisch vorbereitet wurde.«[189]

1991, nach Ablauf des Ultimatums der USA gegen den Irak, als der Erste Golfkrieg vorhersehbar war, reiste Wallraff nach Israel. Er wollte diesem Land wenigstens durch eine »wenn auch hilflose – Geste der Solidarität«[190] seine Verbundenheit demonstrieren, das der Gefahr der Vernichtung unter anderem deshalb ausgesetzt waren, weil deutsche Firmen Giftgas an Saddam Hussein (1937-2006) geliefert hatten. Bei vielen Israelis, die kein zionistisches Gedankengut pflegen, stellte Wallraff eine ›basisdemokratische Gesprächs- und Streitkultur‹ fest. In Lea Fleischmanns Tagebuch ›Gas. Tagebuch einer Bedrohung‹ äußerte er sich erleichtert darüber, daß man lediglich wütend sei »auf die deutsche Regierung«, nirgendwo sei er aber »auf Deutschfeindlichkeit«[191] im generellen Sinne gestoßen.

Ethnische Minderheiten

Im Jahr 1993 ermutigte Wallraff den Sinto Alfred Lessing, der die Jahre des Nationalsozialismus in Deutschland verlebt hatte und ständig in der Furcht vor seiner Entdeckung gewesen war, seine Lebenserinnerungen aufzuzeichnen.[192] Ein großer Wunsch Lessings ist die »Sehnsucht danach, kein Außenseiter sein zu müssen.«[193] Wallraff, der seit seiner Kindheit, mit der damaligen Verehrung für die ›Zigeunerfrida‹, Sympathien für diese Volksgruppe hegt, warnt davor, Sinti und Roma auszugrenzen oder zu romantisieren: »Sie taugen nicht mehr als Folie für die Fluchtphantasien, die alle Erziehung in unseren Breiten stets provoziert hat, für Romantizismen, die fast immer nur die andere Seite von Repression und Ausbeutung sind.«[194]

Wallraff kritisiert die politische Haltung der Bundesrepublik gegenüber dieser Volksgruppe, der nach dem Krieg keine Wiedergutmachung zuteil wurde, obwohl sie, wie die Juden, vom Völkermord betroffen waren: »Gerade wir Deutschen könnten angesichts von fast einer Million durch die Nazis ausgerotteten Sinti und Roma durch die Gewährung eines dauerhaften Bleiberechts – es geht hier derzeit um etwa 20 000 Menschen – eine wenigstens minimale, aber symbolische Form eines Schuldeingeständnisses und für dieses Land die letzte Chance einer [...] Vergangenheitsbewältigung leisten.«[195]

In der Türkei stellen insbesondere die Kurden eine verfolgte ethnische Gruppe dar. Wallraff sieht eine Verbindung zwischen der Diskriminierung der Kurden und der Transformation vom osmanischen Vielvölkerstaat hin zum türkischen

---

[189] Wallraff, Günter: *Vorwort*, 1990 S. 12.

[190] Wallraff, Günter: *Nachwort*, 1991 S. 177.

[191] Ebenda, S. 179.

[192] Vgl. Lessing, Alfred: *Mein Leben im Versteck*, 1993.

[193] Wallraff, Günter: *Vorwort*, 1993 S. 13.

[194] Wallraff, Günter: *Vorwort zu ›Die Zigeunerfrieda‹*, 1991 o. S.

[195] Wallraff, Günter: *Die Intoleranz des anderen zu dulden ist nichts anderes als Feigheit*, 2000 S. 139.

Nationalstaat. Er stand der PKK als einer Befreiungsbewegung ursprünglich eher indifferent gegenüber. Seit sich diese Bewegung zur ›Politsekte‹ transformierte, übte er mehr und mehr Kritik, insbesondere an deren Führer Abdullah Öcalan, mit dem er sich 1997 zu einem Meinungsaustausch getroffen hatte.[196] Im gleichen Jahr setzte sich Wallraff dafür ein, daß das Buch des kurdischen Schriftstellers M. Selim Çürükkaya ›Die Verse von Apo‹ in deutsch veröffentlicht wurde. Wallraff versteckte Çürükkaya bei sich zu Hause und unterstützte den Autor, der eine friedliche Lösung der Kurdenfrage anstrebte: »In einer weltpolitischen Konstellation, in der nationale Befreiungsbewegungen international Beachtung finden und ihre Rechte und Souveränität erkämpfen, muß es auch für die in der Geschichte bisher stets mißbrauchte, betrogene und verratene kurdische Bevölkerung eine Lösung ihrer Wahl und ein Recht auf Selbstbestimmung geben.«[197] Seither saß Wallraff ›zwischen den Stühlen‹: von der nationalistischen türkischen Presse wurde er als Kurdenfreund bezeichnet, während er von der PKK als türkischer Agent beschimpft wurde.[198] Wegen Morddrohungen der PKK stand er sogar zeitweise unter Personenschutz. 2001 gab Wallraff die Biographie der von der türkischen Regierung, der PKK und der deutschen Asylpolitik mißhandelten Autorin Devrim Kaya heraus, die zudem als Kurdin in ihrem Land unter der Verfolgungs- und Vertreibungspolitik des türkischen Militärs zu leiden hatte.[199] In diesem Zusammenhang kritisiert Wallraff die Politik der Bundesregierung, die mit der Lieferung von Waffen an die Türkei und chemischen Substanzen an den Irak Beihilfe zur Verfolgung der Kurden geleistet hatte.[200]

Auch sorgt sich Wallraff um die Zustände auf der Insel Zypern, wobei er die »Menschenrechtsverletzungen der türkischen Okkupanten« ebenso verurteilt wie »Greueltaten der EOKA-B an der türkischen Zivilbevölkerung.« In diesem Sinne würdigt er die Darstellung Arnold Shermans in seinem Buch über Zypern als die »Perspektive des unbestechlichen Friedensstifters.«[201]

Wallraff trug im Jahr 2000 dazu bei, daß der im Iran inhaftierte deutsche Geschäftsmann Helmut Hofer wieder freigelassen wurde. Hofer war wegen einer angeblichen intimen Beziehung zu einer Muslima zum Tode verurteilt worden. Wahrscheinlich handelte es sich hier um eine politisch motivierte Geiselnahme im Zusammenhang mit dem ›Mykonos-Attentat‹. Die iranische Führung war als Anstifter namhaft gemacht worden und wollte möglicherweise den in Deutschland inhaftierten Kasem Darabi gegen Hofer austauschen. Wallraff hatte sich auf

---

[196] Hierzu wird auf das Foto im Bildteil verwiesen.

[197] Wallraff, Günter: *Zu diesem Buch*, 1997 S. 11 f.

[198] Vgl. o.V.: *Demokratie in der Türkei – Gleiche Rechte für die Kurden*. Podiumsveranstaltung in der Aula der Universität am 01.11.2000, in: o.V.: *Osnabrücker Jahrbuch Frieden und Wissenschaft*, VIII 2001.

[199] Vgl. Kaya, Devrim: ›*Meine einzige Schuld ist, als Kurdin geboren zu sein*‹, 2001.

[200] Vgl. Wallraff, Günter: *Die Kurdenverfolgung der türkischen ›Militärdemokratur‹*, ²2002 S. 260. Vgl. auch Wallraff, Günter: *Asyl*, 1994 (49-51) (Nachwort zu Nazif Teleks Schilderung der Flucht einer kurdischen Familie aus dem Irak nach Saddam Husseins Giftgasangriff auf Halabja).

[201] Wallraff, Günter: *Zum Geleit*, 1999 S. XI.

eine Rolle im Iran vorbereitet, aber 2000 wurde das Todesurteil aufgehoben, Hofer konnte das Gefängnis verlassen, und die Übernahme der Rolle erübrigte sich.

Rot-Grüne Koalition

Die Bundestagswahlen von 1998 führten zur Bildung einer Koalition zwischen der SPD und den Grünen mit Gerhard Schröder als Bundeskanzler. Diese Regierung verstand sich als Vertretung einer kosmopolitischen Republik und formulierte ein Wahlprogramm mit der Maxime ›Innovation und Gerechtigkeit‹. Sie setzte durch den Atomausstieg, die Ökosteuer und ein neues Ausländerrecht eigene Akzente. Innenpolitisch war die Bekämpfung der Arbeitslosigkeit und die Reform der Sozialsysteme, die durch die schwierige Wirtschaftslage in einer immer mehr globalisierten Welt, aber auch aufgrund der Überalterung der Gesellschaft ins Rutschen geraten waren, die größte Aufgabe.

Die demographische Entwicklung in Deutschland stellt die Gesellschaft in mehrfacher Hinsicht vor Herausforderungen. Da die familiären Strukturen in Deutschland nicht mehr tragfähig sind, stellt sich die Frage nach einer adäquaten Betreuung von alten und pflegebedürftigen Menschen. Wallraff riet seinem Bekannten, Markus Breitscheidel, der eine Aufgabe mit sozialem Engagement suchte, undercover als Altenpfleger zu arbeiten. Die Veröffentlichung von Breitscheidels Erfahrungen unter dem Titel ›Abgezockt und totgepflegt‹ 2005 löste eine breite politische Diskussion aus, die Wallraffs Hoffnung bestärkten, »grundlegende Verbesserungen unter öffentlicher Kontrolle zu ermöglichen.«[202] Daß in zahlreichen Heimen keine gute Betreuung erfolgt, sondern diese eher eine »soziale Hölle«[203] darstellen, ist nach Breitscheidels Studie über Pflegeheime offensichtlich. Die eingeführte Pflegeversicherung bringt zwar finanzielle Erleichterung, sie begünstigt aber, daß der Heimbewohner »zum bloßen Kostenfaktor im Teufelskreis von Rationalisierung und Gewinnmaximierung«[204] wird.

Die demographische Entwicklung in Deutschland hat auch Einfluß auf die Frage nach der Gestaltung von Zuwanderung. Bevölkerungsveränderungen in der Bundesrepublik werden dazu führen, »daß in einigen Jahrzehnten die Deutschen in Deutschland eine Minderheit sein werden.«[205] Nach Schätzungen würde die deutsche Bevölkerung ohne Einwanderung von 81,5 auf 39,5 Mio. Menschen im Jahr 2050 schrumpfen. Der Demoskop Herwig Birg vertritt den Standpunkt: »Deutschland kann wegen der bereits in Gang gekommenen demographischen Eigendynamik heute *nicht einmal mehr wählen,* ob es in Zukunft ein Zu- bzw. Einwanderungsland bleiben will oder nicht. Seine Existenz und Zukunft hängen schlicht davon ab, wie es die aus den Zuwanderungen folgenden Inte-

---

[202] Wallraff, Günter: *Vorwort,* 2005 S. 10.

[203] Ebenda, S. 9.

[204] Ebenda, S. 10.

[205] O.V.: *Argumentationspapier des Friedenskomitees 2000,* 4/1995, zit. nach Birg, Herwig: Die Weltbevölkerung, ²2004 S. 114. Günter Grass wies in seiner Erzählung *Kopfgeburten oder die Deutschen sterben aus* bereits 1980 in humoristischer Weise auf dieses Problem hin.

grationsaufgaben und Folgeprobleme meistert.«[206] Diese Einsicht setzte sich langsam auf politischer Ebene durch. Als Vorreiter für eine geänderte Einwanderungspolitik sind Schröder, einige Politiker der FDP sowie Heiner Geißler und Norbert Blüm aus der CDU zu nennen.[207] Gegenwärtig wird geschätzt, daß mindestens 300.000 Einwanderer jährlich den Zusammenbruch des Generationenvertrages und des sozialen Systems gerade noch verhindern könnten.

Wallraff steht der Einwanderung offen gegenüber und sieht diese als Bereicherung der eigenen Kultur. Seit 1968 lebt er in dem ethnisch lebendigen Viertel Köln-Ehrenfeld, und er fühlt sich dort, »im Spannungsbogen zwischen angestrebtem Weltbürgertum und bekennendem Regionalismus«,[208] sehr wohl. Die Aufgeschlossenheit gegenüber anderen Kulturen und deren Mischung in seinem Stadtviertel, die ihm eine besondere Lebensqualität bedeuten, hatte er bereits in dem Fernsehfilm ›Knoblauch, Kölsch und Edelweiß‹ dokumentiert.[209]

Die Bundesregierung war in der ersten Legislaturperiode wegen notwendiger Reformen des Arbeitsmarktes vor schwierige Aufgaben gestellt. Nicht zuletzt aufgrund des Abbaus von Arbeitnehmerrechten durch die Globalisierung und des damit verbundenen Diktats der Interessen großer Konzerne über die Regierungen geriet die soziale Struktur ins Wanken, Arbeitsbedingungen verschlechterten sich, die Angst um den Arbeitsplatz griff um sich, so daß »der Riß zwischen denen oben und denen unten [...] zunehmend größer«[210] wird.

Frieden und Menschenrechte

Die ablehnende Haltung der Bundesregierung zum Irak-Krieg trug im Jahr 2002 zu einem erneuten Wahlsieg, aber auch zu einer Verschlechterung der Beziehungen zu den USA bei. Wallraff hatte den Präsidenten George W. Bush, in einem offenen Brief dazu aufgefordert, diesen sogenannten ›Kreuzzug gegen das Böse‹ nicht zu führen.[211] Der zentristischen Politik dieser Nation steht Wallraff kritisch gegenüber: »Unsere Kultur – was heißt unsere, es ist inzwischen die US-Kultur – wird doch als Maß aller Dinge hingestellt [...], wird auch in der Dritten Welt inzwischen als solche verkauft. Ganze Märkte werden überrollt, Kulturgewohnheiten [...] werden niedergewalzt. Dafür zwingt man den Betroffenen etwas auf, was sie geistig«, psychisch und physisch, »verarmen läßt.«[212]

---

[206] Birg, Herwig: *Globale und nationale demographische Entwicklung und Wanderungen als Rahmenbedingungen für die sozialen Sicherungssysteme in Deutschland,* 1996 S. 10. Bernt Engelmann zeigt in seiner Glosse über die ›Fallstudie‹ des japanischen Professors Koyo auf, wie notwendig die Einwanderer für den Fortbestand von Deutschlands Wirtschaft und Volk ist, vgl. Engelmann, Bernt: *Du deutsch?,* 1993 (231-236).

[207] Vgl. Herbert, Ulrich: *Geschichte der Ausländerpolitik in Deutschland,* 2001 S. 313. Norbert Blüm war von 1982-1998 Bundesminister für Arbeit und Sozialordnung.

[208] Wallraff, Günter: *Traumpfade mit Fährmann,* 2005 S. 179.

[209] Vgl. Wallraff, Günter und Ulrike Wöhning: *Knoblauch, Kölsch und Edelweiß,* 1981.

[210] Wallraff, Günter: *Die Intoleranz des anderen zu dulden ist nichts anderes als Feigheit,* 2000 S. 140.

[211] Vgl. Wallraff, Günter: *An George W. Bush,* in: Ossietzky. Zweiwochenschrift für Politik/Kultur/Wirtschaft, 5/2003.

[212] Wallraff, Günter: *Laßt die Kirche nicht im Dorf,* 1987 S. 128.

In einer ›offenen Antwort‹ wendete sich Wallraff, zusammen mit Wissenschaftlern, Künstlern und Publizisten wie Carl Amery, Tankred Dorst und Horst Eberhard Richter, gegen die amerikanische Doppelmoral in Sachen Menschenrechte: »Sie beschwören [...] die Universalität Ihrer moralischen Maßstäbe, machen diese gleichzeitig aber nur für sich geltend. Durch diesen selektiven Gebrauch stellen Sie gerade deren universale Gültigkeit drastisch in Frage und lassen so über die Ernsthaftigkeit des eigenen Bekenntnisses größte Zweifel aufkommen.«[213]

Anläßlich seines 60. Geburtstages reiste Wallraff 2002 mit dem Cap Anamur-Gründer Rupert Neudeck nach Afghanistan und stiftete mit einer fällig gewordenen Lebensversicherung eine Mädchenschule, um die dortige Lernbegeisterung, insbesondere bei den Mädchen, zu unterstützen. Auch wollte er zusammen mit Blüm und Neudeck Anfang 2003 nach Tschetschenien reisen, um auf diesen »von der Weltöffentlichkeit weitgehend vergessenen, entsetzlichen Krieg aufmerksam zu machen, weil die Weltmächte sich da arrangiert haben und es als störend empfinden, wenn zu viel bekannt wird.«[214] Diese Aktion war jedoch, wahrscheinlich aufgrund von Wallraffs kritischen Äußerungen über den russischen Präsidenten Wladimir Putin, von Moskau aus gestoppt worden, und die drei Reisenden wurden trotz Protestes des Landes verwiesen.

Wallraff ist Mitglied bei ›AKTION **COURAGE**‹, einer Vereinigung, die sich gegen Rassismus und für Integration einsetzt. Im September 2006, in einer Laudatio anläßlich der Verleihung des Aachener Friedenspreises an den Verein ›Hilfe für Menschen in Abschiebehaft Büren‹, bezog Wallraff Position zur Praxis der Abschiebung von Menschen aus Deutschland.[215]

Die Zahl von illegal Einreisenden nimmt zu, seit die Verschärfung der Gesetzgebung das Asylrecht ›zu einem Ausnahmerecht‹ macht. Bereits der Begriff Asylant reihe sich in die Reihe sprachlicher Progromausdrücke wie ›Simulant‹, ›Sympahisant‹, ›Intrigant‹ oder ›Querulant‹ ein. Es sei ›reine Glückssache‹, ob ein Asylbewerber anerkannt werde oder nicht. Viele derjenigen, die abgeschoben werden, verbringen ihre letzte Zeit in Deutschland in Abschiebehaft, in der ihre Kontakte zur Außenwelt sich ausschließlich auf freiwillige Helfer beschränken. Die Sanktionierung von Menschen durch Einsperren und ihr Festhalten bis zu 18 Monaten sei insofern fragwürdig, als das einzige Delikt, das ihnen zur Last gelegt werden könne, ihr illegaler Aufenthaltsstatus in Deutschland sei. Wallraff kritisierte ›fragwürdige Beschlüsse und dubiose Gerichtsentscheidungen.‹ Die deutschen Abschiebegefängnisse brandmarke er als ›Institutionen der Unmenschlichkeit‹, die Abschiebepraxis als ein ›menschenunwürdiges System, in dem staatlicher Abschiebewille mehr bedeute als die politischen und sozialen

---

[213] Dürr, Hans Peter, Mohssen Massarat, Heiko Kauffmann und Frank Uhe (verantwortlich für 90 deutsche Wissenschaftler, Künstler und Publizisten): ›Eine Welt der Gerechtigkeit und des Friedens sieht anders aus‹: Eine Antwort auf das Manifest ›Gerechter Krieg gegen den Terror‹ von 60 amerikanischen Intellektuellen, Aachen o. D.

[214] Interview mit Günter Wallraff vom 21.12.2006.

[215] Vgl. Wallraff, Günter: Laudatio zur Verleihung des Aachener Friedenspreises am 01. September 2006 in der Aula Carolina, Aachen (vorläufiger Redetext im Internet).

Rechte von hunderttausenden Migranten und Flüchtlingen.‹[216] Verzweiflung, Krankheit, Selbstverletzungen und Selbstmorde seien in Abschiebehaftanstalten an der Tagesordnung. Insofern sei jeder Freigelassene ›ein Sieg über diese Institution der Unmenschlichkeit.‹

In diesem Zusammenhang erhebt Wallraff harte Vorwürfe gegen die Ausübung struktureller Gewalt und imperialistische Praktiken, die mitverantwortlich sind für die Massenflucht aus Ländern: »Solange das Wohlstandsgefälle zwischen Ost und West und Süd und Nord so gewaltig ist [...], solange mit Waffen aus den Industrieländern gemordet wird und die Industrieländer diktieren, wie der Geld- und Warenhandel zu funktionieren hat, solange werden Menschen ihre Heimat verlassen, um an einem sicheren Ort zu leben.«[217]

Vorwurf der Stasi-Mitarbeit

Nach der Freigabe der ›Rosenholz-Akten‹ im Jahr 2003 wurde gegen Wallraff der Vorwurf erhoben, er habe zwischen 1968 und 1971 als ›IM Wagner‹ Verbindungen zum Staatssicherheitsdienst der DDR (Stasi) unterhalten.[218] Ihm wurde ferner vorgeworfen, er habe im Auftrag der Stasi 1969 falsche Informationen verbreitet, nach denen das bundesdeutsche Forschungsinstitut im Auftrag des Verteidigungsministeriums biologische und chemische Waffen entwickele. Damit habe er sich »mit gutlinken Absichten [...] in eine Kampagne einbinden [lassen], mit der die SED-Führung den Entspannungsprozeß verlangsamen wollte.«[219]

Tatsächlich hatte Wallraff Kontakt mit Heinz Gundlach, der als ›IM Friedhelm‹ über Wallraff berichtete, und von diesem Informationen erhalten, die Wallraff dazu genutzt hatte, um NS-Täter aufzuspüren.[220] Er bekannte sich zu ›Naivität und Leichtfertigkeit‹, wies aber von sich, ›IM‹ oder Stasi-Mitarbeiter gewesen zu sein, wie dies vor allem vom Springer-Verlag behauptet worden war. Dem wurde entgegengesetzt, Wallraff kenne die Spielregeln der Tarnung und Konspiration, aus diesem Grund sei es kaum realistisch, daß er diese in Ostberlin vergessen habe.[221] 2004 entschied das Oberlandesgericht Hamburg letztinstanzlich, daß Wallraff nicht als ›IM‹ bezeichnet werden darf. Man habe vielmehr versucht, ihn ›abzuschöpfen‹, aber Personenhinweise seien über ihn

---

[216] Zit., aus Haarhaus, Sophie: *Friedenspreis für Abschiebegegner,* in: taz vom 02.09.2006, S. 7.

[217] Wallraff, Günter: *Asyl,* 1994 S. 49.

[218] Ein ähnlicher Vorwurf war bereits 1992 erhoben worden, als das Boulevardblatt SUPER! titelte: ›Auch Wallraff (Türke Ali) von der Stasi gelenkt?‹. Ihm wurde fälschlicherweise der Tarnname ›Walküre‹ zugeordnet. Vgl. Gfrörer, Jörg: *Günter Wallraff, die Stasi und die Bundesanwaltschaft,* 1997 S. 154.

[219] Staadt, Jochen: ›Giftgas für die Bundeswehr‹. Die SED, Günter Wallraff und die Kampagne gegen die Entspannungspolitik, in: FAZ vom 05.09.2003 S. 3.

[220] Vgl. Kotte, Hans Hermann: ›Eine klebrige Mischung‹. Günter Wallraff über die ›Bild‹, die ›taz‹ und Journalisten, die sich selbst feiern, in: zitty 9/2004 S. 29.

[221] Vgl. Schwenger, Hannes: *Als wollte er uns für dumm verkaufen.* Wie Günter Wallraff, der Meister des Täuschens und Tarnens, in Ost-Berlin einmal ganz naiv war, in: Die Welt vom 13.08.2003.

nicht zu erlangen gewesen. Diese Entscheidung wurde 2006 im Berufungsverfahren bestätigt.[222]

Schwarz-Rote Koalition

Wegen Niederlagen der SPD bei Landtagswahlen stellte Schröder im Bundestag die Vertrauensfrage. 2005 kam es zu Neuwahlen, die zur Bildung einer schwarzroten Koalition führten, in der mit Angela Merkel erstmalig eine Frau das Amt der Bundeskanzlerin bekleidet. Die Konsolidierung des Sozialsystems sowie ein konjunktureller Aufschwung führte zu einer Verbesserung der wirtschaftlichen Lage des Landes, das hiermit den Maßgaben einer veränderten Weltwirtschaft Rechnung tragen konnte.

Die politischen Herausforderungen von Globalisierung und Neoliberalismus erfüllen Wallraff mit Sorge, da hier nur noch »der Erfolg, der Reichtum, die Effektivität und eine Erbarmungslosigkeit gegenüber Schwächeren und Abweichlern«[223] gilt. Dieses Prinzip der Entsolidarisierung gegenüber Arbeitslosen, Kranken, Armen, Alten und Schwachen habe in Konzernen, Banken und Versicherungen Einzug gehalten, während die Gegenseite, die keine internationale Vertretung habe, nur noch den gröbsten Wildwuchs aufhalten könnte: »So wie sich die Kapitalströme internationalisiert haben, so wie die Gewerkschaften nur auf nationaler Ebene Schadensbegrenzung versuchen, hat man den Eindruck, daß die Gewerkschaften versuchen, die Flut des Turbokapitalismus nur noch mit einigen Sandsäcken aufzuhalten.«[224] Viele Arbeitsfelder rutschen in den Niedriglohnsektor, durch die Privatisierung von Unternehmen, auch ehemaligen staatlichen Betrieben, übernehmen Dumping-Jobber und Import-Kräfte Beschäftigungen, die vorher gut dotierte Normal-Arbeitsverhältnisse waren. Die ›Alis‹ von früher seien heute durch rumänische oder polnische Arbeiter ersetzt, die beispielsweise zur Neugestaltung des Berliner Regierungsviertels eingesetzt wurden. In einer solchen Situation erhalte der Spruch ›Ihr da oben – wir da unten‹ erneut Aktualität. Mit dem Abbröseln des Wohlstandes gerate eine ganze Republik ins Rutschen, weil die sogenannte Mittelschicht, die immer ein stabilisierender Faktor war, bröckele und verunsichert sei.[225]

Wallraff bekräftigt die Notwendigkeit einer neuen sozialen Bewegung, die »sich anders definieren und organisieren müssen [wird] und die neuen technischen Möglichkeiten nutzen«[226] muß. In der Gegenwart konstatiert er eine gewisse Richtungslosigkeit: »Offensichtlich haben einige Richtung und Sinn gebende Werte ihre bindende Kraft verloren. Orientierungslosigkeit und Beliebig-

---

[222] Vgl. Jipp, Helmuth: *Günter Wallraff: Einstweilige Verfügung gegen DIE WELT vom 19.08.2003*, ders.: Presseerklärung vom 10.01.2006.

[223] Zit., nach Schulzki-Haddouti, Christane: *Öffentlichkeit ist der Sauerstoff der Demokratie.* Günter Wallraff im Interview, in: Telepolis vom 06.09.1998.

[224] Zit., nach ebenda.

[225] Vgl. Julke, Ralf: *Ganz unten – Begegnung mit Ali,* in: Leipziger Internet Zeitung vom 01.12.2006.

[226] Zit., nach Schulzki-Haddouti, Christane: *Öffentlichkeit ist der Sauerstoff der Demokratie.* Günter Wallraff im Interview, in: Telepolis vom 06.09.1998.

keit prägen das Bild.«[227] Dem seien jedoch auch positive Seiten abzugewinnen: »Es ist eine Auflösung erstarrter Formen. Die Chaoslehre zeigt uns, daß hier neue Ordnungen neue Strukturen geben.«[228] Bestrebungen von Trägern der Globalisierungskritik wie ›Attac‹ zielen darauf ab, mit einer ›ökonomischen Alphabetisierung‹ der Bevölkerung Verständnis für die gegenwärtigen Probleme zu wecken und Möglichkeiten einer demokratischen Kontrolle und Regulierung der internationalen Märkte aufzuzeigen.

Wallraff heute

»Ich arbeite eigentlich daran, mich zu erübrigen, mich überflüssig zu machen. Wenn das der Fall wäre, dann hätte ich meine Aufgabe erfüllt.«[229] So charakterisierte Wallraff 1990 die Absicht seines Schaffens, die er bis in die Gegenwart mit verschiedenen Akzenten weiterführt.

Um Wallraff, der in seinen besten Jahren eine spektakuläre Aktion nach der anderen startete, ist es ruhiger geworden, leidet er doch bisweilen gesundheitlich an den Folgen seiner früheren Einsätze. Dennoch nahm der ehemalige Leistungssportler 2006 am Kölner Marathonlauf teil, spielt wieder Tischtennis und plant neue Aktivitäten, die mit der Übernahme einer Rolle verknüpft sein können. Nach wie vor spricht Wallraff in der Öffentlichkeit zu zahlreichen Gelegenheiten, und er verfaßt eine Autobiographie.[230] Er beabsichtigt erneut, nach Brasilien zu reisen. Dort hat er Kontakte zu einem Volk im Amazonasgebiet geknüpft und mit ihnen zusammen, wie mit einer Gruppe investigativer Journalisten, die unter Lebensgefahr über den Abbau von Tropenholz und andere brisante Themen recherchieren, will er sich gegen die Vernichtung von Tropenholz einsetzen.[231]

In seinem Haus in der Thebäerstraße in Köln-Ehrenfeld weisen Steine in vielerlei Formen auf der Treppe den Weg zu seinem Büro. Diese Sammlung läßt sich im Kontext seines Lebens begründen. Wallraff war von der meditativen Ästhetik der Steine, die von einer unbestimmbaren Ordnung in ihrer Mannigfaltigkeit geprägt sind, seit seiner Jugend begeistert. In der Freizeit fertigt er Steinmobiles an. Er stellt diese in einer ›Steinwelt‹, einem kleinen Museum hinter seinem Haus, aus. Das Ambiente dieses Raums, der zudem mit altafrikanischen Figuren bestückt ist, bietet einen Rahmen für kleinere kulturelle Veranstaltungen oder Begegnungen, in denen in Wallraffs Privatsphäre ebenfalls Öffentlichkeit hergestellt wird.

---

[227] Zit., nach Flor, Henrik und Roland Große Holtforth: *Interview mit Markus Breitscheidel und Günter Wallraff*, o. D. (2005) in: Literaturtest.de.

[228] Schulzki-Haddouti, Christiane: *Öffentlichkeit ist der Sauerstoff der Demokratie*. Günter Wallraff im Interview, in: Telepolis vom 06.09.1998.

[229] Wallraff, Günter: *Ich wollte mich über andere verwirklichen...*, 1990 S. 138.

[230] Der Journalist Jürgen Gottschlich verfaßt gegenwärtig eine Biographie zu Wallraffs Leben und der Wirkung seines Werkes. Vgl. auch die ›aus eigener Betroffenheit‹ verfaßte Biographie des ehemaligen Lernbehinderten Wilfried Kriese; Kriese, Wilfried: *In meinen Augen Günter Wallraff*, 2004.

[231] Vgl. Flor, Henrik und Roland Große Holtforth: *Interview mit Markus Breitscheidel und Günter Wallraff*, in: Literaturtest.de.

1. 2. Methode

Wallraffs Arbeiten lassen sich weder eindeutig in das Spektrum der Literatur noch in das des Journalismus einordnen. Seine Arbeit wird als ›kritische Literatur‹ bezeichnet: »Er greift ein, er blickt hinter die Kulissen – und dies nicht sozusagen, sondern tatsächlich.«[232] An anderer Stelle wird ›Wallraffen‹ als ein eigenständiges literarisches Genre der Dokumentarliteratur gesehen, das einen erweiterten Literaturbegriff notwendig macht.[233] Der Literaturwissenschaftler Leo Kreutzer stellt fest, Wallraff habe »von Anfang an danach getrachtet, als Journalist die Literatur und als Schriftsteller den Journalismus zu verändern. [...] Es ist der *Journalist Wallraff,* der dem Schriftsteller Wallraff auferlegt, eine Literatur der Fakten zu produzieren. Und es ist der *Schriftsteller Wallraff,* es ist Wallraffs Begriff von Literatur als Lebenszeugnis, der dem Journalisten Wallraff abverlangt, gesellschaftliche Zustände nicht bloß zu recherchieren, sondern sich ihnen, als Betroffener, als Opfer wenn nötig, persönlich auszusetzen.«[234]

Wallraff setzt sich in mehrfacher Hinsicht von herrschenden Strömungen und Praktiken ab: aus literaturästhetischer Sicht verwirft er die Fiktion und plädiert für die der Dokumentation von Wirklichkeit. Bei der Recherche beschränkt er sich nicht bloß auf vorgefundenes Material, sondern er begibt sich in die Situation, über die er berichten will. Thematisch verläßt er den ›Mainstream‹ der Berichterstattung, fordert gesellschaftliches Engagement und widmet sich der Aufhellung von Themen, die aus unterschiedlichen Gründen der Berichterstattung entzogen sind.

1. 2. 1. Recherche, Gestaltung

Untersuchungsgegenstand

Vom Untersuchungsgegenstand her ist Wallraff der Sparte des ›investigativen Journalismus‹ oder des ›muckracking‹ (Wühlen im Schmutz) zuzuordnen.[235] Dieser Zweig kümmert sich thematisch um die Aufdeckung von Verhältnissen, die von sozialer Relevanz sind, wie Mißmanagement, Amtsmißbrauch, Vetternwirtschaft, bürokratische Willkür oder Korruption. Die brisanten Ergebnisse müssen notfalls auch vor Gericht Bestand haben. Als klassisches Beispiel wird das Aufdecken der Watergate-Affäre durch die US-amerikanischen Journalisten Bob Woodward und Carl Bernstein genannt. In Deutschland ist Hans Leyendekker von der ›Süddeutschen Zeitung‹ insbesondere mit der Enthüllung der Flick-Affäre ein Vertreter dieser Richtung. Viele investigative Journalisten recherchieren allerdings, ohne in eine Rolle zu schlüpfen. Dieses Verfahren findet dann Anwendung, wenn authentische Information nur durch Tarnung zu erhalten ist und ein ›Fassaden- oder Besichtigungsjournalismus‹ umgangen werden soll.

---

[232] Bohn, Volker: *Deutsche Literatur seit 1945,* 1993 S. 320.

[233] Vgl. Eriksson, Erik: ›*Wallraffen*‹. Zur Geschichte eines literarischen Genres – im internationalen Vergleich, o.O. 2005, unveröffentlichtes Manuskript.

[234] Kreutzer, Leo: *Nachwort,* 1998 S. 138.

[235] Vgl. Weischenberg, Siegfried (u.a.): *Handbuch Journalismus und Medien,* 2005 (122-126).

Maßgeblich bei Wallraffs investigativen Studien ist ein soziales Engagement, das aus der Verpflichtung eines Journalisten erwächst, der sich als Kontrollinstanz im Staat sieht. Es erschöpft sich nicht in der kühl-sachlichen Darstellung von Inhalten, sondern prangert Mißstände an und setzt sich zugleich für Verbesserungen ein. Wallraffs Berichte sind eine alternative Sichtweise zur offiziellen Medienberichterstattung bzw. Geschichtsschreibung, da er einen Paradigmenwechsel vollzieht, um Öffentlichkeit in häufig abgeschirmte Bereiche zu bringen.[236]

Wallraffs Tätigkeit durch die Jahre hindurch zeigt wiederkehrende Themen. In früher Zeit beschäftigte ihn insbesondere folgendes:

— In der Bundesrepublik, dem ökonomischen Wunderkind unter den Industrienationen, leben Millionen Menschen, Arbeiter, Obdachlose, Alkoholiker oder psychisch Kranke immer noch am Rand des ökonomischen und psychischen Existenzminimums.

— Die deutsche Vergangenheit ist nicht bewältigt.

— Während rechtsradikale Minderheiten den Schutz und die Kumpanei hochgestellter Persönlichkeiten aus Politik, Wirtschaft und Kirche genießen, werden linke Minderheiten unterdrückt.[237]

— In Deutschland wurde zwar formal eine Demokratie eingerichtet, aber die Politik rückte von demokratischen Grundsätzen ab. Auch wurde die Erziehung der Bevölkerung zu politischer Mündigkeit versäumt.

In späterer Zeit kamen folgende Themen hinzu:

— Das deutsche Medienwesen hat sich von einer für die Demokratie notwendigen objektiven Berichterstattung entfernt. Es bedient das Interesse der Machthaber und die Sensationsgier des Lesers durch eine zunehmende Boulevardisierung und Skandalisierung.

— In Deutschland als einem eurozentrisch ausgerichteten Staat herrscht Unfähigkeit, das Fremde in seiner Andersheit wahrzunehmen oder anzuerkennen. Hieraus resultiert eine restriktive Ausländerpolitik und Ausländerfeindlichkeit.

Gestaltung und Arten der Recherche

Zur Betreibung einer adäquaten Berichterstattung ist für Wallraff die Konfrontation mit Fakten notwendig: »Ich muß erst zum Betroffenen, notfalls zum Opfer werden, um über die Situation der Opfer dieser Gesellschaft schreiben zu können.«[238] In diesem Sinne distanziert er sich von einer überwiegend theoretischen Tätigkeit: »Der schöpferische und wichtigere Teil meiner Arbeit findet nicht am Schreibtisch statt. Meine Phantasie und Kreativität vollzieht sich vor Ort inner-

---

[236] Dieser Charakter tritt insbesondere zutage bei Textsammlungen, die Reportagen, Reden und Aufsätze Wallraffs beinhalten, wie bei der Textsammlung *Vom Ende der Eiszeit und wie man Feuer macht.*

[237] Diese drei Thesen wurden von Peter Schneider genannt. Vgl. Schneider, Peter: *Atempause*, 1977 S. 200.

[238] Mayer, Hans: *Vorwort*, 1987 S. IV.

halb der jeweiligen Rolle, da bin ich manchmal Regisseur und Schauspieler in einer Person.«[239]

Teilnehmende Beobachtung

Über die ›Rechercheform‹ seiner ersten Reportage zur Bundeswehr manifestierte Wallraff: »Zu Beginn war alles nur in der Ich-Form und ich notierte alles von meinem subjektiven Empfinden her [...]. Allmählich veränderte sich das aber und ich schrieb auf, was mit den anderen passierte, unabhängig von mir. Ich wurde also zum teilnehmenden Beobachter.«[240] Er erfährt ›vor Ort‹, ohne weitere Distanz zwischen ihm und den Beschriebenen, was er später aufnotiert.[241] Er bemerkt: »Das Besondere dieser Reportagen ist, daß jemand ohne sein theoretisches Vorwissen an die Sache herangeht, staunen kann und Dinge reklamiert, an die sich andere längst wie an das Selbstverständliche gewöhnt haben.«[242] Ein wichtiges Kriterium ist Authentizität, von der sich der Leser angesprochen fühlt. Diese wird weithin durch die Ich-Perspektive miterzeugt, welche eine Identifikation mit dem Aufgeschriebenen ermöglicht.

Die ›teilnehmende Beobachtung‹ als eine Art der empirischen Sozialforschung, die erstmals in den 1930er Jahren in der ›Marienthal-Untersuchung‹ über Arbeitlose in Österreich Anwendung fand, wird kontrovers diskutiert. Kritiker führen an, mit dem Eintauchen in eine fremde Welt könne der Forschende nie die existentielle Situation dessen erfassen, in dessen Rolle er geschlüpft sei, da er diese jederzeit wieder verlassen könne. Wallraff stimmt diesem Einwand zu und sieht in ihm eine ›anzusetzende Minderung der sozialen Wahrheit‹ seiner Reportagen. Die Vorteile der Rollensituation lägen allerdings darin, größere Freiheit zu haben, an Zuständen Kritik zu üben, als derjenige, der sozial fixiert sei.[243]

In den ›Industriereportagen‹ 1966 beließ Wallraff es bei der Schilderung seiner teilnehmend-beobachtenden Eindrücke aus der Ich-Perspektive. Er beschreibt die Arbeitssuche, das Bewerbungsgespräch, die Aufnahme der Tätigkeit, die mit der Arbeit verbundenen Zustände und Belastungen, Kontakte zu Kollegen und deren Sichtweise, den Betrieb und seine Leistungen für die Arbeitnehmenden und das Betriebsklima. Kommentierende Einschübe erzeugen im voraus eine Stimmung, die zu den Berichten paßt oder die einzelnen Teile der Reportage verbindet, so in ›Auf der Werft‹: »Nebel steigt vom Wasser hoch und hängt dick in den Straßen.«[244]

An den Industriereportagen wurde kritisiert, Wallraff vereinfache komplexe Strukturen und berichte einseitig, da die Gegenseite keine Gelegenheit zur Gegendarstellung habe. Die Arbeitgeber kämen nicht zur Sprache, noch nicht einmal die Meister, die zwar den Arbeitern übergeordnet, jedoch ebenfalls nur ein

---

[239] Wallraff, Günter: *Wie es anfing,* 1990 S. 65.

[240] Wallraff, Günter: *Von einem der auszog und das Fürchten lernte,* 1979 S. 55.

[241] Vgl. Romain, Lothar und Michael Töteberg: *Günter Wallraff,* 1978 S. 3.

[242] Engelken, Eva und Harald Hordych: *Auf bestimmten Feindschaften bestehe ich,* in: Süddeutsche Zeitung vom 01.10.2002.

[243] Vgl. Dithmar, Reinhard: *Günter Wallraffs Industriereportagen,* 1973 S. 52 f.

[244] Wallraff, Günter: *Industriereportagen,* ²1998 S. 36

Rädchen im Getriebe eines Großunternehmens seien. Sie würden überwiegend negativ gezeichnet: »Einem Inspekteur scheint es Spaß zu machen, seine Lackierer auf Trab zu bringen. Wenn er scharf pfeift, dann weiß der Betroffene gleich, daß er anzutanzen hat.«[245] Hier sei es aufschlußreich gewesen, den Meistern Gelegenheit zur Stellungnahme zu geben.[246] Wie zu zeigen sein wird, nahm Wallraff diese Kritik auf und versuchte spätere Reportagen, insbesondere durch Montagetechniken, objektiver zu gestalten.

Verdeckte teilnehmende Beobachtung

Für einige weitere Reportagen nutzte Wallraff die Methode der teilnehmenden Beobachtung, bei anderen veränderte sich die Arbeitsweise und Perspektive zu einem aktiveren Untersuchungskonzept schon deshalb, da der Autor wegen der kursierenden ›Wallraff-Steckbriefe‹ zu Methoden der Tarnung greifen mußte.[247] Thematisch erweiterte Wallraff sein Spektrum von arbeitsweltlichen Enthüllungen zu politischen und gesellschaftlichen Zuständen, die der öffentlichen Kontrolle weitgehend entrückt sind. Hier wurde »die Art der Informationsbeschaffung selbst zum Beweismaterial.«[248] Bei der verdeckten teilnehmenden Beobachtung oder ›Undercover-Recherche‹ nimmt der Forscher seine Rolle unerkannt wahr. Dadurch besteht die Möglichkeit der ›produktiven Provokation‹, »mit der man reaktionäre Verhaltensweisen herauslockt, Widersprüche sichtbar macht und z.B. als ›Menschenfreunde‹ getarnte Ausbeuter zwingt, ihr wahres Gesicht zu zeigen.«[249] Das Befreiende an dieser Rolle sei, daß man sich alle Fragen erlauben könne, die »ein ernstgenommener Staatsbürger«[250] sich nie leisten würde und Antworten bekäme, die sonst nie gegeben würden. Wallraffs Arbeit ist »das Arrangieren, das Vorbereiten, die Hebelwirkung, andere zum Reagieren, zum Sprechen zu bringen, jene auch, die sonst alles tun, um sich der Kontrolle zu entziehen [...], daß man eindringen kann, daß man dann aber auch diejenigen ins Blickfeld rückt, die sonst versuchen, ihre Herrschaftsmethoden als Symbole von honorigen Leuten auszugeben.«[251] Die Art der Recherche unter falscher Identität zur Beschaffung von Informationen, die auf anderem Wege nicht zu erhalten

---

[245] Ebenda, S. 19.

[246] Vgl. hierzu die Kritik in Pallowski, G. Katrin: *Die dokumentarische Mode,* ²1972 S. 261.

[247] Der ›teilnehmende Beobachtung‹ blieb Wallraff insbesondere treu in den ›13 Unerwünschten Reportagen‹ als Nichtseßhafter in ›Asyl ohne Rückfahrkarte‹, als Trinker in ›Als Alkoholiker im Irrenhaus‹, als Arbeitsloser beim Arbeitsamt in ›Winterreise ins Revier‹, als Teilnehmer eines ABC-Waffen-Überlebenslehrgangs in ›Tausend Tips zum Überleben‹ und als Teilnehmer an einem Exerzitien-Kurs der Bundeswehr in ›Töten um Gottes willen‹.

[248] Bernhard, Hans Joachim: *Geschichte der deutschen Literatur,* 1983 S. 546.

[249] Wallraff, Günter: *Vom Ende der Eiszeit und wie man Feuer macht,* 1987 S. 48.

[250] Wallraff, Günter: *Rede zur Verleihung des Courage-Ordens,* 1987 S. 200.

[251] Wallraff, Günter: *Ich wollte mich über andere verwirklichen...,* 1990 S. 124 ff.

sind, wurde in Schweden ›wallraffa‹ genannt. Im Deutschen bürgerte sich analog der Begriff ›wallraffen‹ ein.[252]

Diese Art der Recherche wendet Wallraff bei den ›13 Unerwünschten Reportagen‹ 1969 an. Unter anderem gibt er sich als mittelloser Student aus, der Arbeit sucht; erst in dieser Rolle provoziert er die aggressive Haltung der Passanten. In der Rolle des politischen Extremisten erfährt er die Reaktionen seiner Gegenüber; in ›Wiederaufnahme einer Verfolgung‹ erfährt er erst durch Tarnung und produktive Provokation, daß einem jüdischen Mitbürger noch immer mit rassistischen Vorurteilen begegnet wird. Als Napalmfabrikant und als ›Ministerialrat Kröver‹ entlockt er seinem jeweiligen Gegenüber erst durch die Rolle Informationen, die er als recherchierender Reporter nie erhalten hätte. Insbesondere in diesen beiden letzten Rollen und in seinen Reportagen zur Vergangenheitsbewältigung beginnt Wallraff, sein Gegenüber in der Art zu provozieren, so daß eine vorher aufgestellte Vermutung bestätigt oder entkräftet wird. Die Rolle als Gerling-Bote bezeichnete Wallraff ausdrücklich als einen neuen Abschnitt in seiner Arbeit, da er hier nicht mehr nur teilnehmender Beobachter war, sondern zum ›aktiven Teilnehmer‹ wurde.[253]

Das Interesse an seinen Publikationen wurde durch den brisanten Stoff geweckt, weiterhin spielte deren dramaturgische Präsentation und die sensationelle Dimension der Undercover-Recherche eine bedeutende Rolle. Der mitbetroffene Autor bot für den Leser hier in besonderem Maße eine Erlebnisperspektive.[254]

Die Rollenreportagen wurden teilweise mit Vorbehalten aufgenommen, da das Schlüpfen in eine Rolle Parteilichkeit bedingt. Die dadurch gewonnene ›Realitätserfahrung‹ sei ein Produkt ausgewählter Konstellationen, die der Provokateur aktiv miterzeuge. Insbesondere sei zu kritisieren, daß Wallraff vorgefaßte Thesen mit einer einseitigen Recherche zu bestätigen versuche. Dies müsse nicht immer repräsentativ sein. Wallraff nimmt diese Kritik ernst, in Rückmeldungen erhalte er häufig die Bestätigung, seine Schilderungen träfen den Nerv der Sache recht genau.

Aktionsjournalismus

In Griechenland und in Portugal gewann Wallraff seine Erkenntnisse mit der Methode des ›Aktionsjournalismus‹. Er verarbeitete keine vorgefundenen Sachverhalte, sondern schuf diese bewußt durch ›produktive Provokation‹[255] eines Systems, dessen Unzulänglichkeiten er entlarven wollte. Wallraff verfolgte mit seinen Aktionen zunächst nicht den Selbstzweck, eine neue Kunstform in der Art des ›politischen Happenings‹ zu schaffen, sondern sah sie als Mittel zum

---

[252] Vgl. Art. *wallraffa*, 1998. Wallraffs Art der engagierten Recherche machte Schule: zeitweilig unterrichtete er im Fach Journalistik Studenten an der Universität Hamburg, um sie zu ›Wallraffern‹ auszubilden.

[253] Vgl. Wallraff, Günter: *Wie es anfing*, 1990 S. 65.

[254] Vgl. Olma, Walter: *Wallraff, (Hans) Günter*, 2000 S. 118.

[255] Vgl. Stoll, Christoph: *Wallraff, (Hans) Günter*, 1993 S. 1122.

Zweck, auf die politischen Zustände und Gefahren in den jeweiligen Ländern aufmerksam zu machen.

Eine solche Art der Recherche wird kontrovers diskutiert, da die Inszenierung einer spektakulären Aktion als Medienereignis die Gefahr birgt, das Interesse eher auf den Handelnden zu lenken und den eigentlichen Mißstand in den Hintergrund treten zu lassen. Hierzu steht allerdings im Kontrast, daß die entstandenen Reportagen ›Unser Faschismus nebenan‹ und ›Aufdeckung einer Verschwörung‹ stark dokumentarischen Charakter besitzen. Zwar schildert Wallraff auch seine eigenen Erlebnisse während der Aktion, der bedeutsamere Teil dieser Berichterstattung sind aber Informationen zu den angetroffenen politischen Verhältnissen und die Darstellung der Hintergründe.

Verfertigung der Texte

Einige Beiträge in den ›Unerwünschten Reportagen‹, wie die ›Vergangenheitsbewältigung‹ um die kaum aufgenommene Verfolgung nationalsozialistischer Straftaten oder ›Verbotene Aufrüstung. Seuchen auf Bestellung‹, präsentieren sich als recherchierte, in einem kühlen journalistischen Stil gehaltene Berichte.[256] Meist bevorzugt Wallraff allerdings die Textart der Reportage, wobei die Publikationen ›Der Aufmacher‹ und ›Ganz unten‹ durch ihre Länge als Reportageromane angesehen werden können.[257] Diese journalistische Gebrauchsform erhebt einen literarischen Anspruch, ihr Wahrheitsgehalt steht jedoch nicht zur Disposition. Als Augenzeugenbericht vor Ort aus der unmittelbaren Situation und Atmosphäre heraus wird ihr der Anspruch einer sachlichen Schilderung zugesprochen. Es wird jedoch kontrovers diskutiert, inwieweit eine Schilderung tatsächlich sachlich sein kann. Objektivität wird ihr insbesondere dann abgesprochen, wenn sie als dokumentarische Literatur ein Mittel des Protests und Instrument der politischen Meinungsbildung ist.[258]

Die bewußte Formung der Texte führt zu einer bestimmten Aussage. Dieses Verfahren schildert der Autor folgendermaßen: »Die Gestaltung setzt ein, wenn man das ganze Material unvoreingenommen gesammelt hat [...], dann fängt der Autor an, mit einer bestimmten Tendenz, [...] seine Auswahl zu treffen.«[259] Er ordnet das vorhandene Material, kürzt und konzentriert, um dadurch das Typische der abgebildeten Realität hervorzuheben und eine gedeutete Wirklichkeit herauszuarbeiten.[260] Die Bearbeitung des Materials ist folglich parteilich, auch wenn die Sprache dokumentarischen Charakter hat und weder fiktional ist noch Einfühlung gestatten darf.

---

[256] Böll urteilte über die ›unerwünschten Reportagen‹: Wallraff »teilt seine Erfahrungen und seine Ermittlungen in einer Sprache mit, die jede Überhöhung vermeidet, sich nicht einmal des Jargons bedient, der ja als poetisch empfunden werden könnte.« Böll, Heinrich: *Günter Wallraffs unerwünschte Reportagen*, 1975 S. 9.

[257] Vgl. hierzu Pohl, Silke: *Literarisch wider Willen? Der Typus der Reportage und seine Ausprägung bei Günter Wallraff* (unveröffentlichte Diplomarbeit Universität Bamberg, 2003) S. 147.

[258] Vgl. Berghahn, Klaus Leo: *Dokumentarische Literatur*, 1979 S. 195.

[259] Wallraff, Günter: *Ich wollte mich über andere verwirklichen...*, 1990 S. 124 ff.

[260] Vgl. Berghahn, Klaus Leo : *Dokumentarische Literatur*, 1979 S. 195.

Wallraffs mehrperspektivische Theorie- und Praxisorientierung setzt sich vor dem Verarbeiten der gewonnenen Erkenntnisse fort, indem er »die Materialien, bevor [er] mit dem Schreiben [anfängt], immer wieder mit Freunden durch[spricht] und deren Einschätzung der Kriterien berücksichtig[t].«[261] Seine Gedanken trägt er gerne einem Zuhörer vor: »Die Reaktionen, Fragen, auch das Unverständnis des Zuhörenden helfen mir bei meinem endgültigen Text, und manche Passagen meiner Texte sind Resultate solcher Erzählungen oder Befragungen, die ich anschließend gründlich überarbeite oder als Rohform verfeinere, verästele und weiterentwickele.«[262] Nach der Fertigstellung erfolgt die Überarbeitung des Textes: »Wenn die Phase des Schreibens vorbei ist, gebe ich den Text verschiedenen Leuten auch noch einmal zu lesen, [...] und es kann sogar sein, daß durch Reaktionen nach einer Veröffentlichung Änderungen und Erweiterungen nötig sind.«[263]

Insofern spricht Wallraffs Arbeitsweise gegen die These des Literaturkritikers Georg Lukács (1885-1971), die Reportage erfasse bloß die Oberflächenwirklichkeit, ohne Hintergründe zu berücksichtigen. Sie sei nicht mit der Photographie zu vergleichen: »So wenig wie diese nämlich bloß ›objektiv‹ ist, weil sie Perspektive, Belichtung und Kontrast bewußt einsetzen kann, so wenig ist auch die Reportage nur Faktenhuberei.«[264]

Montagen und Collagen

Um dem Vorwurf der Einseitigkeit zu begegnen, gestaltete Wallraff seine Veröffentlichungen seit den ›Neuen Reportagen‹ 1972 immer mehr zu dokumentarischen Collagen.[265] Er montierte Material, indem er ›Ich-Kommentare‹ mit Informationsblöcken, der Selbstdarstellung von Firmenleitungen oder mit dokumentarischem Material wie Gerichtsurteilen, Briefen von Betroffenen oder Pressekommentaren als Hintergrundinformationen verschiedenster Art kombinierte und dadurch einen Mehrperspektivismus des Blickes erreichte.[266] Doch ließ er nicht nur der Objektivität wegen seine mächtigeren Gegenüber zu Wort kommen: »Wenn Wallraff die Ausdrucksweise der Herrschenden ausgiebig zitiert [...], so hat das Zitat eine Funktion, es beweist, daß Herablassung oder Anbiederung praktiziert wird.«[267] Die eigenen Thesen werden untermauert, was ihnen noch mehr Authentizität verschafft.

Zur Gestaltung und Wirkung der Montage äußerte sich Wallraff: »Sie soll über die bloße Wiedergabe von zufälligen Realitätsausschnitten hinausgehen. So kann sich der Zusammenhang für den Leser entweder durch die Anordnung und Kombination der Realitätspartikel herstellen. Vor allem das Mittel des Kontrastierens, das auf Widersprüche und Brüche der Realität hinweist, setzt den

---

[261] Linder, Christan: *Ein anderes Schreiben für ein anderes Leben; und umgekehrt*, 1974 S. 84.

[262] Wallraff, Günter: *Wie es anfing*, 1989 S. 227.

[263] Linder, Christan: *Ein anderes Schreiben für ein anderes Leben; und umgekehrt*, 1974 S. 84.

[264] Wallraff, Günter: *Kisch und Ich heute*, 1987 S.101.

[265] Vgl. Hage, Volker: *Collagen in der deutschen Literatur*, 1984 S. 53-55.

[266] Vgl. Vormweg, Heinrich: *Wallraff als Literaturproduzent*, 1975 S. 140-141.

[267] Böll, Heinrich: *Günter Wallraffs unerwünschte Reportagen*, 1986 S. 70 f.

Leser in die Lage, selbst aus dem ausgebreiteten Material Schlußfolgerungen zu ziehen. Oder aber die Erklärung, der Kommentar wird in Form von Zwischen-überschriften, Zwischentexten oder Szenen der Darstellung von Realitätsaus-schnitten einmontiert, wobei der ›Bruch‹, der Wechsel der Form, bewußt her-ausgestellt wird.«[268] Insgesamt tritt die Darstellung subjektiver Betroffenheit zugunsten einer relativen Objektivierung zurück.[269]

Ein herausragendes Beispiel dieser Methode ist das Gemeinschaftswerk mit Engelmann ›Ihr da oben – wir da unten.‹ Berichte aus dem Leben der Reichen und Undercover-Recherchen aus der Perspektive der Arbeiter ergänzen einan-der kontrastiv und die Aussagen der Reportagen – der ungerechte Kontrast zwischen den Reichen und Mächtigen und dem einfachen Volk – ergeben sich wesentlich durch Polarisierung. Die szenische Dokumentation ›Nachspiele‹ und das mit Jens Hagen entstandene Werk ›Was wollt ihr denn, ihr lebt ja noch‹ sind hier ebenfalls zu nennen. Die meisten Filme Wallraffs sind in ähnlicher Monta-getechnik als dokumentarische Reportagen gestaltet.

Ironie und Satire

War Wallraffs Stil zu Beginn seiner Tätigkeit relativ nüchtern, so änderte sich dies mit den Rollenreportagen. Sie zeigten nun eine Art Humor von der bitter-sten Sorte. Insbesondere in ›Ganz unten‹ wählte Wallraff eine ironische Darstel-lung, so daß ›Alis‹ Begegnung mit Priestern in ›Die Umtaufe‹ als ein ›humoristi-scher Taufversuch‹[270] eingestuft wurde. In der Rolle des Schelms oder der listi-gen Gestalt liegt das Potential, die Wirklichkeit in Frage zu stellen: »Im Wesen der Verstellung ist ohnehin das Komische enthalten; noch dazu eine Auslän-dermaske, die den Sachverhalt ins Satirische zuspitzt. Der Dümmling ist nicht wirklich der Dumme.«[271] Wallraff umschreibt dies folgendermaßen: ›Um sich dumm stellen zu können, darf man nicht ganz blöd sein.‹

Wallraff sieht in »Satire und Ironie eine starke Waffe der weniger Mächtigen gegen ihre Beherrscher. Sie können verunsichern, die Mächtigen zu selbstentlar-venden unbedachten Reaktionen provozieren, und sie legen immer auch nahe, den solchermaßen kritisierten Personen mit Respektlosigkeit zu begegnen.«[272] Insbesondere der Erfolg seines Einsatzes beim Gerling-Konzern beruht auf die-sen Mitteln. Lachen hält Wallraff für konstitutiv: »Das nehmen mir einige Linke, aber auch einige Literaturkritiker krumm, daß gelacht werden kann [...], dieses Lachen [...] hat eine ganz befreiende Wirkung. Das ist auch ein Widerstandspo-tential, das zu Veränderungen führt.«[273]

---

[268] Wallraff, Günter: *Wirkungen in der Praxis,* 1972 S. 134.
[269] Vgl. Hahn, Ulla und Michael Töteberg: *Günter Wallraff,* 1979 S. 38.
[270] Vgl. Sitte, Simone: *Die Leiden des jungen Ali,* 1986 S. 362.
[271] Şölçün, Sargut: *Sein und Nichtsein,* 1992 S. 129.
[272] Wallraff, Günter: *Mein Lesebuch,* 1984 S. 16.
[273] Wallraff, Günter: *Rede zur Verleihung des Courage-Ordens,* 1987 S. 201.

Wirkungsabsichten

Wallraff klärt auf und gibt Denkanstöße, die auf eine Veränderung des Bewußt-seins und des Handelns des Individuums zielen. Ein offener Schluß schafft Raum zum eigenen Nachdenken, der einen positiven Veränderungswillen her-beiführen soll. Der Leser wird in die Probleme der ›Helden‹ involviert und zur Stellungnahme aufgefordert: »Bei aller Rücksichtslosigkeit der Zustände macht Wallraff keinen konkreten Lösungsvorschlag, konfrontiert aber den Leser stän-dig mit einem unerträglichen Leben. So wirkt die Notwendigkeit einer Lösung überzeugend.«[274]

Zunächst ist beabsichtigt, die Betroffenen selbst zum Reden zu bringen, län-gerfristig sollen die Informationen Veränderungen bewirken. Wallraff verweist immer wieder darauf, daß es allein mit der Theorie nicht getan sein kann: »Prak-tische Schritte müssen folgen, nicht nur einige kosmetische Verbesserungen schlechter Verhältnisse.«[275] In einigen Fällen, so bei den Verbesserungen für Leiharbeiter bei Thyssen oder der Aufklärung der Bevölkerung über die Prakti-ken der Bild-Zeitung und der damit verbundene vorübergehende Rückgang der Auflage des Blattes, in anderer Weise bei seinen politischen Aktionen in Grie-chenland und Portugal zeigten seine Aktionen Wirkung. Wallraff nennt die literarische Form, die gegen eine Konsumentenhaltung nicht zu passivem Mit-leid, sondern zu Identifikation und politischer Konsequenz animiert, »agitieren-de Dokumentationsliteratur.«[276]

Trotz der Darstellung fragwürdiger Machenschaften der Mächtigen verwahrte sich Wallraff davor, den Menschen an sich zu verteufeln: »Das Gefährliche ist, daß man dämonisiert; man darf nicht in die Gefahr kommen, hier böse Men-schen darzustellen; man muß es schaffen, sie mit dem Mittel der Verfremdung als funktionierende Charaktermasken eines Systems, einer Struktur darzustel-len.«[277] Er betont, ihm sei es ein Anliegen, »die Zustände zu hassen, aber nie den Menschen.«[278]

1. 2. 2. Literarische Position

Gruppe 61

Die Anfänge von Wallraffs Arbeit fielen in eine Zeit des gesellschaftlichen und literarischen Umbruchs, in dem sich die ehemals sozial bestimmten Trennlinien von hoher Kultur und Populärkultur zu verwischen begannen. Nachdem 1960 der Literaturkritiker Walter Jens bemängelt hatte, »daß die westdeutsche Litera-tur den Menschen im Zustand eines ewigen Feiertages beschreibe«,[279] suchte man nach neuen Wegen des Ausdrucks. Die Erklärung des ›Todes der Literatur‹,

---

[274] Şölçün, Sargut: *Sein und Nichtsein*, 1992 S. 139.

[275] Wallraff, Günter: *Predigt von unten*, 1987 S. 188 f.

[276] Romain, Lothar und Michael Töteberg: *Günter Wallraff*, 1978 S. 5.

[277] Wallraff, Günter: *Ich wollte mich über andere verwirklichen...*, 1990 S. 127.

[278] Engelken, Eva und Harald Hordych: *Auf bestimmten Feindschaften bestehe ich*, in: Süd-deutsche Zeitung vom 01.10.2002.

[279] Mechtel, Angelika: *Gruppentheorie*, 1971 S. 148.

mit welcher der Schriftsteller Hans Magnus Enzensberger Autoren aufforderte, mit der ›politischen Alphabetisierung Deutschlands‹ zu beginnen, trug zu dieser Neuorientierung bei.[280] Die Sensibilisierung des Individuums sollte zur Diagnose eigenen Verhaltens und zur Einübung neuer Wahrnehmung führen.

Eine Lesung vor der ›Gruppe 61‹ im Jahr 1965 hatte Wallraff mit den Schriftstellern der Gruppe zusammengebracht. Diese Organisation, die von Fritz Hüser (1908-1980) gegründet worden war, sah sich als Gegengewicht zur medienbeherrschenden ›Gruppe 47‹, die eine ästhetische Literaturrichtung vertrat. Gegenstand der Betrachtung war nun die ›literarisch-künstlerische Auseinandersetzung mit dem technischen Zeitalter‹ in der Tradition der Arbeiterliteratur. Der bis dahin ausgeklammerte Bereich ›Arbeit‹ sollte durch neue Themenstellungen ins Bewußtsein der Menschen rücken.

Diese Strömung entsprach Wallraffs kritischer Haltung gegenüber fiktionaler Erzählung und all dem, »was nicht Praxis ist [...], gegen dieses irreale falsche Leben, den Schein, diese inszenierten, also unauthentischen Erfahrungen.«[281] Mit seiner Tätigkeit verwarf er »das *Denken* der Wirklichkeit«:[282] »Die genau beobachtete und registrierte Wirklichkeit ist meist phantastischer und spannender als die blühendste Phantasie eines Schriftstellers. Nie denken, das ist uninteressant, das weiß doch hier jeder sowieso, und da haben wir uns schon dran gewöhnt. Das festgehaltene, geschriebene Wort macht das Gesprochene festlegbar, nachprüfbar.«[283] Eine solche literarische Vorgehensweise könne »den Boden für Veränderungen vorbereiten: [...] Literatur, die sich nicht selbst genügt, will eingreifen in die Wirklichkeit, will verändern, ein Stück voranträumen. Literatur kann in diesem Sinne durchaus Schrittmacher-Funktion haben.«[284]

Daß in der Literatur »eine sehr starke Ausrichtung weg vom Formal-Ästhetischen und rein Phantastisch-Absurden hin zu einem doch sehr wirklichkeitsbezogenen und sozial-politischen Bereich auftauchte«[285], ist ein Verdienst der Gruppe 61. Nun kamen die Arbeiter selbst zu Wort.[286] Wallraffs Reportagen, Erika Runges ›Bottropper Protokolle‹ über die wirtschaftliche Rezession im Ruhrgebiet, Arbeiten von Max von der Grün und Martin Walsers Sozialbiographien waren Vorbilder dieser Gattung.[287]

Werkkreis Literatur der Arbeitswelt

Der ›Werkkreis Literatur der Arbeitswelt‹ oder ›Werkkreis 70‹, der auf Anregung von Wallraff, Erasmus Schöfer und Peter Schütt gebildet wurde, sah sich als Weiterentwicklung der Gruppe 61. Diese hatte sich mehr und mehr zu einem Forum für herkömmliche literarische Maßstäbe zurückentwickelt. Die Notwen-

---

[280] Vgl. Enzensberger, Hans Magnus: *Kursbuch 15*, 1968 S. 189.

[281] Linder, Christian: *Günter-Wallraff-Porträt*, 1975 S. 63.

[282] Guzzoni, Ute: *Identität oder nicht*, 1981 S. 12.

[283] Wallraff, Günter: *Wie es anfing*, 1989 S. 218.

[284] Wallraff, Günter: *Mein Lesebuch*, 1984 S. 11 und S. 22.

[285] Beth, Hanno: *Interview mit Max von der Grün und Günter Wallraff*, 1971 S. 157.

[286] Vgl. Wallraff, Günter: *Ich wollte mich über andere verwirklichen...*, 1990 S. 87.

[287] Vgl. Hahn, Ulla und Michael Töteberg: *Günter Wallraff*, 1979 S. 20.

digkeit eines Neubeginns zeigte sich darin, daß Arbeiter Manuskripte einreichten, die »in einem epigonalen Goethe- und Schiller-›Stil‹ geschrieben waren, die zeigten, wie ihre ureigensten Artikulationen verstopft waren von den Bildungsgütern, die sie in der Schule unkritisch mitbekommen hatten.«[288]

Es entbrannte eine Kontroverse zwischen der von Angelika Mechtel vertretenen ästhetischen Richtung und der von Wallraff betriebenen Reportage von Texten, »die sofort in Aktionen umgemünzt werden können.«[289] Wallraff kritisierte, bei einer künstlerischen Darstellung der Arbeitswelt sollte der Arbeiter zum ›Kulturträger‹ umfunktioniert werden. Er selbst sah sich eher in der Nachfolge des ›Bundes proletarisch-revolutionärer Schriftsteller‹ der 1920er Jahre und verfolgte das Ziel, den Arbeitnehmer zum ›politisch handelnden, klassenbewußten Wahrnehmer seiner Interessen‹ zu führen. Erklärtes Ziel war, eine politische Bewußtseinsveränderung zu erreichen, die Ausbeutung im industriellen Arbeitsprozeß bewußt zu machen und konkrete Veränderungen der gesellschaftlichen Rahmenbedingungen zu bewirken.[290] Hierzu genügten einfache literarische Ausdrucksformen.

Im ›Werkkreis 70‹ plädierte man für eine realistische, parteiliche Darstellungsweise und versuchte, neue Formen des Schreibens zu finden.[291] Im Programm vom 07. März 1970 wurde die Aufgabe des Werkkreises als »Darstellung der Situation abhängig Arbeitender, vornehmlich mit sprachlichen Mitteln«[292] festgeschrieben. Die Zusammenarbeit mit den Gewerkschaften wurde für notwendig erachtet, die Arbeiten wandten sich an »die Werktätigen, aus deren Bewußtwerden über ihre Klassenlage sie entstehen. Die kritischen und schöpferischen Kräfte der Arbeitenden, deren Entfaltungsmöglichkeiten behindert werden, versucht der Werkkreis durch theoretische Anleitung und praktisches Beispiel zu unterstützen.«[293]

Es ging darum, mit Arbeitern, die als Betroffene allein dazu imstande waren, die Arbeitswelt treffend zu schildern, gemeinsame Formen des Schreibens zu entwickeln. Ein Problem war dabei, die ›Kultur des Schweigens‹ aufzubrechen, die in den Schichten der ›artikulationsschwachen Abhängigen‹ vorherrschte.[294] Die ›Literatur der Arbeitswelt‹ sollte ein Forum sein, in dem die Betroffenen selbst sprechen und »nicht mehr den Schriftsteller, der von außen kommt und seine Sprache ›ausleiht‹«,[295] brauchen. Die Aufgabe der Werkstätten sollte auf keinen Fall darin gesehen werden, »in einer Art 2. Bildungsweg oder auch nur

---

[288] Wallraff, Günter: *Ich wollte mich über andere verwirklichen...*, 1990 S. 89.

[289] Arnold, Heinz Ludwig: *Die Gruppe 61 – Versuch einer Präsentation*, 1971 S. 29.

[290] Vgl. Durzak, Manfred: *Nach der Studentenbewegung: Neue literarische Konzepte und Erzählentwürfe in den siebziger Jahren*, 2006 S. 621.

[291] Vgl. Arnold, Heinz Ludwig: *Die Gruppe 61 – Versuch einer Präsentation*, 1971 S. 31.

[292] Zit., nach Jaeggi, Urs: *Gruppe 61 und Werkkreis Literatur der Arbeitswelt*, 1974 S. 119.

[293] Zit., nach ebenda, S. 119.

[294] Vgl. Stoll, Christoph: *Wallraff, (Hans) Günter*, 1993 S. 1120, vgl. auch die ›Pädagogik der Solidarität‹ Paolo Freires, mit der das Schweigen durch Alphabetisierung aufgebrochen werden sollte. Vgl. Freire, Paolo: *Pädagogik der Unterdrückten*, 1973 S. 10-17.

[295] Wallraff, Günter: *Mein Lesebuch*, 1984 S. 21.

als Hilfsschule dem großbürgerlichen Kultur- und Literaturleichnam Frischzellen zuzuführen.«[296] Vielmehr war die Entstehung eines neuen Schriftstellertyps, des ›Wortarbeiters‹ gefordert. Bevorzugte Textgattungen waren die Reportage und die Dokumentation. Wallraff empfahl, Fragebögen für Arbeiter zu entwickeln, welche die Arbeitswelt, teilweise auch die private Sphäre des Arbeiters dokumentierten, um »ein Unternehmen transparent« zu machen und um »Öffentlichkeit herzustellen.«[297]

Mit der Forderung nach politischer Umsetzbarkeit der Literatur tat Wallraff Belletristik, Gedichte, Romane, Dramen als bürgerlichen Luxus ab: »Nicht Literatur als Kunst, sondern Wirklichkeit! Die Wirklichkeit hat noch immer die größere und durchschlagendere Aussagekraft und Wirkmöglichkeit und führt eher zu Konsequenzen als die Phantasie der Dichter.«[298] Solche Äußerungen nahm er später partiell zurück, erklärte sie allerdings aus der damaligen Situation heraus für gerechtfertigt.[299]

Diese Auffassung erntete Kritik, da eine wirkungsvolle dokumentarische Prosa ebenfalls nicht ohne die Phantasie eines gestaltenden Verfassers auskommt, der das Dokumentarmaterial auswählt, ordnet und für seine Absichten neu zusammenfügt. Auch die Montage der Wirklichkeit sei eine schöpferische Methode.[300] Wallraffs Art der Reportagen könne zwar als ein »legitimer Gegenschlag gegen den Idealismus«[301] gewertet werden, die Wirklichkeit stelle sich jedoch immer als eine Konstruktion dar.

Auch wurde die ›Wissenschaftlichkeit‹ der Dokumentarliteratur kontrovers diskutiert: Dokumentarische Gattungen seien keine sozialwissenschaftlichen Erhebungen, sondern bestenfalls Stimmungsbilder, die Mitleid erzeugen.[302] Wallraff hatte allerdings keinen Anspruch auf wissenschaftliche Erkenntnisse erhoben. Er ließ keinen Zweifel an seiner Parteilichkeit und schloß »durch genaue Fixierung der relativen Position des Autors und durch seine Methoden der Dokumentation, des Zitierens, der Verifizierung von Erlebnissen auf ihren konkreten Erfahrungsgehalt hin jeden Bezug auf falsche Allgemeinheit aus.«[303]

Der von Wallraff geschaffene Typus der arbeitsweltlichen Enthüllungsliteratur war für kurze Zeit ästhetisch marktbeherrschend. Bald wurde die Gleichförmigkeit der Darstellung, die von vielen Autoren imitiert wurde, aus literaturwissenschaftlicher Perspektive als Stagnation empfunden.[304] Wallraff wurde vorgeworfen, seinen Reportagen fehle ›Gestaltung‹ und eine Art innerer Bedeutung und

[296] Jaeggi, Urs: *Gruppe 61 und Werkkreis Literatur der Arbeitswelt*, 1974 S. 121.
[297] Wallraff, Günter: *Fragebogen für Arbeiter*, 1972 S. 136.
[298] Wallraff, Günter: *Wirkungen in der Praxis*, 1972 S. 132.
[299] Vgl. Buch, Hans Christoph: *Andere Schwierigkeiten mit Günter Wallraff*, 1975 S. 166, vgl. auch ebenda S. 163 ff.
[300] Vgl. Berghahn, Klaus Leo : *Dokumentarische Literatur*, 1979 S. 228 f.
[301] Pallowski, G. Katrin: *Die dokumentarische Mode*, 1971 S. 265.
[302] Vgl. ebenda, S. 286.
[303] Vormweg, Heinrich: *Eine andere Lesart*, 1972 S. 54.
[304] Vgl. Žmegač, Viktor (Hrsg.): *Geschichte der deutschen Literatur*, 1984 S. 542-547. Vgl. auch Lattmann, Dieter: *Kindlers Literaturgeschichte der Gegenwart*, 1973 S. 125.

Wahrheit.[305] Er schildere den Arbeiter als ausschließlich bestimmt von der Arbeit. Kreativität, Gesten der gegenseitigen Solidarität kämen bei ihm zu kurz.[306] Auch variiere er immer das gleiche Verfahren, seine literarische Arbeit stagnierte dadurch, und es handele sich um Reproduktionen einer häßlichen Wirklichkeit, nicht um Kunst, welche »den Menschen von Grund auf bewegt.«[307]

Eine Bewertung von Wallraffs Werk rein nach literarästhetischen Maßstäben macht diese Kritik nachvollziehbar. Es stellt sich aber die Frage, ob zur treffenderen Bewertung eher ein erweiterter, operativer Literaturbegriff oder eine soziologische Betrachtung angebracht wäre, welche die Funktion seiner Literatur als zeitkritische Gebrauchsliteratur beleuchtet.[308] Wallraff geht nicht von formalen, sondern von inhaltlichen Standpunkten aus: »Hier sind Autoren am Werk, die die Konstruktion der Gesellschaft als Klassengesellschaft erkannt haben.« Diese »schreiben nicht in andächtiger Verharrung, kontemplativ oder verzückt und lassen die Dinge auf sich beruhen, sondern beschreiben aus dem Aspekt des Eingreifens, der Veränderung heraus.«[309] Er erläutert: »Es ist eine Form des Schreibens, die auf Vervielfältigung, auf Fortsetzung, auf Weitermachen aus ist, [...] keine Literatur, die einen Ewigkeitsanspruch erhebt. Je schneller diese Art der Literatur mithilft, gesellschaftliche Verhältnisse zu verändern, um so eher wird sie auch von einer sich fortentwickelnden Gesellschaft als historisch empfunden werden.«[310] Es geht nicht um ästhetischen Genuß, sondern »daß man das zur Gewohnheit gewordene alltägliche Unrecht [...] sieht und erkennt; daß man so sensibilisiert wird, daß man das auch unmittelbar als Unrecht empfindet, daß man sich dagegen auflehnt und sich mit anderen zusammentut und sich dagegen wehrt.«[311]

Wallraff ergänzt: »Im Grunde hatte ich eigentlich alles andere vor, als Literatur zu schreiben, und es war nachher für mich ganz lustig, Leute zu beobachten, die meine Arbeit unter literaturwissenschaftlichen Gesichtspunkten einzuordnen, zu typisieren, zu katalogisieren versuchten.«[312]

---

[305] Vgl. Vormweg, Heinrich: *Wallraff als Literaturproduzent,* 1975 S. 137.

[306] Vgl. Hahn, Ulla und Michael Töteberg: *Günter Wallraff,* 1979 S. 46.

[307] Zimmer, Dieter E.: *Die sogenannte Dokumentar-Literatur,* in: Die Zeit vom 02.12.1969.

[308] Zu Wallraffs soziologischem Vorgehen vgl. Jaeggi, Urs: *Gruppe 61 und Werkkreis Literatur der Arbeitswelt,* 1974 S. 122. Für Vormweg macht »Wallraff nichts anderes als Literatur [...], und zwar Literatur von der überzeugendsten Art.« Vormweg, Heinrich: *Wallraff als Literaturproduzent,* 1975 S. 137.

[309] Wallraff, Günter: *Vorwort,* 1971 S. 10.

[310] Wallraff, Günter: *Ich wollte mich über andere verwirklichen...,* 1990 S. 122.

[311] Ebenda, S. 127 f.

[312] Zit., nach Interview mit Günter Wallraff, in: Linder, Christian: *Schreiben & Leben,* 1974 S. 92. In diesem Zusammenhang ist anzumerken, daß Wallraffs Tätigkeit im Ausland, insbesondere in Schweden und in Frankreich nicht umstritten ist, sondern seine Reportagen als innovativ anerkannt wurden. Vgl. hierzu Stig, Hansén und Clas Thor (Hrsg.): *Förklädd* (dt.: Verkleidet), 1995, Brossart, Alain und Klaus Schuffels: *La vérité comme une arme,* 1989 oder Pilger, John: *Günter Wallraff – Lowest of the Low,* 2005 (158-161), der Wallraff als »Germany's most famous journalist« bezeichnet.

Literarische und thematische Parallelen

Wallraffs Reportagen stehen in einer langen literarischen Tradition. Mit seinen Vorgängern hat er gemeinsam, den Blick aus einer veränderten Perspektive auf den Gegenstand der Betrachtung zu werfen, Kritik an verschiedenen Gesellschaftszuständen zu üben und eine sozial engagierte Berichterstattung zu betreiben. Der römische Dichter Juvenal (etwa 60-127) kann als ein früher Vorgänger genannt werden. Wallraffs Reportagen sind ebenfalls verwandt mit denen der französischen Schriftsteller Denis Diderot (1713-1784), der eine Zeitlang in der Festung Vincennes inhaftiert war, Eugène Sue (1804-1857), der in ›Die Geheimnisse von Paris‹ die Lebensumstände in den Pariser Elendsvierteln nachzeichnete, und mit Émile Zolas (1840-1902) Darlegung politisch-sozialer Mißstände, die dieser von einem französischen Kohlerevier Mitte des 19. Jahrhunderts in ›Germinal‹ schilderte. Zola war einer der ersten Schriftsteller der ›teilnehmenden Beobachtung‹, und er schrieb in einer für jedermann verständlichen Sprache.[313]

Seine Untersuchungsmethode stellt Wallraff in die Reihe mit dem in die Londoner Slums eingetauchten englischen Schriftsteller Jack London (1876-1916). Der amerikanische Literat Upton Sinclair (1878-1968), der in ›The Jungle‹ 1906 die katastrophalen Zustände in den Schlachthöfen von Chicago anprangerte, war hinsichtlich der Wahl von Milieu und Thema ein Vorgänger. Auch ist, als eine der ersten journalistisch tätigen Frauen, Nellie Bly (1864-1922) zu nennen, die für Joseph Pulitzers (1847-1911) ›New York World‹ eine Reportage über psychisch gestörte Frauen verfaßte. Sie schlich sich in New York in die Psychiatrie und in ein Armenhaus und sogar einmal ins Gefängnis ein.[314]

Wallraffs Arbeit läßt sich auch in die Reihe der ›schwarzen Reportagen‹ der letzten Jahrhundertwende einordnen, insbesondere in diejenigen von Minna Wettstein-Adelt und Josiah Flynt Willard, die das Milieu, über das sie berichteten, aufsuchten.[315] Als weiteres Vorbild ist der russische Schriftsteller Sergej Tretjakow (1892-1939) zu nennen, der mit seinen Beobachtungen auf einer Kolchose vom Beobachter zum operierenden Schriftsteller wurde, sich in die Prozesse der Veränderung einbrachte und deren unmittelbare praktische Wirksamkeit erfuhr.[316]

Zu Beginn seiner Tätigkeit orientierte sich Wallraff an den frühen Werken des US-Amerikaners Ernest Hemingway (1899-1961), der aus eigener Anschauung von der Gewalt im Krieg erzählte. Die Industriereportagen werden mit George Orwells (1903-1950) Erfahrungen als Gelegenheitsarbeiter in London und Paris verglichen. Der Aufdeckung sozialer Mißstände widmeten sich auch die US-amerikanischen Autoren John Howard Griffin und Grace Halsell, die in die

---

[313] Vgl. Wallraff, Günter: *Über Émile Zola*, 1987.

[314] Pulitzers Zeitung war bekannt für sorgfältig recherchierte Reportagen, Enthüllungen sozialer Mißstände und eine arbeiterfreundliche Haltung.

[315] Vgl. Bergmann, Klaus (Hrsg.): *Schwarze Reportagen*, 1984.

[316] Vgl. Eichhorn, Alfred: *Sicht von unten*, 1976 S. 48 f.

Haut von Schwarzen schlüpften und im Süden ihres Landes erfuhren, wie die schwarze Bevölkerung dort behandelt wurde.[317]

Häufig werden Vergleiche zwischen dem ›rasenden Reporter‹ Egon Erwin Kisch (1885-1948) und Wallraff gezogen. Hinsichtlich der Parteilichkeit und der Wahl des Gegenstandes sind Parallelen festzustellen. Unterschiede bestehen in der Informationsbeschaffung. Wallraff erforscht seinen Gegenstand der Beschreibung nicht durch ein kurzes Eintauchen, sondern er erlebt über Monate, was er beschreibt. Kisch ist zwar ein aufmerksamer Beobachter, bleibt aber Außenstehender und bearbeitet seine – brillanten – Reportagen stilistisch sehr stark.[318]

Konzeptuelle Parallelen zeigen sich zur mittel- und südamerikanischen Literatur der 1970er Jahre. Dort war eine Strömung entstanden, mit der das Leben und die Geschichte aus der Sicht der Armen dargestellt wurde. Diese Darstellungsart ist ein Beitrag zu einer authentischen Geschichtsschreibung von Alltagsgeschichte oder ›Oral history‹. Sie verleiht der Masse eine Stimme, bringt sie selbst zum Sprechen, berichtet von Begebenheiten aus der Welt der Armen oder bringt das auf die Bühne, was in keinem historischen Werk für erwähnenswert gehalten wird.[319] Mit seinem Bühnenstück ›Nachspiele‹ über die Verhältnisse in den ›68ern‹ verfolgte Wallraff das Ziel, Stücke ins Theater zu bringen, die für den Arbeiter »relevant und geistig nachvollziehbar«[320] sind. Literarisch waren sie keine Neuerung, sondern der politische Gebrauchswert solcher agitatorischer Dokumentarstücke war ausschlaggebend.

Vertreter der ›Kirche von unten‹ bescheinigten Wallraff, er habe in Deutschland das getan, was in Lateinamerika unter ›Theologie der Befreiung‹ zu verstehen sei. Diese Bewegung innerhalb der katholischen Kirche spricht der christlichen Lehre von der Erlösung, unter Verweis auf gesellschaftspolitische und wirtschaftliche Theorien, auch eine soziale und politische Dimension zu und kämpft für eine Befreiung von der Macht politischer Gegner und für die Loslösung von Kolonialmächten. Für die Vertreter der ›Kirche von unten‹ ging es darum, »denen bei der Befreiung [in Deutschland] beizustehen, die bei euch unterdrückt sind. Wenn ihr die Befreiung bei euch erfahrt, dann könnt ihr uns [in Lateinamerika] damit die beste Solidarität erweisen.«[321]

Mit der Rolle des Gastarbeiters steht Wallraff nicht allein. Der Stern-Reporter Gerhard Kromschröder machte 1982 Erfahrungen in der Rolle als Türke. Er suchte als Straßenkehrer, aber auch als gepflegter ›türkischer‹ Mann, Erfahrun-

---

317 Vgl. Griffin, John Howard: *Black like me*, 1960 und Halsell, Grace: *Soul Sister*, 1970.

318 Vgl. Wallraff, Günter: *Kisch und Ich heute*, 1987 S. 103.

319 Vgl. Rössner, Michael (Hrsg.): *Lateinamerikanische Literaturgeschichte*, 1995 S. 436-437, vgl. auch Lewis, Oscar: *Die Kinder von Sánchez*, 1964. Die ›Cantate Popular Santa María de Iquique‹ von Luis Advis stellt zu Beginn ihr Programm vor: »Señoras y Señores, venimos a contar aquello que la Historia no quiere recordar« (Meine Damen und Herren, wir kommen, um über das zu berichten, was die Geschichtsschreibung verschweigt). Vgl. Clouzet, Jean: *La nouvelle chanson chilienne*, 1975 S. 135.

320 Wallraff, Günter: *Nachbemerkung*, 1982 S. 89.

321 Wallraff, Günter: *Predigt von unten*, 1987 S. 183.

gen mit seinen deutschen Mitbürgern zu machen und deckte dabei ausländerfeindliche Strukturen auf, die Wallraffs Erfahrungen ähnelten. In einem Frankfurter Café, in dem er als Deutscher kurze Zeit vorher zuvorkommend bedient
worden war, wird er überhaupt nicht beachtet, und nachdem er sich Gehör verschafft hat, weist man ihn mit der Bemerkung »Hier alles reserviert. Du verstehe«[322] ab. Kromschröder kann nachempfinden, daß eine derart behandelte Person den Wunsch verspürt, einen Beweis seiner Existenz zu liefern: »Laut zu
schreien, einen Stuhl in die verspiegelten Wände zu werfen, den Tisch vor mir
umzukippen.«[323] In der Bäckerei wird er gefragt, ob er nicht lieber den alten
Kuchen vom Vortag, ›ganz billig‹, kaufen möchte.[324] In seiner Rolle als Straßenkehrer wird er bereits wegen des geringen Sozialprestiges dieses Berufes als
Mensch zweiter Klasse behandelt. Man weist ihn an: »Du hier auch kehre.«[325]
Kromschröders Urteil lautet:»Türke in Deutschland – das ist Unterricht im Duk-
ken, um zu überleben. Wenn du dich nicht verkriechst, wenn du die von den
Deutschen gesteckten Grenzen überschreitest, kriegst du ein paar drauf. Sieh
dich also vor, mehr zu verlangen, als dir zugestanden wird. Bleib da, wo du sein
darfst, die Deutschen wissen schon, was gut für dich ist. Das geht dann ganz
schnell, bis man sich wie der letzte Dreck fühlt. Wenn dich alle wie einen Un-
termenschen behandeln, wird schon was dran sein, lernst du.«[326]

Mädchen einer Kölner Schulklasse griffen das Experiment auf. Sie verkleide-
ten sich auf Anregung ihres Lehrers, der die Empathie der Mädchen fördern
wollte, als Türkinnen. Ihre Erfahrungen faßte eine Schülerin zusammen: »Das
Komische bei der ganzen Sache ist, daß man die Verachtung kaum beschreiben
kann. Es fängt damit an, daß einen die Leute von oben bis unter ansehen, fast
angeekelt. Da bin ich immer ganz unsicher geworden.«[327]

Der Soziologe Paul Geiersbach erforschte 1990 mit der Methode der ›agieren-
den Teilnahme‹ das Leben in einem türkisch-kurdischen Viertel im Ruhrgebiet
anhand der Lebensgeschichte eines türkischen Jugendlichen. Er stellte bei ausländischen und deutschen Nachbarn ähnliche aufschlußreiche Denkmuster und
Gefühlsinhalte fest, wie Wallraff sie später als ›Ali‹ erleben sollte.[328]

1. 2. 3. Zum Journalismus

In der Gegenwart erreichen Medien ein Milliardenpublikum. Die flächendek-
kende Versorgung der Bevölkerung mit elektronischen Massenmedien in den
1980er Jahren führte zu einer Informationsflut, die durch die privaten Anbieter
weiter verstärkt wurde. Bei einem täglichen durchschnittlichen Medienkonsum
von etwa drei Stunden ist es notwendig, sich bewußt zu machen, wie die präsen-

---

[322] Kromschröder, Gerhard: *Als ich ein Türke war,* 1983 S. 13.

[323] Ebenda, S. 14.

[324] Vgl. ebenda, S. 17.

[325] Ebenda, S. 15.

[326] Ebenda, S. 17.

[327] Göpfert, Hans: *Ausländerfeindlichkeit durch Unterricht,* 1985 S. 50.

[328] Vgl. Geiersbach, Paul: *Wie Mutlu Öztürk schwimmen lernen muß,* 1983 und Wallraff,
Günter: *Vorwort,* 1990 S. 11.

tierten Informationen zustande kommen bzw. daß die tatsächliche Wirklichkeit mit der konstruierten Wirklichkeit nicht deckungsgleich ist.[329]

Hier setzt Wallraffs Arbeit an, die nicht weniger in Frage stellt als »den Objektivitätsanspruch der durch die Medien verbreiteten Nachrichten.«[330] Journalismus ist für Wallraff nicht nur ein Handwerk, sondern eine ethische Frage, die eng mit der Informationsfreiheit und -notwendigkeit in der Demokratie zusammenhängt.

Zur Entwicklung der Medien

Die mediale Vermittlung von Nachrichten existiert, solange es Menschen gibt. Zunächst ging es darum, mitteilenswerte Nachrichten durch Veröffentlichung und Weitergabe allgemein zugänglich zu machen. Dies änderte sich, als sich im 17. Jahrhundert statt sporadischer Flugschriften regelmäßig erscheinende Zeitungen etablierten und sich ein ganzer Wirtschaftszweig neu etablierte. Nun durfte der Nachrichtenstoff nicht mehr ausgehen, und es entstand eine folgenreiche Entwicklung, die mit der ›Produktion von Nachrichten‹ einherging. Der Grundsatz ›Mitzuteilen, weil wichtig‹ verkehrte sich in den Grundsatz ›Wichtig, weil mitgeteilt.‹[331] Von der Medienindustrie wurde in immer stärkerem Maße bestimmt, was als Wissen galt und welche Standards hierfür angewandt werden sollten.

Insbesondere in demokratischen Staaten sollen die Medien die Kontrolle und Kritik der politischen Institutionen und Organisationen wahrnehmen und alle Informationen weitergeben, welche die Bürger zu ihrer politischen Entscheidungsfindung bedürfen. Die Bezeichnung der Medien als ›Vierte Gewalt im Staat‹ ist berechtigt, da sie mittlerweile fast Verfassungsrang einnehmen. Diese Machtposition macht deren Aufgabe als freie, keiner Zensur unterworfene Berichterstattung um so wichtiger.

Die in Artikel fünf Grundgesetz garantierte Pressefreiheit wurde vom Bundesverfassungsgericht folgendermaßen gedeutet: »Bestand einer relativ großen Zahl von selbständigen und nach ihrer Tendenz, politischen Färbung oder weltanschaulichen Grundhaltung miteinander konkurrierenden Presseerzeugnissen.«[332] Im Nachkriegsdeutschland reduzierte sich diese anfängliche Freiheit faktisch bald. Die 550 Zeitungen und Zeitschriften, die 1949 nach der Aufhebung der Lizenzpflicht der Alliierten entstanden waren, verschwanden durch Konzentration fast vollständig.[333] Wenige große Konzerne nahmen eine führende Rolle ein; typisch für die Monopolisierung mitsamt ihren Auswüchsen ist die Sprin-

---

[329] Inwieweit sich diese Medienrealität auswirkt, ist strittig. Heute wird der Rezipient nicht mehr nur als der passive Empfänger gesehen, sondern als kritischer Konsument, der aktiv am Prozeß der Massenkommunikation beteiligt ist. Vgl. Maletzke, Gerhard: *Interkulturelle Kommunikation*, 1996 S. 122 ff.

[330] Schneider, Peter: *Atempause*, 1977 S. 200.

[331] Vgl. Türcke, Christoph: *Erregte Gesellschaft*, 2002 S. 15.

[332] Wallraff, Günter: *Schwierigkeiten beim Veröffentlichen der Wirklichkeit hinter Fabrikmauern*, 1974 S. 105.

[333] Vgl. Glaser, Hermann: *Deutsche Kultur*, 1997 S. 261.

ger-Presse. Wallraff kritisiert diese Konzentration: »In der Presselandschaft gibt es keine Vielfalt der Informationen mehr. In Deutschland sind es vielleicht noch drei, höchstens fünf Konzerne, die Macht besitzen, Trends setzen, Meinungen beeinflussen, Nobodies zu Prominenten hochstilisieren oder Unangepaßte in der Versenkung verschwinden lassen können.«[334]

Es gibt nur noch wenige globale Nachrichtenagenturen.[335] Agenturmeldungen ermöglichen es, Informationen aus aller Welt zu erhalten; hierdurch entstehen jedoch Berichte aus zweiter Hand. Wallraff wählte seine besondere Art der Recherche, um direkte Informationen verarbeiten zu können; außerdem konnte er sich auf diese Weise auch solchen Themen widmen, die von den Agenturen nicht bearbeitet werden.

Was bedeutet guter Journalismus?

Der Deutsche Presserat setzte im Jahr 2000 in einem Pressekodex zur Wahrung der journalistischen Berufsethik vor allem die Achtung vor der Wahrheit und die Wahrung der Menschenwürde als unverzichtbare Grundsätze fest. Hierzu gehört es, Bilder im Sinne der Wahrheit zu deuten, Tatsachenbehauptungen durch eine sorgfältige Recherche auf ihren Wahrheitsgehalt hin zu überprüfen, Zusammenhänge zu erkennen, die Wirklichkeit abzubilden, dabei unabhängig von ökonomischen Interessen zu sein und für die wahrgenommene Aufgabe Verantwortung zu tragen. Der Journalist hat »durch den Dschungel der irdischen Verhältnisse eine Schneise der Information zu schlagen – und den Inhabern der Macht auf die Finger zu sehen.«[336] Im Zeitalter des ›Fetzenjournalismus‹ der unzusammenhängenden Informationen ist es von Bedeutung, Unwichtiges auszusondern und Verworrenes zu klären. Dabei sollten Vorgänge analysiert werden, aber auch die Synthese oder Zusammenschau nicht fehlen. Neben Fakten und Ereignisse muß eine fundierte Hintergrundberichterstattung treten. Einseitigkeit ist zu vermeiden und auch über solche Seiten der Politik zu berichten, die nicht im ›Mainstream‹ der Regierenden liegen. Dabei findet immer eine Gratwanderung zwischen einer rein informierenden und einer unterhaltenden Darstellungsweise statt.

---

[334] Zit., nach Sachse, Gudrun: *Der getürkte Türke,* in: NZZ Folio 08/06. Wallraff stand 2005 der beabsichtigten Übernahme von ProSieben Sat.1 durch Springer kritisch gegenüber, da dadurch noch mehr Möglichkeiten der Einflußnahme auf politische Entscheidungen entstanden wären. Vgl. Reinecke, Stefan: *Bei Wahlen macht ›Bild‹ immer Politik für die Rechten,* in: taz vom 21.11.2005.

[335] Gegen Ende des 19. Jahrhunderts teilten drei Agenturen die Welt unter sich auf: die französische Nachrichtenagentur Havas, heute Agence France Presse, in Deutschland das Wolffsche Telegraphenbureau, Vorläufer der heutigen dpa, und Reuters, die später nach London umzog. Hinzu kamen nach 1945 die Associated Press und die ddp. Vgl. Volkmer, Ingrid: *Jenseits des ›Globalen‹ und ›Lokalen‹,* 2003 S. 47 und Schneider, Wolf und Paul-Josef Raue: *Das neue Handbuch des Journalismus,* 2006 S. 32 ff.

[336] Ebenda, S. 14.

Rolle der Journalisten

Technisch gesehen findet der Journalist einen Sachverhalt vor, den er nach seinem eigenen Verständnis deutet, in sprachliches Handeln umsetzt und ihn encodiert. Er entscheidet über einen großen Teil der Bedeutungsverhandlung, bevor die Bilder und Texte von den Medienkonsumenten erneut interpretiert werden. Daß in diesem Prozeß der Filterung und Bearbeitung auf jeder Stufe persönliche Vorerfahrungen oder die eigene Wahrnehmung und Ideologie einfließen, ist menschlich. Problematisch ist es, die eigene politische Haltung zum Thema zu machen, zu ›missionieren‹, obwohl dies nicht Aufgabe eines Journalisten ist.[337]

Indes sind Journalisten Zwängen ausgesetzt, die sie zu Zugeständnissen bewegen, die mit der Beeinflussung durch ökonomische Machtverhältnisse durch die Kapitalgeber der Verlage und die Inserenten aus der Wirtschaft zusammenhängen, die dem Instinkt der Millionen folgen oder vorgefaßte Meinungen verbreiten.[338]

In Zeitungsredaktionen arbeiten freie Mitarbeiter, die pro Zeile bezahlt werden und starkem Konkurrenzdruck untereinander ausgesetzt sind, in dem sich keiner mit seinem Arbeitgeber überwerfen will.[339] Deshalb wird Rücksicht genommen auf eine bevorzugte politische oder wirtschaftliche Richtung, deren Vertreter auf keinen Fall in einem ungünstigen Licht geschildert werden dürfen. Einen auf solchen Verhältnissen beruhenden ›Hofberichterstattungsstil‹, der sich nach einem wirtschaftlichen Günstlingssystem richtet, hält Wallraff für eine unglückliche Entwicklung, die eine freie Presse kaum ermöglicht.[340] Zwar ist nicht jeder Journalist wirtschaftlich und persönlich dazu in der Lage, ein Engagement als investigativer Journalist aufzubringen. Wallraff empfiehlt, einen Zweitberuf als ›wirtschaftliches Standbein‹ auszuüben, um sich die Freiheit eines unabhängigen Journalismus leisten zu können.

Stellung der Medienkonzerne

Medienkonzerne verfolgen vorwiegend das Ziel der Gewinnmaximierung. Nach dem Motto ›Only bad news are good news‹ sind sie weniger an einer objektiven Berichterstattung als an Konflikten interessiert. Kontrahenten sind darstellenswert, wenn sie als eine verkaufbare Ware eingeschätzt werden, und eine getreue Aufzeichnung gegnerischer Positionen ist nur insoweit interessant, als die Unvereinbarkeit von Interessen betont wird. Dies fördert ein ›Krisenklima‹ anstelle eines ›Friedensklimas‹. Durch die Zeichnung einer Bedrohung zentraler Werte und Ordnungen und dem damit einhergehenden Handlungsdruck fördern die Medien eine verstärkte Nachfrage nach ihren Kommunikationsangeboten. Sie fungieren aber nicht als Partner bei der Suche nach Konfliktlösungen, sondern stellen Forderungen nach klaren, aber häufig übereilten Lösungen.

---

[337] Vgl. ebenda, S. 61.
[338] Vgl. Jaspers, Karl: *Lebensfragen der deutschen Politik*, 1963 S. 300.
[339] Vgl. Wallraff, Günter: *Der Aufmacher*, o. D. S. 198.
[340] Bei Bild gab es einen ›Hofschreiber‹ des CDU-Ministerpräsidenten mit besten Kontakten zu dieser Partei, vgl. Wallraff, Günter: *Der Aufmacher*, o. D. S. 89.

Je nach der ihnen genehmen politischen Einstellung verhalten sich Medienkonzerne ihrer Richtung gegenüber wohlwollend und gehen damit eine Art
Symbiose mit den Politikern ein, während andersgeartete politische Optionen
kritisiert werden.

Einfluß von Politik und Wirtschaft

Politiker arbeiten häufig mit den Medien zusammen, um Themen sowie Insze-
nierungsstrategien zu einem ihnen genehmen politischen Klima zu lancieren. Sie
verfolgen dabei in erster Linie Wahlsiege: »Die Massenmedien sollen ihre politische Vorstellung als selbstverständlich einprägen.«[341] Nicht immer stehen die
Politiker selbst im Rampenlicht, sondern es geht um den indirekten Verkauf
ihrer Ansichten durch das Suggerieren emotional geladener Probleme, von denen sie Befreiung versprechen. Wallraff stellt dies drastisch dar: »Aufputschen
gegen Minderheiten, Schüren von Haß und Angst – am besten anhand unpoli-
tisch scheinender Objekte (Triebtäter, Gastarbeiter): Das erzeugt die Stimmung,
die sich zum kollektiven Schrei nach Todesstrafe, Rübe ab, Draufschlagen ver-
dichten läßt.«[342]

Ein funktionierendes Mediensystem ist ein wichtiger Garant für den Erhalt
und Ausbau wirtschaftlicher Interessen, die sich um den Absatz von Waren wie
um die Steuerung des Arbeitsmarktes durch Arbeitskämpfe oder Gastarbeiter
kümmern. Den Medien werden Einzelheiten zugespielt, um die Meinung der
Öffentlichkeit in eine bestimmte Richtung zu lenken. Wallraff stellt eine wichtige
Taktik von Bild folgendermaßen dar: »a) Verwirrung stiften, b) Probleme her-
ausarbeiten, c) Lösung der Probleme anbieten.«[343] Lösungen werden allerdings
nur scheinbar angestrebt. Wie ein roter Faden zieht sich durch Wallraffs Reportagen die Kritik an der Verknüpfung von Information mit versteckter Werbung.
Nach ihm steckt »bei Bild fast in jeder Aussage eine Werbeidee.«[344] Er kritisiert:
»In zunehmendem Maße wird Journalismus Anschlußstelle zur Werbung, und
viele Journalisten verändern sich dann auch folgerichtig in dieses Ressort.«[345]
Texte und Textbilder stellen eine passende Peripherie dar, um potentielle Käu-
ferschichten auf die beigefügten Inserate zu lenken. Werden Texte kritischer, so
bleiben Anzeigen aus.[346] Die Abhängigkeit der Medien von Anzeigeneinnahmen
der Wirtschaft nahm an Bedeutung zu, seit der Verkaufspreis von Zeitungen
unter den Herstellerpreis gesunken ist. Sie entscheidet über Auflagenhöhe, Bedeutung, letztlich über den Bestand von Presseunternehmen und wird entspre-

---

[341] Jaspers, Karl: *Wohin treibt die Bundesrepublik?*, 1966 S. 180 f.

[342] Wallraff, Günter: *Der Aufmacher*, o. D. S. 126.

[343] Ebenda, S. 18.

[344] Ebenda, S. 22. So profitierte der ›Allesheiler‹ Manfred Köhnlechner von der Bild-
Werbung, vgl. Wallraff, Günter: *Bild-Störung*, 1985 S. 100-115, vgl. auch Wallraffs Darstellung von Werbung für TUI oder das Gestüt eines Kollegen, ebenda S. 29 und S. 91.

[345] Wallraff, Günter: *Einige Erfahrungen mit den Schwierigkeiten beim Veröffentlichen der Wirklichkeit hinter Fabrikmauern*, 1971 S. 34.

[346] Vgl. hierzu den geschilderten Niedergang der Jugendzeitschrift ›twen‹ in Wallraff,
Günter: *Einige Erfahrungen mit den Schwierigkeiten beim Veröffentlichen der Wirklichkeit
hinter Fabrikmauern*, 1973 S. 34.

chend genutzt. In den 1970er Jahren stellte Wallraff fest, es existiere »ein sogenanntes ›Frühstückskartell‹ der Industrie, das darüber zu beschließen hat, Zeitungen und Zeitschriften, die sich nicht eindeutig genug zu den Prinzipien der
freien Marktwirtschaft bekennen, mit Inseraten auszuhungern.«[347]

Zur Sicherung internationaler Märkte wird ebenfalls, insbesondere unter dem
Diktat der USA, die manipulatorische Kraft der Medien eingesetzt: »Die Einstellungen, Verhaltensmuster und Konsumstandards der westlichen Mittelschichten
werden weltweit verbreitet und weltweit propagiert als das Normale. Die Medi-
en täuschen dieses mittelschichtzentrierte Bild als ›das normale Leben‹ überall
auf der Welt vor und jeder muß sich fragen, weshalb er oder sie daran nicht teil
hat und wie sich das ändern läßt. [...] Die Regierungen der westlichen Überfluß-
gesellschaften treten ja nicht deshalb so vehement für die weltweite Pressefreiheit [...] ein, weil damit allen Menschen ein wohlinformiertes Urteil über ihre
Situation und ihre Ursachen ermöglicht werden soll, sondern weil nur diese
›Freiheit des Fuchses im Hühnerstall‹ die politische und wirtschaftliche Domi-
nanz westlicher Mittelschichten weiterhin garantiert.«[348]

Eine kaum untersuchte Frage ist, in welcher Weise ein ›news management‹ betrieben wird, um die Berichterstattung so zu steuern, wie es politischen Interessen entspricht. Hierzu gehört, zu welchem Zeitpunkt bestimmte Nachrichten
ausgestrahlt werden und wann politisch gewollte Nachrichtensperren verhängt
werden. Bei Umweltskandalen wird die Bevölkerung häufig uninformiert gehalten oder offensichtlich falsch unterrichtet, um Widerstand gar nicht erst entstehen zu lassen. Wallraff kritisiert ein solches Vorgehen: »Lobbyisten sind dazu
da, die Lüge des eigenen Vorteils wegen zu institutionalisieren. Darum ist es
keine wirklich offene Gesellschaft.«[349] Der Störfall von Tschernobyl wurde entsprechend verharmlosend dargestellt: »Was an Informationspolitik nach der
Reaktorkatastrophe geleistet wurde, hält Vergleichen mit totalitären Staaten
stand.«[350] Die Nachrichtensperre schlug bei Atomgegnern in Wackersdorf allerdings ins Gegenteil um: »Gerade der Versuch, die Bevölkerung durch Nicht-
Information, durch Informationsverbote zu ›entsorgen‹, hat dazu geführt, daß
das Mißtrauen in die offiziellen Verlautbarungen aus Bonn und München größer
geworden ist denn je.«[351]

Erwartungen der Leser

In einer immer komplexeren Welt sehnen sich viele Konsumenten nach einfacher Orientierung und einer geordneten und durchschaubaren Welt. Demge-
genüber sind sie mehr und mehr dem Druck ausgesetzt, unablässig aus der Informationsflut Relevantes auszuwählen, um nicht als ›desinformiert‹ zu erschei-

---

[347] Wallraff, Günter: *Schwierigkeiten beim Veröffentlichen der Wirklichkeit hinter Fabrikmauern,*
1974 S. 109.

[348] Hamm, Bernd: *Internationale Migration, Minderheiten, Multikulturalismus,* 1994 S. 6 f.

[349] Zit., nach Sachse, Gudrun: *Der getürkte Türke,* in: NZZ Folio 08/06.

[350] Wallraff, Günter: *Rede auf dem Anti-Waahnsinnsfestival in Wackersdorf,* 1987 S. 207.

[351] Ebenda, S. 207.

nen.[352] Hier stellte bereits Jaspers in den 1970er Jahren die Frage: »Erfahren wir, obgleich wir unübersehbar vielfältig informiert werden, wirklich das, was wir wissen sollten, nämlich die zur Orientierung in unserer Situation und die für unsere Willensbildung entscheidenden Tatsachen, Vorstellungen und Gedanken?«[353] Insbesondere die Boulevardpresse bringt eine eher unterhaltende Lektüre und im übrigen »politisch gleichgültige Dinge.«[354] Während das Privatleben einiger Personen bis zur Grenze des Erträglichen beleuchtet wird, fehlt eine Berichterstattung über die Lebensverhältnisse des Volkes, Produktions-, Eigentums- und Herrschaftsverhältnisse.[355]

Die Bevölkerung wird gezielt uninformiert gehalten: »Sie lebt an sich selbst und ihrer Geschichte vorbei, [...] uninformiert und unaufgeklärt, desorientiert, unentschieden zwischen Pril und Sunil, im Bilde über Alete-Kinderkost und Küchenmaschinen.«[356] Die Deutschen werden gesehen als »ein Volk von Halbinformanten und Halbinformierten [...], von denen die einen nur die Hälfte dessen sagen, was sie wissen, von denen die anderen nur die Hälfte dessen erfahren, was sie brauchen; belastet mit Vorurteilen, umgeben von Tabus, eingeschnürt in Illusionen, so daß sie [...] ihre eigenen Interessen nicht mehr wahr[...]nehmen.«[357]

Journalistische Manipulation

Eine einfache Technik der Inszenierung ist das Zeigen von Fakten, die im Sinne des Vermittelnden sind, und das Ausblenden von Tatsachen, die der gewünschten Absicht zuwiderlaufen. Die Berichterstattung in Ausschnitten schafft eine eigene Medienrealität, die mit der eigentlichen, vielschichtigen Realität wenig zu tun haben muß. Diese Ausschnitte werden entweder ständig wiederholt, um sich beim Medienempfänger als Wahrheiten zu konstituieren, oder sie werden als Splitter verwendet, um ein zusammenhängendes Bild, das kritisiert werden könnte, gar nicht erst entstehen zu lassen. Wallraff beobachtete diese Art des unzusammenhängenden Berichtens im Zusammenhang mit der Umweltverschmutzung: »Die Vergiftung der Biosphäre kann man in den Griff bekommen, wenn man sie in zahllose Einzelereignisse aufsplittet, die dann irgendwo in den letzten Seiten der Tageszeitungen auftauchen.«[358]

Texte können derart nebeneinander präsentiert werden, daß ihre Inhalte miteinander verknüpft werden und beim Betrachter eine bestimmte Vorstellung hervorrufen. Worte werden häufig durch Bilder ergänzt. Dabei zeigen Fotografi-

---

[352] Vgl. Türcke, Christoph: *Erregte Gesellschaft*, 2002 S. 17.

[353] Jaspers, Karl: *Lebensfragen der deutschen Politik*, 1963 S. 294.

[354] Jaspers, Karl: *Wohin treibt die Bundesrepublik?*, 1966 S. 180 f.

[355] Vgl. Spoo, Eckart: *Wie sind die Tabus zu brechen?*, 1973 S. 120.

[356] Meinhof, Ulrike: *Provinz und kleinkariert*, 1980 S. 43.

[357] Ebenda, S. 43. Der Schriftsteller Gerhard Henschel bemerkt im Hinblick auf die Wahrung der Würde des Menschen und Werten in der Bild-Zeitung, Wallraff habe sich seinerzeit »von der Arbeiterklasse den Sieg über das siebenköpfige Tier [Bild] erhofft«, aber »Proletariat und Bürgertum haben sich der Macht des Tiers gebeugt und sich auf den faulen Kompromiß verständigt, daß jeder Widerstand zwecklos, altmodisch und uncool sei.« Henschel, Gerhard: *Gossenreport*, 2006 S. 179.

[358] Wallraff, Günter: *Und macht euch die Erde untertan...*, 1989 S. 41.

en nicht immer eine objektive Realität. Symbole, insbesondere solche aus dem religiösen Bereich, spielen hier eine wichtige Rolle. Beispielsweise vermittelten Fotos von Bush und Bin Laden durch Licht- bzw. Schattenführung und Farbgestaltung Gut und Böse. Bushs Gesicht war von der Seite angestrahlt, und es wird ein ›Erleuchtet-Sein‹ wie bei einem mittelalterlichen Heiligen inszeniert. Im Gegenzug war Bin Laden frontal abgelichtet und sein Bild rot unterlegt.[359]

Eine weitere Möglichkeit der Uminterpretation besteht darin, Bilder aus dem Kontext herauszureißen und mit konstruierten Unterzeilen in anderen Zusammenhängen im Sinne der beabsichtigten Meinung zu interpretieren.[360] Gerne wird mit Schlagworten operiert, in denen Konnotationen mitschwingen, die »wie Totschläger benutzt werden« und mit deren Hilfe »mit Vorurteilen und fixen Ideen ins Unterbewußtsein der Massen eingebrochen wird.«[361] Die Verwendung des Begriffs ›Herrscher‹ zeigt, wie hier mit zweierlei Maß gemessen wird. Dieser negativ belegte Begriff dient zur Bezeichnung von Staatschefs im außereuropäischen Teil der Welt: als ›Kreml-Herrscher‹ oder ›arabischer Herrscher‹.[362] Man stelle sich das Verwundern vor, wenn und plötzlich von der ›Reichstag-Herrscherin‹ oder dem ›Herrscher im Weißen Haus‹ die Rede wäre, wobei insbesondere die Politik Bushs ebenso kritikwürdig sein dürfte wie die Putins. Solche Schlagwörter machen mit einem einzigen Wort verständlich, was in den fremden Ländern vorgeht; höchst komplizierte, dem Leser oder Zuschauer kaum durchschaubare Prozesse werden ihm plausibel erklärt, und zwar ganz simpel.[363]

Auslandsjournalismus

Die Auslandsberichterstattung läßt einen friedensorientierten Journalismus vermissen.[364] In Krisenzeiten gehen Regierungen und Medienkonzerne demokratischer Staatsformen ein besonderes Verhältnis ein, das bis zur ›exterministischen Kriegsführung‹ geht.[365] Man bedient sich der Argumentation, die Führung eines Krieges sei für den Erhalt von Zivilisation und Kultur notwendig. Andere Zivilisationen werden abschätzig dargestellt und mit strategisch inszenierten Medienauftritten die Hemmschwelle gegen den Krieg gesenkt.[366] Höhepunkte medialer Inszenierungen bilden die Kriege selbst. In solchen Zeiten sorgt die staatliche Zensur für einen eingeschränkten Deutungskontext.[367] Während des Krieges, wie der Zweite Golfkrieg zeigte, ist der mediale Diskurs durch die Be-

---

[359] Vgl. Röll, Franz-Josef: *Mythen und Symbole in der Politik,* 2003 S. 75 und 88; vgl. auch Bild-Zeitung vom 15.04.2004, Titelseite.

[360] Vgl. Reiche, Jürgen: *Bilder, die lügen,* 2003.

[361] Wallraff, Günter: *Der Aufmacher,* o. D. S. 38.

[362] Vgl. *Die Wohlfühl-Diktatur,* in: Der Spiegel Nr. 10 vom 07.10.2005 S. 56.

[363] Vgl. Halm, Heinz: *Fundamentalismus – ein leeres Etikett,* 1993 S. 214.

[364] Ein friedensorientierter Journalismus ist wahrheits- und demzufolge konfliktorientiert, zweitens ist er menschlich- und lösungsorientiert. Er will und sollte zu konkreten Ergebnissen führen. Vgl. Galtung, Johan: *Strukturelle Gewalt,* 1975 S. 41.

[365] Vgl. Reinecke, Siegfried: *Logik des Krieges und Logistik der Wahrnehmung,* 1993 S. 421 f.

[366] Vgl. Müller, Harald: *Demokratie, Krieg und Medien,* 2003 S. 61-65.

[367] Vgl. Huhnke, Brigitta: *Geschlecht und Politik im Spiegel der Medien,* 2003 S. 252.

stätigung der moralischen Argumente wichtig. Er führt zu einer undemokratischen Kontrolle von Informationen.[368]

Die modernste Form von ›Gefälligkeitsjournalismus‹ ist die PR-gesteuerte Kriegsberichterstattung, in perfektionierter Form im Irak-Krieg 2003 angewandt. Sie entsteht durch das *embedding* oder ›Einbetten‹ der Kamerateams, die für die gesamte Dauer des Krieges bestimmten Truppenteilen zugeordnet werden. Die Journalisten, die sich im Laufe der Zeit mit ›ihrer‹ Truppe identifizierten, berichteten bald nicht mehr neutral, sondern aus der Sicht ihrer kriegsführenden Partei.[369] Wallraff sieht die Sorge um die eigene Karriere als ausschlaggebend für eine solche Arbeit an: »Man möchte um alles in der Welt dazugehören, flexibel und ›embedded‹ sein.«[370]

Daß in Kriegszeiten häufig objektive Darstellungen faktisch verboten werden, zeigt sich in einem offenen Brief zur US-amerikanischen Praxis, den auch Wallraff unterzeichnete: »Mit Bestürzung haben wir von unseren amerikanischen Freunden und Kolleginnen auch vernommen, daß Gelehrte und Journalisten unter Druck gesetzt und als Verräter denunziert werden, wenn sie den Kriegskurs ihrer Regierung kritisch betrachten oder ablehnen. Sorgen Sie dafür, daß der Meinungspluralismus und die liberale Tradition in Ihrem Land nicht unter dem Vorwand der Terrorismusbekämpfung beeinträchtigt werden.«[371]

Boulevardpresse am Beispiel der Bild-Zeitung

Boulevardzeitungen müssen sich, im Gegensatz zu Abonnementszeitungen, auf der Straße behaupten und jeden Tag neu verkaufen. Deshalb sprechen sie weniger den Kopf als den Bauch an. Der typische Boulevardjournalismus zeichnet sich durch emotionale Geschichten aus, die personalisiert erzählt werden, inhaltlich und sprachlich simplifiziert sind und sich scheinbar auf Seiten des Lesers positionieren. Themen werden begrenzt, so daß der Leser seine eigenen Erfahrungen bestätigt sieht und sich mit der Geschichte identifizieren kann.

Die Bild-Zeitung ist Deutschlands größte Boulevardzeitung. Ursprünglich als ›eine gedruckte Antwort auf das Fernsehen‹ mit vielen Bildern aufgemacht, ging das Blatt 1952 in Produktion. Zum Massenblatt wurde es durch die Erfindung der ›Bild-Schlagzeile‹, und in den ersten Jahren war es einem »recht unauffälligen Groschenjournalismus«[372] verhaftet.

Dies änderte sich in den 1960er Jahren, als Springers Engagement hinsichtlich der Wiederherstellung der deutschen Einheit enttäuscht wurde. Chefredakteure wie Karl-Heinz Hagen und Peter Boenisch politisierten das Blatt, und nach US-

---

368 Vgl. hierzu Volkmer, Ingrid: *Jenseits des ›Globalen‹ und ›Lokalen‹*, 2003 S. 41.

369 Vgl. Bussemer, Thymian: *Medien als Kriegswaffe*, 2003.

370 Kotte, Hans Hermann: ›*Eine klebrige Mischung*‹. Günter Wallraff über die ›Bild‹, die ›taz‹ und Journalisten, die sich selbst feiern, in: zitty 9/2004 S. 30.

371 Dürr, Hans Peter (u.a.) (verantwortlich für 90 deutsche Wissenschaftler, Künstler und Publizisten): ›*Eine Welt der Gerechtigkeit und des Friedens sieht anders aus*‹: Eine Antwort auf das Manifest ›Gerechter Krieg gegen den Terror‹ von 60 amerikanischen Intellektuellen, Aachen o. D.

372 Wallraff, Günter: *Zeugen der Anklage*, 1999 S. 150.

amerikanischem Vorbild wurde ein leserbezogener, parteiischer und kämpferischer Journalismus entwickelt.[373] Nun fungierte Bild, das mit einer Auflage von etwa fünf Millionen eine fast monopolistische Stellung innehat, als politischer Stimmungsmacher der Nation, der ein »radikales und rigoroses Flächen-Bombardement des Ostens«[374] betrieb. Eine antikommunistische Stimmung wurde verbreitet, unter der auch die SPD, trotz des Richtungswechsels im Godesberger Programm, und die Gewerkschaften, insbesondere in Streiksituationen, betroffen waren. Christdemokratischen Politikern zeigte man sich in der Regel gewogen. Beispiele hierfür waren Schlagzeilen wie ›Kohl: Ärmel hoch – Jetzt geht's richtig los‹ versus ›SPD will wieder an unsere Brieftaschen‹.[375]

Bild geht als ›Berichterstatter und Richter zugleich‹ auf die Ängste und die angebliche Orientierungslosigkeit seiner Leser ein und versteht, die Bedürfnisse des Lesers zu befriedigen: »Dank ihrer Autorität nimmt die Zeitung dem Leser das Ordnen, Sichten und Bewerten der Ereignisse [...] ab.« Dadurch gebe Bild »die beruhigende Gewißheit, daß man dieser Welt doch begegnen und sie fassen kann.«[376] Hier wird nicht mehr der mündige Bürger angesprochen, sondern »der orientierungslose, psychisch und sozial unsichere Leser, der teils aus provozierter Angst, teils aus der Suche nach Autorität immer wieder nach dem Massenblatt greift.«[377] Eine solche Zielgruppe hatte der Firmengründer Axel Springer vor Augen: »Als ich BILD schuf, habe ich vor allem an eins gedacht: Daß der deutsche Leser auf keinen Fall eines will, nämlich nachdenken.«[378]

Täglich wiederkehrende Muster sind Sensationen, Halbwahrheit, Fälschung, offene und versteckte Werbung, Sex und Crime.[379] Politik sieht Wallraff als den »redaktionelle[n] Kompromiß, der Wirtschaftsteil verkündet die verlegerischen Interessen, im Feuilleton dürfen sich die Nörgler Luft machen. Aber im Sport spricht das Herz.«[380] Er kritisiert das ›Weltkriegsvokabular‹ im Sportteil, das an der ›Herzensbildung‹ seiner Leser arbeite mit Wörtern wie: »Mutig, eifrig, knüppelhart, erbarmungslos, Hiebe, Deckung, Täuschungsmanöver, Kampf, Treffer, Sturmschwäche, Jagd, Angriff, Stürmer, Bomber, Sieger, Kameraden.«[381] In der ›Psychoanalyse der Bild-Zeitung‹ ist von einem Bedürfnis des Lesers die Rede, das das Blatt stillen soll: »Ein Mittel, um provozierte Ängste und daraus sich ergebende Aggressionen zu verarbeiten, ist die aggressive Haltung, die BILD oft an den Tag legt. Einfluß und Macht der Zeitung, Mut und Entschlos-

---

[373] Vgl. Fischer, Christoph: *Wie aus einem Fehlstart ›Europas größte Tageszeitung‹ wurde,* 2005 S. 11.

[374] Lohmeyer, Henno: *Springer: ein deutsches Imperium,* 1992 S. 245.

[375] Vgl. Wallraff, Günter: *Günter Wallraffs BILDerbuch,* 1985 S. 12 f. Zu den Gewerkschaften vgl. Wallraff, Günter: *Bild-Störung,* 1985 S. 120-123.

[376] Zit. aus: *Psychoanalyse der Bild-Zeitung* in Wallraff, Günter: *Der Aufmacher,* o. D. S. 65.

[377] Wallraff, Günter: *Bild-Störung,* 1985 S. 73.

[378] Zit., nach Wallraff, Günter: *Bild-Störung,* 1985 S. 68, zur Geschichte von Springer vgl. ebenda, S. 65-87.

[379] Vgl. Wallraff, Günter: *Der Aufmacher,* o. D. S. 27.

[380] Wallraff, Günter: *Zeugen der Anklage,* 1979 o. S.

[381] Wallraff, Günter: *Zeugen der Anklage,* 1999 S. 96.

senheit, die teilweise als rücksichtslos und brutal erlebte Härte und Durchschlagskraft, geben dem Leser die Möglichkeit, sich mit diesem überlegenen Angreifer zu identifizieren, in BILD die Realisierung dessen zu erleben, was ihm selbst immer unmöglich sein wird zu verwirklichen.«[382]

Die Rubrik ›Bild kämpft für Sie!‹ beschäftigt sich lediglich mit ›Ersatzproblemen und -ängsten‹ und stellt kleine Unrechtsfälle ab, während »die großen Verbrechen nicht gestört werden.«[383] In der Boulevardpresse werden keine Widersprüche dargestellt. Der Grund hierfür ist nach Wallraff: »Widerspruch löst Gedanken aus, der Kontrast bloß Stimmungen.«[384] Deshalb werden alle Widersprüche »im nächsten Satz aufgelöst.«[385]

Wahrung von Persönlichkeitsrechten

Nach den Vorgaben des Deutschen Presserates sind die Persönlichkeitsrechte betroffener Personen zu wahren. Wo der Privatbereich beginnt, ist hingegen »der Punkt, an dem die Bild-Zeitung zu arbeiten anfängt.«[386] Mit der ›ganz normalen Einschleich- und Überrumpelungstechnik eines geschulten BILD-Reporters‹[387] werden Interviews mit der Drohung erzwungen, Details über das Privatleben der Betroffenen zu veröffentlichen. Bisweilen werden Informationen sogar durch Einbruch und Diebstahl beschafft.[388]

Häufig werden bei Bild Persönlichkeitsrechte mißachtet, Menschen zum Gegenstand der Lächerlichkeit ihrer Umwelt gemacht oder Rufmord betrieben. Dies trieb einige Bild-Opfer in den Selbstmord. So hatte Bild anläßlich des Selbstmordes einer gemütskranken Ehefrau mit der Schlagzeile ›Frau erschlug sich mit dem Hammer‹ getitelt und berichtet, die Frau habe sich wegen des anstehenden Frühjahrsputzes erschlagen. Der ohnehin verstörte Ehemann verkraftete die Darstellung, in der er sich für den Tod seiner Gattin mitverantwortlich gemacht sah, nicht und setzte seinem Leben mit dem Hinweis »Seit der Geschichte mit Bild bin ich total zerbrochen«[389] ein Ende. In seinem Abschiedsbrief forderte er mit folgenden Worten zum Boykott auf: »Wer etwas Ehrgefühl und Verstand hat, sollte dieses Lügenblatt nicht kaufen, dann müßten diese Verbrecher verhungern.«[390]

Prominente haben ebenfalls mit negativen Schlagzeilen von Bild zu rechnen. So wird die Bild-Schlagzeile ›Seewolf Raimund Harmstorf in die Psychiatrie‹ für den Selbstmord des Schauspielers Raimund Harmstorf (1940-1998) mitverant-

---

[382] Aus einer vom Springer-Verlag herausgegebenen Bild-Analyse. Zit. nach Wallraff, Günter: *Der Aufmacher,* o. D. S. 35.
[383] Wallraff, Günter: *Zeugen der Anklage,* 1979 o. S.
[384] Wallraff, Günter: *Der Aufmacher,* o. D. S. 42.
[385] Ebenda, S. 86.
[386] Wallraff, Günter: *Ein Leben mit vielen Gesichtern,* 2006 S. 42.
[387] Vgl. Wallraff, Günter: *Zeugen der Anklage,* 1999 S. 38.
[388] Vgl. Ebenda, S. 125.
[389] Zit., nach ebenda S. 35. Vgl. auch F. Schürstedt, der sich das Leben nahm, da er wegen angeblicher ›Unzucht mit Kindern‹ in die Schlagzeilen geraten war, ebenda S. 29.
[390] Wallraff, Günter: *Zeugen der Anklage,* 1979 o. S.

wortlich gemacht.[391] Ein Muskelriß des Profi-Fußballers Gerd Müller wurde ebenfalls in einer mindestens geschäftsschädigenden Weise übertrieben.[392]

Seit den 1968er Jahren wurden mißliebige Personen, aber auch politisch unmotivierte Fälle, ins politische Feld linker Terroristen gerückt.[393] Beispiele hierfür sind die Medienhetze gegen Rudi Dutschke 1968 oder die Berichterstattung 1972 zu Böll, der als Sympathisant der Terroristenszene verunglimpft worden war.[394] Besondere Kritik übt Wallraff an der Weise, wie solche Personen in einer Art ›Jagdstimmung‹ von mehreren Medienkonzernen zur gemeinsamen Diskriminierung oder gar Vernichtung freigegeben werden: »Hier hat man den Eindruck, wenn einige Großwildjäger den Ton angeben, kommen andere mit dem Meuteinstinkt und setzen nach.«[395] Mit Hilfe eines 1978 gegründeten Hilfsfonds verschaffte Wallraff Bild-Geschädigten rechtlichen Beistand, um Gegendarstellungen und Schadensersatzforderungen durchzusetzen.[396]

Darstellung der Ausländer

Der Ausländerdiskurs ist in der Regel geprägt von relativ offen zutage tretenden Vorurteilen. Die Botschaften sind direkt, wie die auf Ekel abzielenden Schlagzeile ›Ein Türke rief an: Großen Hunger, ich fressen Kater‹, der vorangestellt ist: ›In Mannheim sind 180 Katzen spurlos verschwunden‹, oder die an den Sozialneid appellierende Nachricht ›Gastarbeiter bauen sich Häuser in Deutschland‹.[397]

Wallraff kritisiert: »Ohne Springer wäre diese Republik heute demokratischer: Es gäbe weniger Nationalismus und Rassismus [...] Die Bundesrepublik wäre ein friedlicheres Land, nicht so gefährlich für seine Nachbarn und seine eigenen Minderheiten.«[398] Dieses Blatt trage dazu bei, den im Volk vorhandenen Aver-

---

[391] Vgl. o.V.: *Bild dir deine Meinung. Europas größte Zeitung wird Fünfzig – ein Anlaß zum Feiern?*, in: Süddeutsche Zeitung - Magazin Nr. 25 vom 21.06.2002.

[392] Vgl. Wallraff, Günter: *Zeugen der Anklage*, 1999 S. 98 f.

[393] Vgl. ebenda, S. 122 (der ›Vampir Michael K.‹ wurde derart dargestellt), S. 55 (Schlagzeile ›Linksradikaler raubte unser schönstes Bild‹), S. 52 (ein Politiker der CSU: ›Meine Frau ist mir zu links – Scheidung‹).

[394] Vgl. Wallraff, Günter: *Kein Abschied von Heinrich Böll*, 1987 S. 176 f.

[395] Gfrörer, Jörg: *Günter Wallraff, die Stasi und die Bundesanwaltschaft*, 1997 S. 171.

[396] Für den als ›Vampir‹ bezeichneten Michael K. wie auch für die beiden Söhne der ›Frau mit dem Hammer‹ wurden Schadensersatzansprüche durchgesetzt, vgl. Wallraff, Günter: *Zeugen der Anklage*, 1979 o. S.

[397] Wallraff, Günter: *Bilderbuch*, 1985 S. 87 f.; vgl. auch Bild-Zeitung vom 31.08.1978 und 28.06.1980. Weitere Schlagzeilen in den 1980er und 1990er Jahren waren: ›Gastarbeiter am Steuer: Trümmer und Tote‹; ›Von 80 Türken vergewaltigt‹; ›Koffer, Kisten, Kühlschränke, Vorsicht, die Türken kommen‹; ›Asylanten: Nur 99 fegten: Den anderen wird jetzt das Taschengeld gekürzt‹; ›Jetzt bin ich die letzte Deutsche in der Klasse!‹. Ebenda, S. 86 f. und S. 90.

[398] Wallraff, Günter: *Der BILD-Konzern*, 1994 S. 157. Eine Adoptivmutter berichtet von ihrem schwarzen Adoptivsohn Tadesse; dieser sei nach einem Bild-Vortrag von Wallraff so beeindruckt gewesen, daß er im Dorfladen Zeitung erwarb und diese so lange demonstrativ zerriß, bis der Ladenbesitzer ihn wegjagte. Vgl. Söhl, Irmhild: *Tadesse, warum?*, 1991 S. 95 ff. Das Verhalten dieses Jungen erklärt sich auch durch ausländer-

sionen gegen Ausländer durch seine Artikel scheinbar Allgemeingültigkeit zukommen zu lassen.

›Qualitätspresse‹

Die ›Qualitätspresse‹ grenzt sich in Form, Inhalt, Selbstverständnis und Adressaten von der ›Boulevardpresse‹ ab. Die Machart von Zeitungen wie dem ›Spiegel‹, ›FAZ‹ oder der ›Zeit‹ ist subtiler. Ihr Publikum besteht eher aus Intellektuellen, und den Berichten wird Seriosität unterstellt. Es wird mehr Text präsentiert, der viel Information verspricht. Dies wird allerdings nicht immer gehalten, denn in den Artikeln fehlt meist eine multiperspektivische Darstellung, die zu einer Relativierung der dargestellten Ereignisse kommt. Es wird kaum ein realistisches Bild präsentiert, sondern es werden Stimmungsbilder gezeichnet, die der Rechtfertigung politischer Handlungen dienen.[399] Diese Absicht ist den Artikeln nicht direkt zu entnehmen, sondern eine solche Erkenntnis fordert tiefergehende interpretatorische Leistungen. Das Stimmungsbild hingegen wird in das Gemüt eindringen und negative Konnotationen verankern. ›Qualitäts-‹ wie auch Boulevardpresse begeben sich kaum außerhalb der herrschenden diskursiven Praktiken.

Fernsehen

Was für die Presse gilt, hat analog Gültigkeit für das Fernsehen. Dem Streben nach Steigerung der Einschaltquoten beugen sich auch die staatlichen Sender. Die Satellitentechnologie zu Beginn der 1960er Jahre läutete die Ära der Live-Übertragung mit einer Informationsüberflutung ein, die sich in Echtzeitbildern und Technik-Storys erschöpfen. Sie werden kaum gedeutet und führen durch gezielte Des- und Nichtinformation sogar zu einer neuen Waffengattung, dem ›Informationskrieg‹.[400]

Ein Qualitätsverfall durchzieht alle Bereiche, selbst politische und kulturelle Informationssendungen, und fördert eine nachhaltige Entpolitisierung.[401] Fernsehreportagen, insbesondere Fernsehshows vom Typ ›Brisant‹, ›Hallo Deutschland‹, ›Explosiv‹ oder ›taff‹ enthalten journalistische Präsentationsformen, die sie lebendiger, lockerer und unterhaltender machen. Hierdurch tritt eine Trivialisierung der Inhalte ein und häufig ist der Informationskern nicht mehr deutlich erkennbar. Solche Shows spielen eine besonders wichtige Rolle, da sie weite Verbreitung finden. Diesem ›Infotainment‹ steht Wallraff kritisch gegenüber und bezeichnet es als ›Boulevardisierung der Medien‹. Eine Unzulänglichkeit

---

feindliche Erfahrungen. Nach fünf Jahren in einem deutschen Dorf setzte er seinem Leben ein Ende.

[399] Zur Qualitätspresse vgl. einen Artikel aus der ›Zeit‹ in: Yousefi, Hamid Reza und Ina Braun: *Interkulturelles Denken oder Achse des Bösen*, 2005 S. 167 ff.

[400] Das im zweiten Irak-Krieg eingesetzte *Briefing* von Generälen, die im Fernsehen ihre Strategien verkünden, um dann anders zu agieren, ist hierfür ein Beispiel. Vgl. Tilgner, Ulrich: *Der inszenierte Krieg*, 2003 S. 132.

[401] Vgl. McChesney, Robert W.: *Rich Media, Poor Democracy*, 2000 S. 15.

sieht er darin, daß nur wenige Medien korrekt »zwischen Nachricht und Kommentar trennen.«[402]

Weiterhin kritisiert Wallraff auch beim Fernsehen, »daß es kaum noch Sendungen gibt, in denen nicht versteckte Werbung auftaucht.«[403] Insbesondere die sogenannten Seifenopern erfüllen häufig nur noch den Zweck, für eine Werbung das richtige Publikum bereitzustellen, um bei dieser für ihre Erzeugnisse zu werben.[404]

Eine Hoffnung, den Kreis gezielter Desinformation zu durchbrechen, bietet nach Wallraff durch das Internet. Hier hat jeder die Möglichkeit, Informationen einzustellen bzw. sich Informationen zu verschaffen. Insofern schafft dieses Medium eine nie dagewesene Transparenz.[405]

1. 3. Wirken

Wallraff im Spiegel der Öffentlichkeit

Wallraffs Erforschung und Aufdeckung gesellschaftlicher Mißstände trieb einen Keil in die sonst häufig an einseitigen Interessen ausgerichtete Debatte um Arbeitsbedingungen, Pressefreiheit oder Integration. Dies führte zu massiven Auseinandersetzungen mit solchen Gruppen, die verhindern wollten, daß entsprechende Informationen in die Öffentlichkeit dringen. Deren Kritik zielte häufig, mit dem Verweis auf die Wallraff in seiner Bundeswehrzeit attestierte ›Abnormalität‹, darauf hin, die Ergebnisse der Recherchen zu diskreditieren.

Insbesondere wurde Wallraffs Methode der Informationsbeschaffung kritisiert, da dessen Standpunkt, die Gesetze dort zu überschreiten, wo er dies für notwendig halte, in der Konsequenz dazu führe, »daß der Zweck jedes Mittel heiligt und damit jedes Verantwortungsgefühl verloren geht.«[406] Zahlreiche Gerichtsverfahren hatten die Vorgehensweise der ›verdeckten Ermittlung‹ zum Gegenstand. Wallraff ›schleiche‹ sich als Bediensteter mit falschen Ausweispapieren, als Staatsmann oder Ministerialbeamter in Bereiche ›ein‹, wozu er kein Recht habe.

Wallraff erläutert seine Methode folgendermaßen: »Ich war gezwungen, aus der anfänglichen Not diese sogenannte Untugend zu machen. Am Anfang meiner Arbeit konnte ich mich noch unter meinem richtigen Namen einstellen lassen. [...] Es wäre mir heute noch lieber, weiter unter meiner normalen Identität solche Rollen zu übernehmen [...]. Aber seitdem mir dieses Recht genommen worden ist, bis hin zu Steckbriefen in Personalbüros [...], ist mir nur die Möglichkeit der Tarnung oder, um im Jargon meiner Gegner zu bleiben, das soge-

---

[402] Zit., nach Eßer, Torsten: *Wer sich nicht in Gefahr begibt, kommt nicht weit rum,* in: Telepolis vom 29.09.2002.

[403] Zit., nach ebenda.

[404] Hierbei handelt es sich insbesondere um Lifestyle-Produkte, Mode und Musik. Vgl. Simon, Jeannine: *Wirkungen von Daily Soaps auf Jugendliche,* 2004.

[405] Äußerung Günter Wallraffs in einem Interview am 21.12.2006. Zur Berichterstattung von Bild ist die Internet-Plattform ›bildblog.de‹ zu nennen, in der inhaltliche Unzulänglichkeiten des Blattes öffentlich gemacht und diskutiert werden.

[406] Institut der deutschen Wirtschaft: *Dichtung als Waffe im Klassenkampf,* o.D. S. 22.

nannte ›Einschleichen‹ geblieben.«[407] Wallraff sieht seine Art der Recherche im Sinne einer Rechtsgüterabwägung als gerechtfertigt an: »Ich entschuldige meine Mittel nicht. Ich finde sie notwendig [...], um unterschlagene Sachverhalte, die in jedermanns Interesse liegen, damit aufzuzeigen. Und ich finde meine Mittel nur dann gerechtfertigt, wenn sie der schwache Einzelne gegenüber den auf seinem Rücken Machtausübenden [...] benutzt.«[408]

Gerichtliche Verfahren endeten zu Gunsten Wallraffs mit der Begründung, der für die Gesellschaft erreichte Nutzen lasse die Wahl seiner Mittel als angemessen erscheinen. Im Verfahren gegen die Bild-Zeitung wurde Wallraff in einem Grundsatzurteil mit der Feststellung rehabilitiert, er hätte Fehlentwicklungen im deutschen Pressewesen aufgedeckt. Klageverfahren gegen seine Methoden sieht er als Versuch, »›formaljuristisch‹ sich des skandalösen unbequemen Sachverhaltes zu entledigen«[409], wobei seine Darstellungen in der Sache »heute gerichtsbeglaubigte Bücher«[410] sind.

Das Institut der deutschen Wirtschaft erhob gegen Wallraff der Vorwurf, er betreibe »üble sozialpolitische Hetze« und seine Werke seien »Klassenkampf-Machwerke, die den Titel ›Industriereportagen‹ nicht verdienen. Für die von ihm verbreiteten Unternehmens- und Industriebilder fehlt in der Bundesrepublik Deutschland jedes Original.«[411] Seine Veröffentlichungen wurden abqualifiziert als wirklichkeitsferne Schilderungen: »Was Wallraff beschreibt, ist eine Scheinwelt, weil stereotyp alle Konflikte entsprechend der marxistischen Analyse auf den Grundwiderspruch von gesellschaftlicher Produktion und privater Aneignung zurückgeführt werden.«[412] Dessen Ziel sei es, »ein Klassenbewußtsein zu wecken, das letztlich zur Überwindung des gesellschaftlichen Systems führen soll.«[413]

Selbst bei einer gewissen politisch-linksgerichteten Orientierung war Wallraffs Ziel nicht Überwindung des Systems, sondern er forderte auf politischer Ebene eher die Umsetzung basisdemokratischer Regeln. In der Wirtschaftswelt arbeitete er daran, den Auswüchsen einer rein kapitalistischen Wirtschaftsordnung Einhalt zu gebieten.

Ein weiterer Vorwurf war, Wallraff übersehe auf dem Gebiet der Politik wie auch in wirtschaftlichen Dingen, daß ein Staat und dessen wirtschaftliche Ver-

---

[407] Wallraff, Günter: *Dankesrede zur Verleihung der Carl-von-Ossietzky-Medaille*, 1987 S. 163.

[408] Wallraff, Günter: *Von einem der auszog und das Fürchten lernte*, 1970 S. 99, vgl. auch Sachse, Gudrun: *Der getürkte Türke*, in: NZZ Folio 08/06.

[409] Wallraff, Günter: *Rede vor dem Frankfurter Schöffengericht*, 1987 S. 19. Wallraffs Anwalt Heinrich Hannover sah in den Anklagen »den Versuch, seine Art der journalistischen Arbeit zu kriminalisieren und damit für die Zukunft unmöglich zu machen.« Vgl. den Bericht zu den Verfahren der Amtsanmaßung und des Mißbrauchs von Ausweispapieren, in Hannover, Heinrich: *Der Fall Günter Wallraff*, ²1998 (300-315).

[410] Wallraff, Günter: *Ein Leben mit vielen Gesichtern*, 2006 S. 39.

[411] Institut der deutschen Wirtschaft: *Dichtung als Waffe im Klassenkampf*, o.D. S. 22.

[412] Ebenda, S. 1.

[413] Ebenda, S. 1. Hans Otto Eglau beurteilt diese Studie als einen Versuch, Wallraff in die Ecke des »kommunistischen Psychopathen« zu drängen. Eglau, Hans Otto: *Der Spion, der als Bote kam*, 1986 S. 113.

fassung nur eine relative Gleichstellung seiner Bürger gewähren könne. In der Bundesrepublik sei hiervon ein großes Maß umgesetzt worden und vor allem profitierten breite Schichten der gesamten Gesellschaft von einem nie dagewesenen Wohlstand und von Chancengleichheit. Wallraff aber verharre im Zustand des immerwährenden Nörglers, der ausschließlich die negativen Seiten des Systems beleuchte. Er schildere meist Auswüchse und nicht den Normalfall, häufig Prototypen der Flegeljahre des Kapitalismus. In diesem Zusammenhang wird ihm der Vorwurf gemacht, in seinen Büchern ›wummere überall der Generalbaß des Faschismusverdachts‹[414], und er dramatisiere Zustände, die zwar ›Ungerechtigkeit, Dummheit und Manipulation repräsentierten, aber nicht immer NS-Unrecht oder der Vorschein eines Vierten Reiches seien‹.[415] In diesem Sinne wurde er von dem Zeit-Redakteur Jörg Lau des ›abgrundtiefen deutschen Selbsthasses‹[416] bezichtigt. Wallraff meint hierzu: »Eine Gesellschaft, die sich demokratisch nennt, muß es sich gefallen lassen, auch an ihren Extremen gemessen zu werden.«[417] Die Bedeutung seiner Sichtweise sieht er darin, daß er den Bürgern ermöglicht, Einblicke in eine Wirklichkeit zu gewinnen, die in der offiziellen Presse und in der Geschichtsschreibung unterschlagen wird.

Der ›Konkret‹-Herausgeber Hermann L. Gremlitza erhob 1987 gegen Wallraff Plagiatsvorwürfe anläßlich der Verleihung des ›Karl-Kraus-Preises‹.[418] Gremlitza selbst habe ganze Passagen des ›Aufmachers‹ verfaßt. Im übrigen sehe er in Wallraffs Werken nichts anderes als ›Sozial-Dokumentarkitsch‹. Dessen Lösungsstrategie reiche selten über den Akt des Veröffentlichens hinaus und würde in der Identifikation bloßer moralischer Entsetztheit verlaufen. Eine rein moralische Empörung mache »soziale Mißstände für den Mittelstand konsumierbar.«[419]

Eine vorzeitige Enttarnung Wallraffs und die Tatsache, daß bereits Prozesse gegen eine Veröffentlichung angedroht waren und der ›Aufmacher‹ schnellstmöglich erscheinen mußte, bewirkten, daß er einige Texte diktierte und ein ›erweitertes Lektorat‹ in Anspruch nahm. Gremlitzas Anteil bestand darin, Texte zu redigieren und zu lektorieren, die Wallraff, soweit ihm diese überspitzt erschienen, zurückredigierte. Walraff nimmt den Standpunkt ein, daß »meine Handschrift, mein Erleben, zum Teil aber auch meine ureigene Gebrochenheit in dieser Gesellschaft«[420] die eigentliche Urheberschaft der Texte ausmachen.

Diese Vorwürfe trugen dazu bei, Wallraffs Renommee und seine Glaubwürdigkeit zu beschädigen.[421] Im Zuge der Auseinandersetzung um die Authentizität von Wallraffs Texten sprachen sich 63 Persönlichkeiten, darunter Grass, Engelmann, Staeck, Franz Alt, Peter Härtling, F. C. Delius, Helmut Gollwitzer,

---

[414] Vgl. Köhler, Otto: *Was die Akten sagen, was sie nicht sagen,* in: Freitag 39 vom 19.09.2003.

[415] Vgl. ebenda.

[416] Zit., nach ebenda.

[417] Linder, Christian (Hrsg.): *In Sachen Wallraff,* 1977, S. 16.

[418] Vgl. Gremlitza, Hermann L.: *Karl Kraus-Preis 1987,* in: Konkret 11/1987 (41-48).

[419] Süselbeck, Jan: *Ali im Rosenholz,* in: Jungle World Nr. 38 vom 10.09.2003.

[420] Zit., nach Romain, Lothar und Michael Töteberg: *Günter Wallraff,* 1978 S. 11.

[421] Vgl. Stoll, Christoph: *Wallraff, (Hans) Günter,* 1993 S. 1122.

Erich Fried, Friedrich Dürrenmatt und Oskar Lafontaine gegen einen »Rufmord-Journalismus« aus, der ihrer Ansicht nach das Ziel verfolgte, den »unbequemen Autor [...] durch Diffamierung zum Schweigen zu bringen.«[422]

Der Journalist und ehemalige Chefredakteur des bayerischen Fernsehens Heinz Klaus Mertes streitet den Wahrheitsgehalt des Buches ›Ganz unten‹ ab und wirft Wallraff vor, dieser habe seine Reportagen teilweise erfunden oder aus bestehenden Texten zusammengebaut und Fotos montiert. Er recherchiere nicht mit Gewissenhaftigkeit.[423] Wallraff wies solche Vorwürfe, teilweise auf gerichtlichem Weg, zurück und entgegnete: »Vieles von dem, was sie [ehemalige Arbeitskollegen] vor Gericht bekundet haben, geht weit über das hinaus, was ich selbst erlebt und aufgeschrieben habe.«[424] Im nachhinein sieht er seine Berichte eher von Zurückhaltung gezeichnet.[425]

Zwei türkische Helfer bezeichneten ›Ganz unten‹ als Gemeinschaftsarbeit und kritisierten Wallraff, »weil er selber Methoden eines Unternehmers praktizierte und einer möglichen politischen Wirkung zum Teil im Wege stand, weil er sich als Held in den Vordergrund schob [...], über [...] Einnahmen [...] allein [...] verfügte, begonnene Projekte für Ausländer/innen still sterben ließ und überhaupt die Gespräche mit denen abbrach, ohne deren Hilfe das Buch nicht erschienen wäre.«[426] Wallraffs Aufforderung, die Ausländer sollten in den DGB eintreten, sei abgelehnt worden, da dieser sich kaum um deren Belange gekümmert habe. Wallraff erläutert, hierbei handelte es sich um zwei Mitglieder einer den Gewerkschaften negativ gegenüberstehenden Fraktion, die zuerst versucht hätten, ihn politisch zu instrumentalisieren und für ihre totalitär ausgerichtete Organisation zu vereinnahmen. Zusätzlich hätten sie Geldforderungen für private und politische Zwecke an ihn gestellt. Das begonnene Projekt, eine Anlaufstelle für Hilfesuchende in der Duisburger Dieselstraße, sei tatsächlich in der ursprünglichen Form nicht weitergeführt, sondern umgewandelt worden in die ›Stiftung Zusammenleben.‹[427]

In den 1980er Jahren, insbesondere nach dem Griechenland-Einsatz, wurde Wallraff vorgeworfen, seine Arbeitsweise fördere einen ›Personenkult‹ und seine Reportagen seien unter das Diktat des Reißerischen geraten. Auch wurde kritisiert, Wallraff publiziere hauptsächlich aus Profitgründen.[428] Er wurde

---

[422] o.V.: *Solidarität mit Günter Wallraff,* 1987.

[423] Vgl. Mertes, Heinz Klaus: *Ali. Phänomene um einen Bestseller,* 1986 S. 21 und S. 108.

[424] Wallraff, Günter: »*Seitdem das Buch raus war, stand ich unter Dauerbeschuß!*«, 1988 S. 133.

[425] Vgl. *Interview zwischen Günter Wallraff, Wolfgang Michael und Frank Berger,* interview-mix.de.

[426] Sigirlioglu, Levent und Taner Aday: *Wallraff ganz unten durch,* 1987 S. 52.

[427] Zitat aus einem Interview mit Günter Wallraff am 21.12.2006.

[428] In dieser Art sind folgende Darstellungen gehalten: Bessermann, Hans (wahrscheinlich ein Pseudonym für den Bild-Journalisten Will Tremper): *Der Fall Günter Wallraff,* 1979 (Wallraff vermutet, Bessermann habe Informationen vom Bundesnachrichtendienst erhalten, vgl. Wallraff, Günter: *Akteneinsicht,* 1987 S. 91), Hesse, Reinhard: *Ein Millionär leidet für Deutschland,* 1986 (34-41), Mertes, Heinz Klaus: *Ali. Phänomene um einen Bestseller,* 1986 (Wallraff sieht in Mertes einen Gehilfen bayerischer Kreise um Strauß, welche die Publikumswirksamkeit von ›Ganz unten‹ mindern wollten, vgl. Wallraff, Günter:

Kampagnen ausgesetzt, die den politischen Aufklärungseffekt seiner Reportagen anzweifelten und ihn als ›Medienstar der sozialen Empörung‹ abtaten.[429] Sein freiwilliges Martyrium sei die eine Seite, dessen Kehrseite »ein penetrantes Sendungsbewußtsein«[430], im übrigen sei alles bereits bekannt. Wallraff wurden als Motiv für seine Rollen nicht der Drang, Mißstände aufzudecken, sondern »die reine Neugier; eine Art ›Erfahrungshunger‹« unterstellt, um dem Publikum, wie früher, Unerhörtes zu berichten, gewissermaßen Abenteuerromane in Gestalt von Sozialreportagen in der bundesdeutschen Wirklichkeit.[431]

Wallraff entgegnet, daß das ›Bekannte‹ dadurch, daß es ›bekannt‹ ist, noch nicht ›erkannt‹ sei und daß die Erkenntnis, die bloß auf der Ebene der abstrakten Feststellung existiert, eben deshalb noch keine sei.[432] Den Einwänden gegen seine Arbeit begegnet er mit der Feststellung: »Solange ich damit diese Reaktionen auslöse, merke ich auch, daß ich noch richtig liege.«[433]

Akteneinsicht, 1987 S. 97 ff.), Pohrt, Wolfgang: *Alles Dallas*, 1989 (70-72), ferner Bittermann, Klaus: *Das Who ist Who peinlicher Personen. Günter Wallraff*, online auf der Homepage des Live-Magazins 1998.

[429] Vgl. Romain, Lothar und Michael Töteberg: *Günter Wallraff*, 1978 S. 9.

[430] Ebenda, S. 10.

[431] Vgl. Peters, Paul: *Ritter von der wandelbaren Gestalt*, 1986 S. 1011.

[432] Vgl. ebenda, S. 1010.

[433] Arnold, Heinz Ludwig: *Gespräch mit Günter Wallraff*, 1975 S. 59.

2. ›Ganz unten‹ interkulturell betrachtet

Wallraffs Absicht, sich als Türke ›Ali‹ auszugeben, fiel in eine Zeit, in der die
Ausländerproblematik in Deutschland hochaktuell war. Die Erfahrungen von
Geiersbach und Kromschröder hatten dies deutlich gemacht und lösten bereits
eine intensive Diskussion aus. Die Besonderheit von Wallraffs Vorgehensweise
lag in der Intensität der Methode der ›teilnehmenden Beobachtung‹. Damit zeigte er historisch gewachsene interkulturelle und interreligiöse Probleme auf.

2. 1. Struktur und inhaltliche Orientierung

Wallraff beschreibt seinen Entschluß, sich nach zehn Jahren, in denen er diese
Aktion aus Angst vor sich hergeschoben hatte, in die Rolle des ›Ali‹ zu begeben,
und schildert seine Erfahrungen mit seinen Mitbürgern in dieser Verkleidung.
Mit Hilfe dunkler Kontaktlinsen und eines schwarzen Haarteils verwandelte er
sich in einen türkischen Landsmann. Er verkörpert einen etwas stereotyp ge-
zeichneten ungebildeten Türken, der aufstiegsorientiert ist und im Laufe der
Zeit seine Position als ungelernter Industriearbeiter verlassen kann und eine
bessere Stelle als Fahrer seines Chefs erhält. Er spricht ein leicht gebrochenes
Kölsch, das als ›angelerntes Deutsch‹ eines türkisch-griechischen Gastarbeiters
nie angezweifelt wird.

›Ali‹ nimmt bei einer Wahlparty der CDU teil, arbeitet auf einem Bauernhof,
ist im Fußballstadion und besucht den politischen Aschermittwoch der CSU in
Passau. Auch erzählt er von seinen Erfahrungen als Angestellter bei McDonalds
und auf Baustellen, er schildert seinen Versuch, sich christlich taufen zu lassen,
und seine Begegnung mit einem Bestattungsunternehmen, bei dem er sich als
schwerkrank ausgibt. Schließlich bezieht er eine Wohnung neben den Thyssen-
Werken in Duisburg-Bruckhausen, verdingt sich als Leiharbeiter und arbeitet bei
Thyssen-Krupp. Er verdingt sich als Versuchsperson der pharmazeutischen
Industrie. Schließlich erhält er eine Stelle als Chauffeur seines Arbeitgebers Adler. ›Ali‹ findet erbärmliche Bedingungen in einer Arbeitswelt vor, in der die
gefährlichsten und am schlechtesten bezahlten Industriearbeiten von Ausländern erledigt werden. Im zivilen Leben sieht er sich mit dem ausgrenzenden
Verhalten seiner deutschen Mitbürger konfrontiert.

---

1   Wallraff, Günter: *Laßt die Kirche nicht im Dorf*, 1987 S. 121.

Obwohl er kein wirklicher Türke wird, ist festzustellen, »wie schnell und wie vollständig Wallraff doch zum ›Türken‹ wird; nämlich aus der Sicht seiner deutschen Umgebung, und das heißt in erster Linie aus der Sicht seiner Arbeitskollegen und Arbeitgeber. ›Türke‹ als bloße Chiffre für absolut untergeordnete, verfügbare, subalterne Arbeitskraft: wie sehr der Türke für den Deutschen eine solche Chiffre ist, läßt sich an der Tatsache herablesen, daß Wallraffs fadenscheinige Identität als ›Türke‹ keinem deutschen Kumpel oder Chef weiter aufgefallen ist.«[2] Aus diesem Stand heraus agiert ›Ali‹: »Ich aber konnte alle löchern mit meinen Fragen und alles in Frage stellen, die bestehende Norm als absolut nicht akzeptabel empfinden und darstellen.«[3]

Die Reportage ›Ganz unten‹ stützt sich auf Wallraffs Erfahrungen, die nach Tonprotokollen und Videomaterial wiedergegeben sind. Die Authentizität für viele Texte kann durch Mitschnitte belegt werden: »Jeder Fakt ist durch Zeugen, durch eidesstattliche Erklärungen belegt [...]. Ich bin heute froh, daß ich die wichtigsten Erlebnisse auf Video aufgezeichnet habe.«[4] Erlebt hat er die Szenen im Deutschland der Jahre 1983 bis 1984. Der Text beschreibt im Präsens die Erlebnisse, die ›Ali‹ in dieser Rolle macht. Im Mittelpunkt stehen nicht die Erlebnisse als solches, sondern deren Wirkung auf ›Ali‹. Ausländerfeindlichkeit oder Rassismus werden nicht direkt problematisiert.

Wallraff nennt sich in seinen Reportagen ›Ich – Ali‹, um seine mehrfache Identität deutlich zu machen. Er wird durch seine Rolle in die Lage versetzt, eine dreifache Perspektive zu schildern. Die Reaktionen seiner Umwelt erlebt er als türkischer Arbeiter ›Ali‹ und als Mensch Wallraff, überdies steht er als ironischer Kommentator über dem Geschehen. Die schriftliche Fixierung veranlaßte den Verfasser bereits zu einer ersten Interpretation. Viele Szenen sind so kommentiert, daß die Situation die Gesprächspartner demaskiert und sie ins Lächerliche abgleitet. Daß sich einzelne Gespräche wie eine Mischung aus Karl Valentin und Dieter Hildebrandt anhören, ist Wallraff zufolge »deren Bigotterie und Verschrobenheit, deren Weltverständnis«[5] zuzuschreiben.

Die Reportage wird ergänzt durch die Selbstdarstellung von Arbeitgebern, Zeitungsmeldungen und durch Schilderungen türkischer Kollegen. Thematisch zusammengehalten werden die einzelnen Episoden durch eine fremdenfeindliche Behandlung, die ›Ali‹ entgegenschlägt.

---

2   Peters, Paul: *Ritter von der wandelbaren Gestalt*, 1986 S. 1008.

3   Wallraff fährt fort: »Darin liegt für mich die befreiende Kraft dieses Buches, und es ist einer der Schlüssel für das Geheimnis dieses unvorhersehbaren Auflagenerfolgs. Literaturkritiker kapitulieren in der Regel davor; noch nicht angepaßte Jugendliche, manchmal Kinder ab 10, 11 Jahren, die Teile des Buchs verschlingen, begreifen.« Wallraff, Günter: *Wie es anfing*, 1989 S. 223.

4   Sitte, Simone: *Die Leiden des jungen Ali*, 1986 S. 359. Aus dem Videomaterial gestaltete der Regisseur Jörg Gfrörer den Film ›Günter Wallraff – Ganz unten‹, dem das Prädikat ›Besonders wertvoll‹ erteilt wurde. Vgl. Gfrörer, Jörg: *Der Film ›Ganz unten‹*, 2004 und Lange, Rudolf: *Gutachten der Filmbewertungsstelle Wiesbaden*, 2004.

5   Zit., aus *Interview zwischen Günter Wallraff, Wolfgang Michal und Frank Berger*, interviewmix.de.

Bei den Aufzeichnungen handelt es sich nicht um einen Korpus, wie er in der Sprachwissenschaft für Gesprächsanalysen aufbereitet wird. Nicht alle Aspekte, die für eine Gesprächsanalyse von Bedeutung wären, sind verzeichnet. Aufgrund der Beispielhaftigkeit vieler Äußerungen ist es dennoch aufschlußreich, auf einige Stellen vertieft einzugehen.

2. 2. Forschungsüberblick

An dieser Stelle sollen nicht die kaum mehr überschaubaren publizistischen Artikel, sondern nur die wenigen wissenschaftlichen Arbeiten zu ›Ganz unten‹ mit wissenschaftlichem Anspruch betrachtet werden.

Die Publizistin Simone Sitte beschäftigt sich mit dem Erfolg und der gesellschaftlichen Wirkung von ›Ganz unten‹, mit dem Wallraff der Literatur der ›Innerlichkeit‹ ein ›Bekenntnisdokument‹ entgegensetzt. Sitte sieht die immense Wirkung nicht im Thema ›Ausländerfeindlichkeit‹ begründet, sondern in der Aufdeckung illegaler Machenschaften von Subunternehmern und der Verdeutlichung, daß ein Teil des deutschen Wohlstandes auf dem Rücken entrechteter Gesellschaftsschichten entsteht. In der Rolle des ›modernen Robin Hood‹ biete ›Ali‹ nicht nur für türkische Gastarbeiter eine Identifikationsmöglichkeit, sondern auch für alle sozial Benachteiligten wie Behinderte, berufstätige Hausfrauen oder andere Gruppen, die vom Sozialabbau nach 1982 betroffen gewesen seien.[6]

Für den Publizisten Paul Peters wird Wallraff alias ›Ali‹ zum Türken, der als Beispiel für eine untergeordnete, subalterne verfügbare Arbeitskraft existiert, wie sie zum Funktionieren der postmodernen Industrie noch immer für gefährlichste Arbeiten notwendig sei. Peters hält insbesondere das Überlegenheitsgefühl von gleichgestellten deutschen Kollegen gegenüber den Türken für bedenklich: »Die Hingabe, mit der so mancher Arbeitskollege ›Alis‹ nach diesem Scheingefühl der Überlegenheit lechzt – ein Gefühl, das am leichtesten über die Demütigung und Erniedrigung des türkischen Kollegen zu erhalten ist –, gibt zu denken. Hier tut sich ein Potential purer menschlicher Entsolidarisierung auf, das nicht nur den rechtschaffenen Gewerkschaftler, sondern auch den Moralphilosophen beschäftigen müßte.«[7] ›Ganz unten‹ sei eine klassische epische Angelegenheit, »das Motiv der ungeheuerlichen Reise, des Aufbrechens, des Vorstoßes in einen ganz anderen Raum.«[8] Als ›Zorro des Spätkapitalismus‹ beschere Wallraff der Gesellschaft Abenteuerromane in Gestalt von Sozialreportagen, in der ein Perspektivwechsel von ›ganz unten‹ nach ›ganz oben‹ völlig neue Einblicke ermögliche.

Das Urteil der türkischen Schriftstellerin Aysel Özakin fällt negativer aus. Sie sieht das Klischee des unterdrückten, mittellosen und ungebildeten Türken bestätigt und wehrt sich gegen eine Sicht auf ihr Volk als einen Block, dem eine Mitleidsperspektive zuteil wird: »Ich bin kurz davor, in der Bundesrepublik

---

6 Sitte, Simone: *Die Leiden des jungen Ali*, 1986 (354-374). Eine ähnliche Argumentation findet sich bei Ostermann, Eberhard: *Ali Wallraff*, 1986 (38-41).

7 Peters, Paul: *Ritter von der wandelbaren Gestalt*, 1986 S. 1010.

8 Ebenda, S. 1006.

mein Selbstvertrauen und mein Wertgefühl zu verlieren. Mitverantwortlich dafür ist ein wohlmeinender, humanistischer, deutscher Progressiver, der mich (das heißt Ali) als Angehörige einer Minderheit schützen will und mich (das heißt Ali) in ein bemitleidenswertes Objekt verwandelt.«[9] Wallraff zeige selbstgerechte Empörung, missionarischen Eifer, und er nehme eine paternalistische Haltung gegenüber denen ein, die er beschreibt.

Der in der Türkei lebende Publizist Rolf Niemeyer sieht ebenfalls in ›Ali‹ das Zerrbild eines Türken und geht davon aus, daß die geschilderten Verhältnisse in der Türkei unverständlich seien, bestenfalls gut für eine »Beleidigung türkischen Nationalstolzes.«[10] Er kritisiert insbesondere die negative Zeichnung der Deutschen in ›Ganz unten‹. Sie sei zu einem Schema erstarrt, in dem es hauptsächlich ›senile Pfaffen, Beamte, Ungebildete und Ausbeuter‹ gebe.[11]

Ähnlich wie Niemeyer wirft Heinz Klaus Mertes Wallraff vor, dieser beschreibe nicht das, was er vorfindet, sondern er greife – insbesondere bei der Darstellung des politischen Aschermittwochs in Passau – auf Stereotype wie die der biertrinkenden, tölpelhaften Bayern zurück.[12] Überdies seien Ausländer in der Arbeitswelt als normale Arbeitnehmer integriert.[13] In der dramatischen Vereinfachung komplizierter wirtschaftlicher Zusammenhänge und der Verkennung wirtschaftlicher und politischer Notwendigkeiten beschreibe Wallraff einen »freibeuterischen Kapitalismus«[14], den es so nicht mehr gebe. Diese Darstellung von Mertes läßt allerdings ihrerseits auf eine Vereinfachung der Arbeitswelt der Ausländer schließen.

Insgesamt scheint der Vorwurf stereotyper Rollenzuweisung nicht unberechtigt. Auch der Soziologe Claus Leggewie kritisiert, Wallraff habe »zu schematisch gesehen, welche Rollen die deutsche Gesellschaft Türken zuweist.«[15] Beispielsweise sei Faruk Şen, der Direktor des *Zentrums für Türkeistudien* in Bonn und Essen, der Beleg eines beruflichen Erfolgs von Deutsch-Türken, die Sozialprestige und Wohlstand errungen hätten. Diese Einwände nehmen Wallraffs Gesamtkritik nicht ihre Berechtigung. Sie scheinen sich auf Einzelfälle zu beziehen und berücksichtigen nicht, daß selbst etablierten Emigranten Ausländerfeindlichkeit entgegenschlägt. Dies mag das Zitat der türkischen Journalistin Dilek Zaptçioğlu belegen: »In Deutschland werden Einwanderer seit Jahren zu einem Problem aufgebauscht, das ihnen [...] das Leben zur Hölle machen kann. Wer will schon sein ganzes Leben lang als ein Problem angesehen werden?«[16] Eine individuelle Lesart von ›Ganz unten‹ verfehlt den eigentlichen Punkt des Buches. Wallraff erklärt: »Ich habe nie beabsichtigt, einen echten Türken darzu-

---

[9] Özakin, Aysel: *Ali hinter den Spiegeln*, 1986 S. 8.

[10] Niemeyer, Rolf: *Die Figur ist eine nationale Beleidigung*, 1986 S. 12.

[11] Vgl. ebenda, S. 11.

[12] Vgl. Mertes, Heinz Klaus: *Ali. Phänomene um einen Bestseller*, 1986 S. 69 ff.

[13] Vgl. ebenda, S. 10.

[14] Ebenda, S. 34.

[15] Leggewie, Claus: *Alhambra – Der Islam im Westen*, 1993 S. 140.

[16] Zaptçioğlu, Dilek: *Die Geschichte des Islam*, 2002 S. 170.

stellen.«[17] Zudem verkörpert ›Ali‹ einen Türken mit sozialer Mobilität, der vom einfachen Fabrikarbeiter zum Privatchauffeur aufsteigt.

Sven Papcke vergleicht in seiner literaturwissenschaftlichen Studie Wallraffs Werk mit Sues ›Geheimnissen von Paris‹ und sieht den Erfolg in der Verknüpfung von Elementen des Schauer-, Abenteuer- und Kriminalromans mit denen sozialer Problemliteratur, um durch effekthascherische Elemente einen gesellschaftlichen Diskurs herbeizuführen.[18] Papcke kritisiert die Rolle ›Alis‹: »Der Erfolg hat wohl auch fragwürdigere Fundamente, das Buch läßt sich durchaus wider den Strich lesen: Schablonen werden durchgehalten (Stammeldeutsch, Unterwürfigkeit etc.), die populäre Vorurteile nurmehr spiegeln.«[19]

Der Literaturwissenschaftler Bodo Rollka stellt ebenfalls Vergleiche zwischen Sue und Wallraff an. Er geht davon aus, daß beide Schriftsteller eine in der Bevölkerung bereits bestehende erhöhte Aufmerksamkeit für die behandelten Themenkreise dazu nutzten, um in einer Zusammenstellung von Wunsch, Erfahrung und Phantasie die geprägten Erwartungshaltungen zu einer weiteren Popularisierung zu nutzen.[20] Rollka moniert, daß der Ausländer durch Wallraff »zu einem schützenswerten Wesen«[21] erklärt würde, das letztlich fremd bleibe. ›Ganz unten‹ habe lediglich ein Gespräch *über* den Ausländer, aber nicht *mit* dem Ausländer eingeleitet. Auch beanstandet Rollka die Aufteilung der Welt in zwei Lager, das der Ausgebeuteten und das der Ausbeuter.[22] Im übrigen bestünde Wallraffs Erfolg in der Personalisierung der Darstellung in der Ich-Form, durch die es gelänge, abstrakte Zusammenhänge »in persönlich nachvollziehbare Konflikte«[23] aufzulösen. Dieser Auffassung stehen zahlreiche Briefe an Wallraff entgegen, in denen die Verfasser darauf hinwiesen, aufgrund von ›Ganz unten‹ seinen deutsch-türkische Freundschaften entstanden.

Der Literaturwissenschaftler Bernhard Zimmermann kritisiert, in der ›Ali‹-Reportage würden sich die personale Identität eines kritikfähigen Intellektuellen mit der sozialen Identität eines gesellschaftlich diskriminierten Arbeitssklaven türkischer Nationalität verbinden.[24] Das Ergebnis könne nicht das sein, was türkische Arbeitnehmer in Deutschland wirklich empfinden.

In ihrer Darstellung über die bis 1989 existierende Rezeption von ›Ganz unten‹ stellt die englische Literaturwissenschaftlerin Anna K. Kuhn fest, Wallraff sei zwar ausführlich von rechts wie von links attackiert worden, die gesamte Kritik gehe jedoch am eigentlichen Thema vorbei, da sie weitgehend der ›bourgeois ideology‹ verhaftet sei. Kuhn vermißt die Herstellung eines Zusammenhanges zwischen den, ihrer Ansicht nach, noch immer bestehenden reaktionär-

---

[17] Wallraff, Günter: *Laßt die Kirche nicht im Dorf,* 1987 S. 121.
[18] Vgl. Papcke, Sven: *Ganz oben, oder: Der Charme des Elends,* 1986 S. 6.
[19] Ebenda, S. 9.
[20] Vgl. Rollka, Bodo: *Die Reise ins Souterrain,* 1987 S. 27.
[21] Ebenda, S. 43.
[22] Vgl. ebenda, S. 48 und S. 47.
[23] Ebenda, S. 92.
[24] Vgl. Zimmermann, Bernhard: *Randgruppenhelden als intellektuelle Protestfiguren der Gegenwart,* 1987 S. 299 und S. 300.

konservativen Strukturen in Deutschland und Fremdenfeindlichkeit: »the parallels it evokes between contemporary hostility toward Turks and National Socialist anti-Semitism.«[25] Diese These sieht Kuhn insbesondere bei ›Alis‹ Besuch des deutsch-türkischen Fußballspiels und bei den Türkenwitzen bestätigt. Mit der Feststellung, bisher fehle eine substantielle inhaltliche Auseinandersetzung mit Wallraffs Arbeit, zeigt Kuhn ein wichtiges Defizit der bisherigen Rezeption auf.

Der Literaturwissenschaftler Sargut Şölçün sieht die Bedeutung der ›Ali‹-Rolle ebenfalls weniger in der Aufdeckung von Fremdenfeindlichkeit als darin, den Deutschen eine überhebliche Befindlichkeit gegenüber Nichtdeutschen deutlich zu machen: »Es geht hier in erster Linie nicht um die Ausländerfeindlichkeit, sondern um ein Sonderbewußtsein einer nationalen Gesellschaft, um eine innere Angelegenheit.«[26] Diese sieht er unter anderem in der unbewältigten deutschen Geschichte verwurzelt, in welcher der Deutsche noch immer einem obrigkeitsstaatlichen Verhalten verhaftet ist.[27] Die gesamte Ausländerfrage ist für Şölçün »eine offene Frage des nationalen Selbstverständnisses, das mit der republikanischen Mentalität unvereinbar ist.«[28] In der Feststellung, Wallraff habe als ›Ali‹ eine solch erniedrigende Behandlung verdient, werde der *status quo* einer Gesellschaft mit einem ›oben und unten‹ als gegeben und gut akzeptiert.[29]

Şölçün stellt weiterhin Vergleiche zwischen ›Ali‹ und literarischen Figuren an.[30] Er sieht Wallraff als Schelm, der die Wirklichkeit in Frage stellt und dem man die Wahrheit unverstellt ins Gesicht sagt. Vergleiche lassen sich mit Georg Büchners ›Woyzeck‹ hinsichtlich der Ausbeutung der Schwachen unter dem Deckmäntelchen von Moral oder Menschlichkeit anstellen: ›Ali‹ wird auf die Straße geschickt, um ein dringendes Bedürfnis zu verrichten, der Unternehmer Adler betont seine Zugehörigkeit zur Arbeitnehmerpartei SPD, ›Ali‹ sieht sich, wie Woyzeck, aus finanziellen Gründen zum Testen von Medikamenten gezwungen. Şölçün zieht Parallelen zur Umkehrung des Herr-Knecht-Verhältnisses in Bertolt Brechts ›Herr Puntila und sein Knecht Matti‹, da ›Ali‹, insbesondere in der Rolle als Chauffeur Adlers, mehr und mehr die Rolle des Bestimmenden einnimmt, während der allmächtige Chef nicht immer Herr der Situation sei.[31]

In der Rolle Wallraffs als Türke-Nichttürke ›Ali‹ können Vergleiche zur Figur des Juden-Nichtjuden Andri in Max Frischs Andorra gezogen werden. Auch

---

[25] Kuhn, Anna K.: *Bourgeois Ideology and the (Mis)Reading of Günter Wallraff's ›Ganz unten‹*, 1989 S. 193.

[26] Şölçün, Sargut: *Sein und Nichtsein*, 1992 S. 126.

[27] Vgl. ebenda, S. 10.

[28] Ebenda, S. 140.

[29] Vgl. ebenda, S. 125.

[30] Vgl. hierzu die Darstellung dieses Themas in Şölçün, Sargut: ›Ali Woyzeck‹, 2002 (441-446). An anderer Stelle werden die schlechten Lebensbedingungen ›Alis‹ »mit Woyzecks Situation im Hinblick auf gesellschaftliche Machtlosigkeit, erlittene Demütigungen, Überarbeitung und Einsamkeit« verglichen. Vgl. Liebenstein-Kurtz, Ruth Freifrau von: *Stundenblätter Woyzeck*, 1994 S. 83, auch S. 15.

[31] Vgl. Şölçün, Sargut: ›Ali Woyzeck‹, 2002 S. 443.

hier ist festzustellen, daß Stereotype und Vorurteile gegenüber ›Fremden‹ wirksam werden, selbst wenn sich die Umwelt überhaupt nicht die Mühe macht, die ›Fremden‹ genau anzusehen und es sich nicht um solche handelt.

Die vorliegende diskurshistorische Auseinandersetzung mit Wallraffs Erlebnissen zielt darauf aufzuzeigen, inwiefern die Kommunikationssituationen, in die sich ›Ali‹ bewußt begibt, aufgrund interkultureller Inkompetenzen, bestehender ausländerfeindlicher Diskurse und Machtasymmetrie scheitern und welche häufig wiederkehrenden Merkmale ein gescheiterter Dialog aufweist.

2. 3. ›Ganz unten‹ und interkulturelle Kommunikation

Von interkultureller Kommunikation ist dann die Rede, wenn zwei oder mehr Menschen aus unterschiedlichen Kulturregionen miteinander ins Gespräch kommen. Das Forschungsfeld dieses Gebietes formte sich in den letzten fünfzig Jahren zu einer Disziplin aus, die zunächst der Ethnologie zugehörig war und sich dem Verstehen fremder Kulturen zuwandte. Später trugen die Sprachwissenschaftler mit Beiträgen zur Gesprächsanalyse zu dieser Entwicklung bei. In den 1990er Jahren entstand das eigenständige Fach ›Interkulturelle Kommunikation‹.

Das Konzept der Interkulturalität beschreibt eine Einstellung, einen Lebens- und Denkweg, der Zentrismus und jede Form von Absolutheitsansprüchen zurückweist. Das zentrale Ziel ist Verstehen-Wollen und zugleich Verstandenwerden-Wollen zwischen den Partnern. Grundlegend ist die Fähigkeit der Einfühlung in den Anderen oder die ›Empathie.‹

Wallraffs Leistung belegt eine hohe Empathie hinsichtlich der Rolle, die er gerade verkörpert, aufgrund eines monatelangen Verbleibens. Er fühlt sich in seine neue Identität ein und erfährt die Reaktion seiner Mitbürger auf diese Rolle. Allerdings ist einzugestehen, daß ›Ali‹ kein wirklich Fremder ist, sondern daß er lediglich auf seine Gesprächspartner als Fremder wirkt. ›Alis‹ Sicht kann nur begrenzt herangezogen werden als Beleg dafür, wie der Fremde die Situation einschätzen würde. Insofern wird in seinen Gesprächen deutlich, wie die deutschen Gesprächspartner sich selbst und denjenigen sehen, den sie vor sich haben.

2. 3. 1. Dimensionen des Diskurses

Kommunikationen zwischen zwei Menschen zeigen nicht nur ein Abbild der gegenwärtigen Realität, sondern sie verweisen auf ein Bedeutungsgeflecht, das eingebettet ist in dynamisch soziokulturelle und ästhetische, synchron und diachron verlaufende Abhängigkeiten. ›Ganz unten‹ ist vor dem Hintergrund der seit Jahrhunderten ethnozentrisch geprägten Diskurse zum Islambild im Westen und der Ausländerpolitik in Deutschland zu sehen.

Der Begriff ›Diskurs‹ wird hier als Bestandteil eines gesellschaftlichen und historisch verankerten Gesamt-Diskurses verstanden. Es handelt sich um den ›Fluß von Text und Rede bzw. von Wissen durch die Zeit hindurch.‹ Der gesamtgesellschaftliche Diskurs stellt ein komplexes Geflecht von in sich verzahnten und sich gegenseitig durchdringenden Diskurssträngen dar. Diskurse gliedern sich in Diskursfragmente, die ein bestimmtes Thema zum Gegenstand haben. Einzelne Stränge verschlingen sich wiederum untereinander, z.B. der Diskursstrang Islam mit dem der Ausländerkriminalität. [32]

Zurückliegende Diskurse verlieren nicht ihre Aktualität, sondern sie prägen die Gegenwart und die in der Zukunft zu erwartenden Diskursverläufe. Damit erhalten die Ergebnisse einer Diskursanalyse eine gewisse prognostische Kraft. Sie sind selbst ein Machtfaktor und tragen zur Strukturierung von Machtverhältnissen bei. Insbesondere Diskurse, die immer wieder auf alte Bilder zurückgreifen, können als kollektives Gedächtnis angesehen werden, das als ›Interpretationsvorrat‹ für die Gegenwart genutzt wird.[33]

Im folgenden werden Diskurse der Fremdenfeindlichkeit, insbesondere der Überfremdung und des Rassismus herausgearbeitet, die in Deutschland zu den Zuständen führten, denen Wallraff in seiner Verkleidung als ›Ali‹ begegnete. Diese spielen auch in der Gegenwart eine bestimmende Rolle.

2. 3. 1. 1. Islamdiskurse im Westen[34]

Eine Negativbeurteilung orientalischer Völker läßt sich bereits auf das Verhältnis zwischen Griechen und Persern zurückführen. Herodot bezeichnete alle nichthellenischen Völker als Barbaren. Sie zeigt sich auch bei den Arabern, denen in biblischer Zeit als Nachfahren von Abrahams Magd Hagar ein geringeres Sozialprestige zugestanden wurde als den Juden, die sich als Nachfahren von Abrahams Ehefrau Sarah verstanden.

Mit der Entstehung des Islam führte die Konkurrenzsituation zwischen den Religionen zunächst zu apologetischen Diskursen und gegenseitigen Verunglimpfungen. Der Islam wurde von Johannes von Nikiu (ca. 640) als ›Glaube des Tieres‹ bezeichnet. Petrus Venerabilis (1982-1156), Abt von Cluny, unterstellte Mohammad, dieser habe eine gottlose Lehre verbreitet und bezichtigte ihn wie auch den Koran der Falschheit. Die Kreuzzüge bildeten einen Höhepunkt bei der Herausbildung des Islambildes, wobei nun das Bild grausamer Eroberer des Heiligen Landes gezeichnet wurde, obwohl die Kreuzfahrer das Gegenteil hiervon zu berichten wußten. Der Dominikaner Thomas von Aquin (ca. 1226-1246) bekämpfte den Islam als eine mit falschen Lehren vermischte heidnische Religion, da die Moslems an der göttlichen Dreifaltigkeit des Christentums und dem Opfertod Christi als Gottes Sohn zweifelten. Bernhard von Clairvaux (1090-1153) präsentierte sich beim Aufruf zum zweiten Kreuzzug in Vézelay als ein weiterer Vertreter der christlichen Heidenmission in militanter Form, dessen Bereitschaft zu Gewalt folgendermaßen beschrieben wird: »Er hat den Kreuzzügen jene Note

---

[32] Vgl. Jäger, Siegfried: *Kritische Diskursanalyse,* 1993 S. 153, S. 145 und S. 181-185. Der Diskurs besteht aus einem oder mehreren Diskurssträngen, ›die selbst Korrelate eines gesamtgesellschaftlichen Hintergrundes sind‹. Insbesondere bei der kritischen Diskursanalyse geht es um soziale oder kulturelle Strukturen und Probleme, die sich in sprachlichen Dokumenten ausdrücken. Vgl. die Darstellung in Keller, Reiner: *Diskursforschung,* 2004 S. 31-34.

[33] Vgl. ebenda, S. 202 und S. 172.

[34] Eine ausführliche Darstellung mit Literaturhinweisen findet sich in den Kapiteln über das Islambild im christlichen Abendland in Yousefi, Hamid Reza und Ina Braun: *Interkulturelles Denken oder Achse des Bösen,* 2005 Kapitel 2 und 3.

grausamer Ausrottungskriege gegeben, die das Verhältnis zwischen Islam und Christentum bis zum heutigen Tage in einer Weise vergiften, von der man sich nicht vorstellen kann, wie dieser Abgrund des Hasses und des Rachegefühls jemals wieder überwunden werden kann.«[35]

Zu den apologetischen Diskursen gesellte sich im Zuge der osmanischen Invasionen die Vorstellung vom aggressiven Orientalen. Diese Wahrnehmungen wurden aus Furcht vor Überflutung besonders dann gepflegt, wenn islamische Länder ihre Eroberungen auf den europäischen Kontinent ausdehnten. Zur Zeit der Konstituierung des osmanischen Reiches im Jahr 1453 wurde das Feindbild des orientalischen Despoten, der als Verkörperung von Aggressivität und Kriegstreiberei angesehen wurde, im Gegensatz zum guten europäischen Fürsten gepflegt. Diese Vorstellungen können als ›Kriminalisierungsdiskurs‹ bezeichnet werden.

Nikolaus von Kues (1401-1464) und andere versuchten, den Sultan von Babylon und den Kalifen von Bagdad von der Superiorität des Christentums zu überzeugen, aber diese ließen sich nicht zu einem Wechsel ihres Glaubens bewegen. Martin Luther (1483-1546), der sich noch entschiedener gegen den Islam wandte als Nikolaus von Kues, bemerkte, man solle allen gottlosen Leuten den Koran vorhalten, damit sie ihr lästerliches Leben darin wiedererkennen würden, um sich zu bessern. Während der militärischen Auseinandersetzungen der österreichischen Habsburger auf dem Balkan zeigte sich der Diskurs zum Feindbild gegen die Türken in einer Vielzahl von Liedern: ›Türk' itzt hängt dir Schwanz und Feder/wie eim nassen Gogelhahn,/weil vertroschen wir dein Leder/und dich abgetrieben han;/...‹. Die Türkenkriege wurden als dauerhaftes Trauma in die Geschichte des Abendlandes eingegliedert. Sie tragen dazu bei, daß der Islam und der Orient als eine ständige Gefahr gesehen werden.

Im 18. Jahrhundert fand im Rahmen der Aufklärung partiell, neben der weiteren Rivalisierung der Religionen, eine Rehabilitierung des Islam statt. Hierfür stehen Gotthold Ephraim Lessings (1729-1781) ›Nathan der Weise‹, Goethes (1749-1832) ›West-östlicher Diwan‹ wie auch objektivierende Mohammad-Biographien und Koranübersetzungen. Die Romantik im 19. Jahrhundert stellte jedoch wieder schwärmerische Vorstellungen vom Orient, mit einem ausschweifenden Leben im Rausch und mit erotischen Frauen in den Vordergrund, die in den Erzählungen von ›Tausendundeine Nacht‹ ihren augenfälligsten Niederschlag fanden. Dieses vordergründig positive Bild eines ›Romantisierungsdiskurses‹ war begleitet von der Idee, daß dem Orient lediglich das irrationale Dasein zugeordnet wurde, während sich der Westen, in der Nachfolge des Hellenismus, als Hort des vernunftbezogenen Denkens sah. Der ›Orient‹ wurde zur Projektionsfläche eigener Wünsche, um dem als kalt empfundenen Rationalismus der westlichen Welt zu entfliehen.

Eine solche Sichtweise, verbunden mit der Apologetik des christlichen Absolutheitsanspruchs, läßt sich bis in die Gegenwart verfolgen. Für Georg Wilhelm Friedrich Hegel (1770-1831) hat der Islam nichts zu bieten als ›absoluten Fana-

---

[35] Ohm, Thomas: *Asiens Kritik am abendländischen Christentum*, 1948.

tismus‹. Hegels Islambild ist in der Wissenschaft bis heute von großem Einfluß. Selbst Menschen, auch Forscher, die für Toleranz eintraten, konnten sich dieser Denkart nicht völlig entziehen.

Nach dem Zweiten Weltkrieg wurden viele ehemalige islamische Kolonien zwar wieder zu souveränen Staaten, sie waren allerdings immer noch als ein Spielball der westlichen Mächte insbesondere struktureller Gewalt ausgesetzt. Neben dem Mitleidsdiskurs, der von der Vorstellung getragen war, im Orient herrsche Chaos, Armut, Gewalt, Rückständigkeit, wurde ein paternalistischer Bevormundungsdiskurs gepflegt, welcher der Einschätzung folgt, der ›Großraum Orient‹ bedürfe der Hilfe von außen. Edward Said (1935-2003) kritisierte diesen Blick und unterstellte dem Westen einen ›Orientalismus‹, der Stereotype und Vorurteile absichtlich pflegt, um die so unterlegenen Staaten materiell auszubeuten und sie weiterhin als Projektionsfläche für ihre eigenen unerfüllten Wünsche zu gebrauchen. Ausgehend von einer veralteten Auffassung des Kulturbegriffs, welcher noch von der Abgeschlossenheit der Kulturen voneinander ausging, wurde die Vielfalt der islamischen Welt monolithisch dargestellt und kontrastiv als eine Kultur gezeichnet, der eine unüberbrückbare Andersheit zu eigen ist.

Diese Diskurse finden sich in Schulbüchern, und wie bereits dargestellt, werden sie von der Boulevardberichterstattung gepflegt. Mit Schlagworten wie ›Heiliger Krieg‹ oder ›Achse des Bösen‹ wird bei Bedarf auf alte Feindbilder rekurriert, aber auch ein Diskurs gepflegt, der den islamischen Ländern autoritäre Regierungsformen, militärischen Instinkt unterstellt und ihre Bewohner als ›sklavische Naturen‹ den ›westlichen Demokraten‹ gegenüberstellt. Eine reißerische Aufmachung von Artikeln über die eingewanderten islamischen Arbeitnehmer weist diese als eine problembeladene Völkergruppe aus, wobei die dargestellte ›Minderwertigkeit‹ fremder Völker auch zur Legitimierung von Ausbeutung, Diskriminierung und Rechtlosigkeit dient.

2. 3. 1. 2. Ausländerdiskurse in Deutschland

Deutschland ist seit dem Altertum ein Durchzugsgebiet, eine ›Völkermühle‹, und ein Einwanderungsland. Dies zeigt in neuerer Zeit die Aufnahme von Hugenotten in Brandenburg-Preußen 1685 ebenso wie die Behebung des ›Leutemangels‹ im Kaiserreich durch polnische Saisonarbeiter.

In der Ideenwelt von Idealismus und Romantik entstand ein völkisches Staatsverständnis, nach dem nur die Angehörigen des Staatsvolkes und ihre Nachkommen vollberechtigte Staatsbürger sein können und Angehörige anderer Völker keinen Platz haben.[36] 1871 wurde das *ius sanguinis*, das ›Recht auf Staatsbürgerschaft durch Geburt‹ eingeführt. Dies war ein ursprünglich innovatives, weil die feudale Herrschaftszugehörigkeit durch ein individuelles Prinzip ablö-

---

[36] Vgl. Oberndörfer, Dieter: *Politik für eine offene Republik*, 1994 S. 134. Man hegte im wesentlichen einen Begriff von Kulturen als statischen Gebilden in der Tradition von Johann Gottfried Herder (1744-1803). Eine Mischung von Kulturen bedeutete Verlust an »Eindrang, Tiefe und Bestimmtheit.« Herder, Johann Gottfried: *Ueber die Würkung der Dichtkunst auf die Sitten der Völker in alten und neuen Zeiten*, 1967 S. 423.

sendes Recht. Es war allerdings nicht auf modernere Migrationsbewegungen abgestellt und verwehrte mit der Exklusivität der blutlichen Abstammung jedem Einwanderer die deutsche Staatsbürgerschaft.[37] Die vorherrschende deutsche Ausländerpolitik ist, wie Wallraff feststellt, noch immer »leider vom Wahn diktiert, auf dem hiesigen Staatsgebiet so etwas wie deutschblütige Reinheit zu bewahren.«[38]

Gastarbeiter

Im Zuge des wirtschaftlichen Aufschwungs in den 1950er Jahren konnte die Nachfrage nach Arbeitskräften durch Deutsche allein nicht mehr gedeckt werden, und es wurde über die staatliche Anwerbung ausländischer Arbeitskräfte nachgedacht. Diese Maßnahme war für beide Seiten vorteilhaft, da die expandierende Wirtschaft mit Arbeitskräften versorgt werden konnte, während im Ausland der dortigen Arbeitslosigkeit entgegengewirkt wurde. Wirtschaftsminister Erhard schloß mit einer Reihe von Ländern bilaterale Verträge in Form von Anwerberabkommen ab. Die größte Gruppe stellen die Türken.

Die Aufenthaltsdauer wurde zunächst auf zwei Jahre festgesetzt, aber das Rotationsprinzip fiel rasch und viele Arbeitnehmer blieben in Deutschland. Sie trugen zur Dynamik der Wirtschaft bei und unterstützten mit ihren Beiträgen das soziale Sicherungssystem.[39] 1966 bestätigte Ludwig Kattenstroth, Staatssekretär im Arbeitsministerium: »Man kann [...] sagen, daß die Beschäftigung ausländischer Arbeitskräfte nicht nur für die Wirtschaft selbst einen Gewinn, sondern auch für die Allgemeinheit weitaus mehr Vorteile als Nachteile bringt.«[40] Viele Ausländer erhielten im Vergleich zu deutschen Kollegen niedrigere Löhne. Sie arbeiteten vor allem dort, wo schwere und schmutzige Handarbeit zu verrichten war.[41]

Die Deutschen sahen anfangs, als fast ausschließlich Männer zuzogen, in den Ausländern wenig geliebte ›Fremdarbeiter‹, wie die Zwangsarbeiter im Dritten Reich genannt worden waren.[42] Nur zögerlich bürgerte sich die Bezeichnung ›Gastarbeiter‹ ein, die Programm war, denn die ›Gäste‹ sollten wieder abwandern. Wallraff kommentiert: »›Gastarbeiter‹ – die trügerische Bezeichnung verdeckt die Abneigung, diese fremden Gäste in die eigene Gesellschaft aufzunehmen.«[43] Zunächst hatten die ausländischen Arbeitnehmer keine weitere Integrationsabsicht. Sie wollten Geld verdienen, um bald nach Hause zurückzukehren. Viele zunächst schlecht qualifizierte Hilfsarbeiter, bildeten eine Unterschichtung der deutschen durch eine ausländische Arbeiterschaft.[44] Schlechte Arbeitsbedin-

---

[37] Vgl. Herbert, Ulrich: *Geschichte der Ausländerpolitik in Deutschland*, 2001 S. 68.

[38] Wallraff, Günter: *Laudatio zur Verleihung des Aachener Friedenspreises am 01. September 2006 in der Aula Carolina, Aachen,* vorläufiger Redetext im Internet.

[39] Vgl. Leggewie, Claus: *Alhambra – Der Islam im Westen*, 1993 S. 135 ff.

[40] Kattenstroth, Ludwig: *Grußwort der Bundesregierung*, 1966 S. 13 f.

[41] Vgl. Schildt, Axel: *Rebellion und Reform*, 2005 S. 25 f.

[42] Vgl. Wallraff, Günter: ›Gastarbeiter‹ oder der gewöhnliche Kapitalismus, 1983 S. 245.

[43] Wallraff, Günter: ›Gastarbeiter‹ oder der gewöhnliche Kapitalismus, 1972 S. 48.

[44] Vgl. Bade, Klaus J. und Jochen Oltmer: *Normalfall Migration*, 2004 S. 72.

gungen, primitive Wohnverhältnisse und mäßige Entlohnung wurden akzeptiert, da die Verhältnisse in den Heimatländern meist noch bescheidener waren. Mit Entlassungen bei der ersten Rezession von 1967, bei denen die Ausländer überrepräsentiert waren, wurde die Funktion der Gastarbeiter als Konjunkturpuffer deutlich.

Das Verhältnis zwischen Deutschen und Gastarbeitern zu dieser Zeit wurde nicht als fremdenfeindlich beschrieben, sondern eher als die Haltung einer gewissen ›Großherzigkeit‹ gegenüber den schlechter gestellten Ausländern.[45] Fremdenfeindlichkeit zeigte sich allerdings, als die Gastarbeiter mit der Arbeitslosigkeit der Deutschen in Zusammenhang gebracht wurden und als man die Arbeitsleistungen beider miteinander verglich. Nachdem 1966 Hanns-Martin Schleyer in einer Rede hervorgehoben hatte, ausländische Arbeiter seien für die deutsche Wirtschaft unentbehrlich geworden, lautete eine Schlagzeile der Bild-Zeitung: »Gastarbeiter fleißiger als deutsche Arbeiter?«[46] Dies löste Warnstreiks aus, bei Rüsselsheim kam es sogar zu Tätlichkeiten deutscher Arbeiter gegen türkische Kollegen.[47] Offenbar war zur Zeit des Wirtschaftswunders ein neues Selbstbewußtsein gewachsen, das es nicht gestattete, die eigene Position in Frage stellen zu lassen.[48]

Ende der 1960er Jahre änderte sich die Haltung gegenüber Ausländern massiver zum Negativen. Dies zeigte unter anderem der Einzug der NPD in sieben Landtage. Neben traditionellen Wählern waren solche mit ausländerfeindlichen Motiven getreten. Um rechtsradikalen Parteien dieses Terrain nicht alleine zu überlassen, entwickelten konservative Politiker »Sympathie für die Fremdenfeindlichkeit«[49] und machten Gastarbeiterkritik zum beifallsträchtigen Thema von Wahlkampfreden.[50] In der Presse, insbesondere in der bereits dargestellten ›Bild-Zeitung‹, war die Rede von einer ›Gastarbeiterlawine‹; Berichte beschäftigten sich mit kriminellen oder sexuellen Sensationen: »Bleiben sie nicht, sorgte sich die FAZ, ›Fremdkörper und Außenseiter, die unter Umständen die gesellschaftliche Harmonie unseres Landes stören könnten?‹«[51]

Ein Anwerbestop während der Ölkrise führte dazu, daß die Gastarbeiter zögerten, in ihre Heimatländer zurückzukehren. Viele beschlossen, sich auf einen Daueraufenthalt in Deutschland einzurichten und ihre Familien nachkommen zu lassen. Der Wechsel des Landes schuf Probleme für Familien.[52] Ausländerviertel erhielten die Funktion einer Kulturschleuse zwischen der Herkunfts- und der neuen Welt und waren ein Ort des Rückzugs in der Identitätskrise des Ein-

---

45 Vgl. Herbert, Ulrich: *Geschichte der Ausländerpolitik in Deutschland*, 2001 S. 222.

46 Bild-Zeitung vom 31.03.1966, vgl. auch Wallraff, Günter: *»Gastarbeiter« oder der gewöhnliche Kapitalismus*, 1974 S. 49.

47 Vgl. Wallraff, Günter: *›Gastarbeiter‹ oder der gewöhnliche Kapitalismus*, 1983 S. 245.

48 Vgl. Herbert, Ulrich: *Geschichte der Ausländerpolitik in Deutschland*, 2001 S. 223.

49 Jürgen Micksch: *Rassistischer Einfluß auf die Politik*, 1992 S. 127.

50 Vgl. Herbert, Ulrich: *Geschichte der Ausländerpolitik in Deutschland*, 2001 S. 221.

51 Zit., nach Leggewie, Claus: *Alhambra – Der Islam im Westen*, 1993 S. 137.

52 Vgl. ebenda, S. 135 ff.

wanderungsprozesses.[53] Vor allem für die zweite Generation – die sogenannten Deutschtürken – war die Heimat ihrer Eltern häufig fremd, während sie in Deutschland keine Heimat gefunden hatten.[54] In dieser Gruppe lag die Kriminalitätsquote über derjenigen der deutschen Jugendlichen.[55] Dies rief wiederum bei sozial schwachen Einheimischen Ängste hervor, die sich in Ausländerfeindlichkeit niederschlugen.

Rassismus als gesellschaftspolitisches Thema

Erhebungen der ›Sinus-Studie‹ 1981 ergaben, daß ein Drittel der Bundesbürger latent rassistisch eingestellt war nach dem Motto: »Egal, was für eine Erziehung und Ausbildung der Mensch hat, Blut und Rasse bestimmen oft sein Verhalten.«[56] Das Auftreten rechtsradikaler Jugendgruppen und Vereinigungen aus dem rechten politischen Spektrum bezeugte diese Entwicklung.[57] Die Kontroverse um die Gastarbeiter wurde aber auch auf akademischer Ebene geführt. Mit dem ›Heidelberger Manifest‹ wurde von 15 deutschen Professoren »in direkter Anbindung an die völkischen Theorien der 20er bis 40er Jahre vor der Gefahr der ›Unterwanderung‹ und ›Überfremdung‹ des deutschen Volkes gewarnt.«[58] Unterzeichner dieses Manifests waren das CDU-Mitglied Theodor Schmidt-Kaler und der frühere Bundesvertriebenenminister Theodor Oberländer. Der Bochumer Historiker Bernard Willms gab Arbeiten zur ›Deutschen Nation‹ heraus, welche eine Verschiebung des politischen Klimas in Deutschland nach rechts dokumentierten.[59] Der Verhaltensforscher Irenäus Eibl-Eibesfeldt vertrat über Jahre sozialdarwinistische Thesen in den Medien.[60] Für ihn waren Ethnien qualitativ verschiedene Einheiten; er sah die Geburtenrate der Ausländer als Gefahr für den Untergang der Deutschen als ›Wirtsvolk‹:[61] »Wer also immer noch glaubt, daß Türken bei uns so leben können wie Deutsche, vergißt: Türken sind auch nur Menschen. Und zwar Menschen mit einer anderen Kultur.«[62]

Jürgen Schilling, Generalsekretär des Deutschen Roten Kreuzes, stellte eine »innere Distanz zu ethnisch Andersartigen« fest. Er forderte dazu auf, sich von »ihrer Art zu sein, zu denken und zu handeln« abzusetzen und Integrationsbemühungen einzustellen, um die »eigene Identität [zu] behalten und nicht in einem ›Völkerbrei zu versinken‹.«[63] Der SPD-Politiker Martin Neuffer sah Tür-

---

[53] Vgl. Bade, Klaus J. und Jochen Oltmer: *Normalfall Migration,* 2004 S. 81.
[54] Vgl. Geiersbach, Paul: *Wie Mutlu Öztürk schwimmen lernen muß,* 1983.
[55] Vgl. Herbert, Ulrich: *Geschichte der Ausländerpolitik in Deutschland,* 2001 S. 239.
[56] Wallraff, Günter: *Vorwort zu: Wie Mutlu Öztürk schwimmen lernte,* 1987 S. 129.
[57] Vgl. Schmidt, Axel: *Gesellschaft, Alltag und Kultur in der Bundesrepublik,* 2001 S. 42.
[58] Herbert, Ulrich: *Geschichte der Ausländerpolitik in Deutschland,* 2001 S. 239.
[59] Vgl. Jäger, Siegfried: *Kritische Diskursanalyse,* 1993 S. 348.
[60] Vgl. ebenda S. 348.
[61] Vgl. Herbert, Ulrich: *Geschichte der Ausländerpolitik in Deutschland,* 2001 S. 240; Burgkart, Claus: *Das ›Heidelberger Manifest‹ – Grundlage staatlicher Ausländerpolitik?,* 1984 (141-160).
[62] Eibl-Eibesfeldt, Irenäus: *Türken sind auch nur Menschen,* in: Bunte vom 30.09.1982.
[63] Schilling, Jürgen: *Sind wir fremdenfeindlich, vermufft oder gar rassistisch?,* in: Die ZEIT vom 21.11.1980.

ken als eine »im ganzen wenig assimilationsfähige völkische Minderheit« und redete einer unüberbrückbaren Andersheit das Wort: »Die ethnischen, kulturellen und nicht zuletzt religiösen Unterschiede sind zu tief, als daß eine Integration so großer Massen erfolgreich sein könnte.«[64] Solche Feststellungen riefen Protestdemonstrationen bei deutschen Mitbürgern hervor, die für ein besseres Zusammenleben eintraten. Die Betonung kultureller Unterschiede leistet der Kulturalisierung Vorschub und lenkt von eigentlichen Problemen der Einwanderungsgesellschaft, nämlich der strukturellen Benachteiligung der Migranten, ab.[65] Die Bundesregierung schuf mit Sondergesetzen eine rechtliche, politische und soziale Ungleichstellung. Es wurde diskutiert, ob die eigene kulturelle Tradition aufzugeben sei oder ein Nebeneinander verschiedener Kulturen möglich sei.

Eine wichtige Rolle bei der Beschränkung der Arbeitserlaubnis von Ausländern spielte die Tatsache, daß ein restriktives Ausländergesetz kaum erlaubte, Lohn- und Sozialforderungen durchzusetzen: »Die ausländischen Arbeiter, deren Arbeitserlaubnis an ihre Aufenthaltsgenehmigung gekoppelt ist, können keine Arbeitskämpfe führen, ohne gleichzeitig den ganzen Überbau, der ihre Ausplünderung durch die deutschen Unternehmer deckt, anzugreifen.«[66] Viele politisch engagierte Türken und Kurden konnten es sich seit dem Militärputsch in der Türkei nicht leisten, ihr Aufenthaltsrecht in Deutschland zu verlieren, da ihnen eine Rückkehr in ihr Land praktisch versperrt war. Diese Situation trug dazu bei, daß die Selbstmordrate bei Ausländern bis 1985 überproportional stieg.[67]

Deutschland als ›Nicht-Einwanderungsland‹

Faktisch befanden sich viele Ausländer in einem fortschreitenden Integrationsprozeß. Dies belegte bspw. die Zahl interethnischer Eheschließungen.[68] Dennoch wurde 1981 ein Kabinettsbeschluß gefaßt, nach dem die Bundesrepublik als Nicht-Einwanderungsland deklariert wurde.[69] Insbesondere den Türken wurde die Fähigkeit abgesprochen, sich in ein christlich geprägtes europäisches Land integrieren zu können.[70] Dies führte für viele Arbeitsimmigranten zu der paradoxen Situation, in einer ›Einwanderungssituation ohne Einwanderungsland‹ zu leben.[71] Im öffentlichen Diskurs wurden sie weiterhin als Last und Gefahr gezeichnet.[72]

---

[64] Neuffer, Martin: *Die Erde wächst nicht mit*, 1982 S. 72 und S. 73. Zur Diskussion über Werte vgl. Gottschlich, Jürgen und Dilek Zaptçıoğlu: *Das Kreuz mit den Werten*, 2005.

[65] Vgl. Auernheimer, Georg: *Kulturwissen ist zu wenig*, 2006 S. 145.

[66] Wallraff, Günter: *›Gastarbeiter‹ oder der gewöhnliche Kapitalismus*, 1983 S. 268.

[67] Vgl. Wallraff, Günter: *Wir sind gekommen und gehen*, 1994 S. 212 f.

[68] Bade, Klaus J. und Jochen Oltmer: *Normalfall Migration*, 2004 S. 84.

[69] Vgl. Herbert, Ulrich: *Geschichte der Ausländerpolitik in Deutschland*, 2001 S. 247.

[70] Vgl. Şen, Faruk: *Türkische Minderheit in Deutschland*, 2002 S. 54.

[71] Vgl. Bade, Klaus J. und Jochen Oltmer: *Normalfall Migration*, 2004 S. 75.

[72] Vgl. Tsikalos, Georgios: *Ausländerfeindlichkeit*, 1983 S. 97.

Neben der legalen Einwanderung existierten zu jener Zeit Möglichkeiten, in Form eines modernen ›Menschenhandels‹ dem Arbeitsmarkt Kräfte zuzuführen. Unter Umgehung der Gesetze beschäftigten Firmen ausländische Arbeiter, um sie gegen Prämien weiterzuverleihen. Diese Praxis war durch ein Bundesverfassungsgerichturteil aus dem Jahr 1967 legalisiert.[73] Die Arbeiter wurden gering entlohnt, während die Verleiherfirmen große Gewinne machen konnten. Einem solchen Arbeitgeber begegnete Wallraff in seiner Rolle als türkischer Leiharbeiter ›Ali‹.

Die restriktive Ausländerpolitik erzeugte bei den Deutschen Mißtrauen, unter den Einwanderern Unsicherheit. Dies führte zur Bildung sogenannter Parallelgesellschaften in den Ausländervierteln. Die Ausländerfrage wurde in der Koalition zwischen Innenminister Friedrich Zimmermann, CSU, und der Ausländerbeauftragten Liselotte Funcke, FDP, kontrovers diskutiert: »Mit der Debatte über die drohende Millionenflut aus der Türkei war der vorläufige Höhepunkt einer Auseinandersetzung erreicht worden, in welcher die Türken in Deutschland als besonders fremd und weder integrationsbereit noch -fähig von den anderen Ausländergruppen abgesetzt wurden.«[74]

Die Islamische Revolution von 1979 im Iran führte zu einer weiteren Stilisierung des Islam zu einer Religion der politischen Bedrohung. Der Publizist Peter Scholl-Latour beschwor eine fundamentalistisch-religiöse Wende in der Türkei, indem er suggerierte, nach dem Sturz der Militärdiktatur werde »auch dort die Stunde der Hodschas schlagen.«[75] Islamistische Organisationen in der Bundesrepublik stießen auf große Resonanz unter den Migranten, da es sonst kaum Alternativen gab. Die Bundesregierung hatte das Thema Ausländerpolitik in der Bevölkerung ideologisch aufgeladen.[76] Wenige protestierten hiergegen, wie Bischof Helmut Hermann Wittler, Bischof von Osnabrück.[77]

Asyldebatte in Deutschland

Ende der 1980er Jahre kam es zu einer heftigen Debatte um die Asylpolitik. Da viele Afrikaner unter den Asylbewerbern waren, mischten sich nun stärkere rassistische Töne in die Diskussion. Durch die Einweisung in Sammellager war Asylbewerbern die Möglichkeit der Integration genommen, gleichzeitig wurden sie der Öffentlichkeit als Nichtstuer vorgeführt.[78] Eine pragmatische Diskussion war dem frühen Rückzug auf unbedingte Positionen gewichen, die insbesondere die Union im Wahlkampf dazu einsetzte, um Stimmenanteile zu gewinnen.[79] Auch erfolgte eine undifferenzierte Vermischung der Ausländer- mit der Asyl-

---

[73] Vgl. Wallraff, Günter: *›Gastarbeiter‹ oder der gewöhnliche Kapitalismus,* 1972 S. 62 f.

[74] Herbert, Ulrich: *Geschichte der Ausländerpolitik in Deutschland,* 2001 S. 259.

[75] Scholl-Latour, Peter: *Unsere Türken oder Nagelprobleme der Toleranz,* in: Stern vom 06.10.1983.

[76] Vgl. Herbert, Ulrich: *Geschichte der Ausländerpolitik in Deutschland,* 2001 S. 262.

[77] Vgl. Kromschröder, Gerhard: *Als ich ein Türke war,* 1983 S. 90 f.

[78] Ein Beispiel für eine willkürliche Ablehnung eines Asylantrages findet sich in Kaya, Devrim: *›Meine einzige Schuld ist, als Kurdin geboren zu sein‹,* 2001 S. 229.

[79] Vgl. Herbert, Ulrich: *Geschichte der Ausländerpolitik in Deutschland,* 2001 S. 273.

frage zur Inszenierung von Schreckbildern und darauf aufbauenden wahltaktischen Versprechungen.[80] Eine Novellierung des Ausländerrechts konnte erst 1990 unter dem CDU-Innenminister Wolfgang Schäuble verabschiedet werden.

Die Aussiedlerwelle seit den 1990er Jahren schuf erneute Probleme, da die amtliche Werbung ›Aussiedler sind keine Ausländer‹ zu Spaltungen führte.[81] Eine neue Situation in Deutschland ergab sich mit der Wiedervereinigung, welche den Ausländern die Funktion von Sündenböcken zuwies: »Mit dem Ende des kalten Krieges ist in den östlichen wie westlichen Gesellschaften der Außenfeind abhanden gekommen. [...] Der Feindbildabbau hat gleichzeitig gebundene Ängste freigesetzt.«[82] Wallraff sah eine Gefahr in dem, »was die Festung Europa bedeutet, wo sie errichtet, wie sie hermetisch abgeriegelt werden soll, wo demnächst Armeen aufmarschieren werden, um ›unser Europa‹ abzusichern. Überall entwickelt sich das Thema der Ausländerproblematik im negativen Sinne.«[83]

Der mögliche Mißbrauch des Asylrechts stand nach der Wiedervereinigung erneut im Blickpunkt der öffentlichen Diskussion. 1990 machte die Union diese Frage zum Wahlkampfthema. Generalsekretär Volker Rühe forderte aufzuzeigen, »in welchen Fällen Asylbewerber staatliche Leistungen unberechtigterweise mehrfach in Anspruch genommen haben.«[84] Die sich anschließende politische Auseinandersetzung wird als »eine der schärfsten, polemischen und folgenreichsten innenpolitischen Auseinandersetzungen der deutschen Nachkriegsgeschichte«[85] bezeichnet. Die Bild-Zeitung stellte Asylbewerber als Wirtschaftsflüchtlinge und Schwindler dar und griff in der Serie ›Asylanten in Hamburg – wohin?‹ griff Bild die ›Tricks der Asylbetrüger‹ auf.[86] Wallraff kritisiert: »Obwohl [...] Asylbewerber nur einen geringen Prozentsatz an der Gesamtbevölkerung ausmachen, werden sie zunehmend verantwortlich gemacht für Wohnungsnot, Arbeitslosigkeit und angeblich steigende Kriminalität. Produziert wird das Feindbild von sozial benachteiligten Schichten der Bevölkerung, die von gewissenlosen Stimmungsmachern in Politik und Presse aufgehetzt [...] werden. [...] Der Ausländerhaß als Ventilfunktion!«[87]

Im Nationalisierungsschub der Wiedervereinigung entwickelten sich vor allem in Ostdeutschland zunehmend radikale Bewegungen gegen Ausländer, die in Attentaten in Hoyerswerda, Mölln, Rostock-Lichtenhagen, Hünxe und Solingen gipfelten. Wallraff vermutet psychologische Gründe für die Anschläge: »Wo die Grenzen zwischen gut und böse nicht mehr eindeutig zu ziehen sind wie bisher, wird es komplizierter, Feinde auszumachen, denen die eigene unterschwellige Aggressivität untergeschoben werden kann. [...] In einer totalen Um-

---

[80] Vgl. Bade, Klaus J. und Jochen Oltmer: *Normalfall Migration,* 2004 S. 110.

[81] Vgl. ebenda, S. 103.

[82] Wallraff, Günter: *Günter Wallraff,* 1991 S. 47.

[83] Ebenda, S. 47.

[84] Zit., nach o.V: *CDU plante die Anti-Asyldebatte,* in: taz vom 08.10.1991.

[85] Herbert, Ulrich: *Geschichte der Ausländerpolitik in Deutschland,* 2001 S. 299.

[86] Vgl. o.V: *Asylanten in Hamburg – wohin?,* Bild-Zeitung Hamburg vom 06.-15.11.1990.

[87] Wallraff, Günter: *Die Intoleranz des anderen zu dulden ist nichts anderes als Feigheit,* 2000 S. 138.

bruchsituation [...] schlägt dieses Underdog- und Isolationsgefühl in Selbsthaß um. Zu schwach oder auch zu feige, ihn an den sozial Stärkeren abzureagieren, verschafft es Erleichterung, sich an der sozial noch schwächeren, fremdesten und unterdrücktesten Gruppe schadlos zu halten.«[88]

Gemäßigte Teile der Bevölkerung demonstrierten mit Lichterketten und Aufrufen gegen diese Handlungen, Schriftsteller wie Günter Grass traten aus Protest über die Asylantenpolitik aus der SPD aus.[89] Der Journalist Klaus Bednarz regte an: »Nicht nur nach jenen gilt es zu suchen, die in Solingen die Brandsätze warfen, sondern auch nach jenen politischen und publizistischen Biedermännern, die [...] die sogenannte ›Ausländerdebatte‹ angeheizt haben. Im publizistischen Bereich sind es vor allem Hetzblätter der Springer-Presse, aber auch die FAZ und Der Spiegel.«[90] Ein solcher Diskurs in der deutschen Presse erzeugte »bei den Rezipienten möglicherweise eine ›Wirklichkeit‹ [...], die mit der Realität nur noch partiell oder gar nicht mehr übereinstimmt. Insbesondere das Bild einer von den Asylbewerbern ausgehenden Bedrohung [...] ist mit den zum Zeitpunkt der Veröffentlichungen gegebenen tatsächlichen Verhältnissen nicht kongruent.«[91] Dennoch führten Politiker, wie der bayerische Kommunalpolitiker Manfred Ritter, der Asylbewerber mit Heuschreckenschwärmen gleichsetzte, diesen Diskurs fort, oder auch Edmund Stoiber, der von unzulässiger ›Durchrassung und Vermischung‹ sprach.[92]

Vom *ius sanguinis* zum *ius soli*

1993 folgte die Fassung des ›Asylkompromisses‹, der Grundlagen für eine geänderte Einwanderungspolitik legte.[93] Verschiedene Modelle des Miteinanders, wie die multikulturelle Gesellschaft, wurden kontrovers diskutiert. Auf die Gefahr der Überfremdung und Zerstörung der tausendjährigen deutschen Geschichte wurde ebenso verwiesen wie auf die konträre Auffassung, diese Geschichte könne nur im Rahmen der europäischen Geschichte zutreffend behandelt werden.[94]

Aufgrund der demographischen Entwicklung in Deutschland wurde langsam in politischen Kreisen die Notwendigkeit der Zuwanderung eingesehen. Die FDP plädierte für die Wandlung des ethnisch-völkischen Nationalstaats zur ›offenen Republik‹, während die Mehrheit der Union mit Rupert Scholz am *ius sanguinis* festhielt.[95]

1998 widmete sich die rot-grüne Koalition der Schaffung eines Staatsangehörigkeitsrechts, zu dem die doppelte Staatsangehörigkeit gehören sollte. Die Uni-

---

[88] Ebenda, S. 137.

[89] Vgl. Brandes, Ute: *Günter Grass*, 1998 S. 85.

[90] taz vom 08.06.1993 S. 17.

[91] Kirwel, Thomas: *Ausländerfeindlichkeit in der deutschen Presse*, 1996 S. 161.

[92] Vgl. Wallraff, Günter: *Die Intoleranz des anderen zu dulden ist nichts anderes als Feigheit*, 2000 S. 140.

[93] Vgl. Herbert, Ulrich: *Geschichte der Ausländerpolitik in Deutschland*, 2001 S. 316 f.

[94] Vgl. ebenda, S. 325 ff.

[95] Vgl. ebenda, S. 332.

on nutzte diese Ansage in Landtagswahlen in Hessen mit Roland Koch zu einer scharfen Kampagne gegen den ›Doppelpaß‹ aus, der die SPD zu einer Änderung ihres Gesetzentwurfs bewegte.[96] 2000 legte Innenminister Otto Schily eine Reform des Staatsangehörigkeitsrechts vor, das weg vom *ius sanguinis* zum Erwerb der Staatsangehörigkeit durch Geburt im Land, dem *ius soli*, führen sollte. Obwohl sich alle Parteien einig über die Notwendigkeit einer schnellen Regelung waren, konnte das Gesetz erst 2005 verabschiedet werden.

Die Kontroverse um die Ausländerpolitik kann nicht durch kulturelle Differenzen allein erklärt werden. Konflikte fußen häufig auf Strukturen und Praktiken ökonomischer, politischer und rechtlicher Ungleichbehandlung. Eine Sprache, die von Kindheit an rassistische Begriffe vermittelt, wird als mitverursachend gesehen. Wallraff nennt Begriffe aus dem Katastrophenbereich wie »Asylantenflut, Asylantenströme, Dämme gegen die Asylanten, Zeitbombe, Springflut.«[97] Alle Versuche, diese Problematik zu lösen, werden nicht fruchten, wenn ›Integration‹ mit ›Assimilation‹ verwechselt wird.

Wallraff hatte bereits 1991 für ›Minimalforderungen im Ausländerrecht‹ plädiert, wie dem Bekenntnis Deutschlands zum Einwanderungsland, der Einführung einer doppelten Staatsbürgerschaft, der Erweiterung des Ausländerwahlrechts und schließlich der Einführung von toleranz- und verständnisförderndem Unterricht ethnischen Minderheiten gegenüber »in Kindergärten und als Hauptfach an den Schulen, verbunden mit Rollenspiel und Besuchsreisen in die jeweiligen Heimatländer anderer Kulturen.«[98]

2. 3. 2. Interkulturelle Dimensionen der Gesprächsanalyse

Interkulturelle Dialoge, wie ›Ali‹ sie mit seiner Umwelt führt, unterliegen den allgemeinen Regeln für Gespräche, die als »eine begrenzte Folge von sprachlichen Äußerungen« aufzufassen sind, »die dialogisch ausgerichtet ist und eine thematische Ordnung aufweist.«[99] Die Elemente der Gesprächsstruktur sind auf verschiedenen sprachtheoretischen Ebenen zu analysieren, der Äußerungs-, der Bedeutungs- und der Handlungsebene und bei der Kommunikation mit Fremden auf der besonders bedeutsamen Beziehungsebene.[100]

Ein Gespräch besteht aus gesprächsbildenden Sequenzen, in denen Sprecherwechsel vollzogen werden. Eröffnungs- und Beendigungssequenzen sind stark ritualisiert und bestehen aus mehreren Teilen, in denen die Partner sich gegenseitig bestätigen. Der Mittelteil ist thematisch orientiert. Nach dem Prinzip der ›bedingten Erwartbarkeit‹ sind Abweichungen vom konventionellen Gesprächs-

---

[96] Vgl. ebenda, S. 333.

[97] Fuchs, Jürgen: *Beschreiben, was ist, was war*, 1999 S. 155.

[98] Wallraff, Günter: *Günter Wallraff*, 1991 S. 55.

[99] Brinker, Klaus und Sven F. Sager: *Linguistische Gesprächsanalyse*, 1989 S. 11. Zur interkulturellen Kommunikation vgl. Heringer, Hans Jürgen: *Interkulturelle Kommunikation*, 2004.

[100] Der Beziehungsseite der Kommunikation wurde seit Paul Watzlawick und der Ausdifferenzierung im Kommunikationsmodell von Friedemann Schulz von Thun besondere Beachtung geschenkt. Zu ihrer Bedeutung für die interkulturelle Kommunikation vgl. Auernheimer, Georg: *Kulturwissen ist zu wenig*, 2006 S. 147 f.

schema als bedeutungsvoll zu interpretieren.[101] Die Nichteinhaltung von Ritualen, insbesondere zu Beginn und am Ende des Gespräches, weist auf Störungen in der Kommunikation hin. Auf einen Gruß hat ein Gegengruß zu erfolgen, Aufforderungen, Bitten, Anweisungen, Fragen sind initiativ und per Konvention mit entsprechenden Reaktionsmöglichkeiten verbunden. Erfolgen diese nicht, so wird gegen Basisregeln der Kommunikation verstoßen.

Die Gesprächseröffnung ist diejenige Phase eines Gesprächs, in der die Gesprächspartner sich hinsichtlich ihrer sozialen Beziehungen wechselseitig als Gesprächspartner definieren.[102] Als weitere Grundeinheit des Gesprächs ist der Gesprächsschritt zu betrachten, der definiert wird als »alles das, was ein Individuum tut und sagt, während es an der Reihe ist.«[103] Gesprächsschritte sind in der Regel thematisch orientiert. Die Themenentfaltung vollzieht sich durch eine These, zu deren Begründung bestimmte Argumente angeführt werden.

Ein Gesprächsschritt wird vom Rückmeldeverhalten des Gesprächspartners begleitet, das vor allem aus Partikeln wie ›ja ja‹ oder ›mmh‹ oder im nichtsprachlichen Bereich durch ›Kontaktsignale‹ wie gestisch-mimisches Kopfnicken besteht.[104] Über das Rückmeldeverhalten hinaus können diese Signale zur Steuerung des Gespräches verwendet werden. Dies liegt insbesondere bei einer Verneinung oder bei Signalen vor, mit denen der nächste Gesprächsschritt beansprucht wird.

Der Versuch, die Sprecherrolle zu erlangen, kann ›glatt‹ oder nach einer Pause mit dem Einverständnis des Sprechers erfolgen oder ›nach Unterbrechung‹. Dann ergibt sich eine mehr oder weniger lange Sequenz, in der beide Sprecher gleichzeitig reden und in welcher der Hörende um das Wort kämpft. Ein Sprecherwechsel kann die gemeinsame Voraussetzungsbasis hinsichtlich des Gesprächsinhaltes oder der Beziehungskonstellation verändern.[105]

Die wichtigsten Möglichkeiten, auf einen Gesprächsschritt zu reagieren, sind:

1. ›Responsivität‹ bei einer ›echten Antwort‹, die Erfüllung aller Erwartungen, die mit der initiierenden Sprechäußerung verbunden sind,

2. ›Teilresponsivität‹, in welcher der Angesprochene seine Bereitschaft zeigt, auf die Äußerung seines Gsprächspartners einzugehen, er aber nur einen Teilaspekt berücksichtigt,

3. eine gemischte Reaktion, die bspw. bei Zwischenfragen der Fall ist,

4. ›Nonresponsivität‹, eine Zurückweisung, in welcher der Angesprochene die Gesprächsführung seines Gegenübers ablehnt. Dies kann sich durch einen Themenwechsel ausdrücken.[106] Wie zu zeigen sein wird, spielt diese Varian-

---

[101] Vgl. Henne, Helmut und Helmuth Rehbock: *Einführung in die Gesprächsanalyse*, 1982 S. 24.

[102] Vgl. Henne, Helmut und Helmuth Rehbock: *Einführung in die Gesprächsanalyse*, 2001 S. 15.

[103] Goffmann, Erving: *Das Individuum im öffentlichen Austausch*, 1974 S. 201.

[104] Vgl. Franck, Dorothea: *Grammatik und Konversation*, 1980 S. 51.

[105] Vgl. Rath, Rainer: *Kommunikationspraxis*, 1979 S. 41 ff.

[106] Vgl. Franck, Dorothea: *Grammatik und Konversation*, 1980 S. 55.

te der Reaktion im Gespräch zwischen ›Ali‹ und seinen Gesprächspartnern eine wichtige Rolle.

Gesprächsschritte sind kommunikative Handlungen. Die konkrete Bedeutung des Gesprächsschritts ist häufig mit einer Partnerauf- oder -abwertung verbunden und verändert damit die Beziehungskonstellation.[107] Jeder Teilnehmer pflegt ein sogenanntes ›Image‹, ein »in Termini sozial anerkannter Eigenschaften umschriebenes Selbstbild.«[108] Es repräsentiert einen sozialen Wert, der in jeder Gesprächssituation neu aufgebaut und gestützt wird. Die Aufrechterhaltung von ›Images‹, die mindestens auf einer oberflächlichen, höflichen Ebene gewahrt werden muß, wird als grundlegend für jedes Gespräch betrachtet.[109] Wertschätzung wird weniger durch Sachaussagen, sondern mimisch, gestisch und durch den Wechsel des Rederechts gestaltet. Es gibt bestätigende und korrektive Sequenzen. Bestätigende Sequenzen konstituieren durch Aufrechterhaltung der Imagebalance eine harmonische Beziehung. Wird das rituelle Gleichgewicht gestört, sind Schritte notwendig, um den Ausgangszustand wiederherzustellen. In interkulturellen Gesprächen ist häufig die Selbstoffenbarung eines Gesprächspartners mit einer gewissen Überheblichkeit ausgestattet, während als Beziehungsbotschaft signalisiert wird, daß man von seinem Gegenüber nichts hält.

Auch werden soziale Beziehungen durch interpersonale Attribution mitgesteuert: Aufgrund der Fremdheit der anderen Person wird auf das eigene Vorwissen über jene Gruppe zurückgegriffen, der man die fremde Person zuordnet. Der Unsicherheit darüber, wie der Partner reagiert, wird dadurch entgangen, daß dem anderen im voraus bestimmte Eigenschaften, Einstellungen, Absichten, Motive unterstellt werden. Diese nimmt man dann als Fakten und richtet das Verhalten hieran aus. Bei Gesprächspartnern aus einer anderen Kultur ist die Wahrscheinlichkeit hoch, daß es sich lediglich um eigene Konstrukte handelt, die nicht zutreffend sind.[110] Werden Gespräche mit einem solchen vorgefertigten Bild im Kopf geführt, findet ein echter Dialog nicht statt, sondern es werden nur noch Stereotype produziert.[111]

Interkulturelle Gespräche sind häufig asymmetrische Gespräche, die, im Gegensatz zu einer symmetrischen oder komplementären Interaktion, auf Unterschiedlichkeit beruhen. Das Zusammentreffen von kulturellen Unterschieden mit Machtasymmetrie ist die häufigste Ursache von Störungen in der interkulturellen Kommunikation. Eine solche Asymmetrie bedarf nicht der ungleichen Machtverhältnisse an sich, sondern sie liegt bereits dann vor, wenn ein Kommunikationspartner die verwendete Sprache nicht in dem Maße beherrscht, daß er sein Anliegen differenziert genug vortragen kann. Aufgrund negativer Stereoty-

---

[107] Vgl. Brinker, Klaus und Sven F. Sager: *Linguistische Gesprächsanalyse,*1989 S. 64.

[108] Goffmann, Erving: *Interaktionsrituale,* 1971 S. 10.

[109] Vgl. ebenda S. 17.

[110] Vgl. Maletzke, Gerhard: *Interkulturelle Kommunikation,* 1996 S. 154.

[111] Vgl. Terkessidis, Mark: *Psychologie des Rassismus,* 1998 S. 9.

pe werden Störungen nicht behoben, sondern dem Gegenüber stärker angelastet als bei Gesprächspartnern, die als gleichberechtigt angesehen werden.[112]

›Ali‹ führt insbesondere drei Typen von Gesprächen: die eines türkischen Arbeiters mit Vorgesetzten, Pausengespräche mit ihm im Grunde gleichgestellten deutschen Arbeitern, die sich aber aufgrund ihrer ethnischen Volkszugehörigkeit ihm gegenüber als höherrangig fühlen, und Unterredungen eines taufbereiten Moslems mit Vertretern der Kirche.[113] In allen Gesprächstypen herrscht ein institutions- oder situationsbezogenes asymmetrisches Beziehungsprofil vor.

2. 3. 3. Kommunikationssituationen in ›Ganz unten‹

Genetische und kulturell-rassistische Aussagen[114]

›Ali‹ ist strukturellen Diskriminierungen ausgesetzt, wie Beleidigungen von der Art »Das Denken überläßt du besser den Eseln, denn die haben größere Köpfe« (S. 42) oder rassistischen Bemerkungen wie »dreckiges Türkenschwein« (S. 19). In den Aussagen zeigen sich aber auch Diskurse wie der Rückständigkeits- und der Überfremdungsdiskurs, so in der Bemerkung beim politischen Aschermittwoch in Passau »Hat mer net amal hier a Ruah vor diesen Mulitreibern. Wißt ihr net, wo ihr hieghört?« (S. 23), in der Beschimpfung eines Kollegen, er könne »wieder nach Anatolien und mit dem Finger im Sand rühren« (S. 43) oder in der Aussage eines weiteren Kollegen: »Jedem seh' ich das an, ob er aus Anatolien kommt, wo sie's Licht mit dem Hammer ausmachen« (S. 144). Solche Feststellungen sind nicht zur Schaffung einer gemeinsamen Gesprächsbasis tauglich, sondern sie dienen zur Demonstration von Überlegenheit.

Vergleiche zwischen Türken und Juden stützen die Feststellung, daß ehemalige Vorurteile übertragen wurden. Sie kommt zum Ausdruck bei ›Witzen‹ des Kollegen Alfred, der als Unterschied zwischen Türken und Juden feststellt: »Die Juden haben's schon hinter sich!« (S. 111), oder dem Verweis auf Menschenversuche: »Wenn du mal den Mengele triffst [...], dann sagt der garantiert zu dir: Rechts raus! Ab ins Gas! Mit dir kann ich keine Versuche machen« (S. 136) oder bei der Unterstellung von Geldgier: »Ihr Türken seid immer auf unser Geld aus« (S. 46). Rufe der Zuschauer beim Fußball-Länderspiel Deutschland-Türkei 1983 zeigen, in einer Mischung aus nationalistischem Gedankengut und Überfremdungsangst, die zu dieser Zeit gepflegten politischen Diskurse: »›Sieg heil‹, ›Rotfront verrecke!‹, ›Türken raus aus unserem Land‹, ›Deutschland den Deutschen!‹« (S. 22).

Eine kontrastive Feststellung, welche die Deutschen aufwertet, ist die Bemerkung des Kollegen Alfred, die Türken hätten ›noch nie eine Demokratie erlebt‹ (S. 137), wobei hier die Demokratie ungefragt als eine perfekte Staatsform vorausgesetzt wird.

---

[112] Vgl. Auernheimer, Georg: *Kulturwissen ist zu wenig,* 2006 S. 152 und S. 149.

[113] Zur Typologisierung von Gesprächen vgl. Brinker, Klaus: *Linguistische Textanalyse,* 1988 S. 118 ff.

[114] Die folgenden, im Text erwähnten Zitate stammen aus der Erstausgabe; vgl. Wallraff, Günter, *Ganz unten,* 1985. Vgl. hierzu auch die kurze Schrift der Verfasserin *Günter Wallraffs Ganz unten interkulturell gelesen,* 2006.

Sexistisch-rassistische Aussagen

In sexistisch-rassistische Aussagen vermischen sich Diskurse. Die Bemerkung »Ihr vermehrt euch doch wie die Karnickel auf unsere Kosten« (S. 46) spricht die Rückständigkeit der Fremden bei gleichzeitiger Angst vor Überfremdung an. Romantisierende Vorstellungen zeigen sich in der Feststellung »Hör mal, das sind doch ganz scharfe Frauen da bei euch. So richtige Wildkatzen. Wenn man denen erst mal den Schleier runterreißt...« (S. 105). Diese Bewertung wird kurze Zeit später zurückgenommen mit dem Verweis auf Rückständigkeit und Armut: »Eure anatolischen Haremsdamen, die möchte ich nicht geschenkt haben. Die sind doch dreckig, die stinken. Die muß man erst einmal richtig abschrubben« (S. 106).

Imageabwertung

In vielen Situationen wird ›Ali‹ durch die ›Du‹-Anrede abgewertet, so, als er ein Bier bestellen möchte und mit der Bemerkung »Geh, schleich dich« (S. 24) vertrieben wird oder bei der Aufforderung des Polizisten »Du kommst mal mit!« (S. 123). Auch erhält er imperative Anweisungen, wie »Mitkommen« (S. 123) oder in gebrochenem Deutsch wird Bezug genommen auf seine mangelhaften Sprachkenntnisse, wie bei »Morgen wiederkommen« (S. 166) oder gar »Du gehen zu Kollega in Auto« (S. 86).

Alis Vorarbeiter quittiert dessen Nachname ›Sigirlioglu‹ mit der Bemerkung: »Das ist doch kein Name. Das ist eine Krankheit« (S. 87). Aufgrund seiner Unkenntnis des Türkischen wertet der deutsche Vorarbeiter den fremden Namen ab. Ähnliche Überheblichkeit demonstriert ein Kollege, der beim Kommentar über ›Alis‹ Schwierigkeiten mit der Zeiterfassungskarte selbst mangelnde Bildung zeigt: »Bei euch in Afrika stempelt man wohl auf dem Kopf!« (S. 88). Abwertung manifestiert sich im Kommentar eines Vorgesetzten, der ›Ali‹ der Schutzhelm vom Kopf reißt, um einen deutschen Kollegen damit auszustatten: »Dir gehört hier gar nichts, höchstens ein feuchter Dreck« (S. 96).

Wallraffs Kommentare über das Verhalten der türkischen Arbeiter untereinander scheinen das Geschehen allerdings zu verklären: so mag die Beobachtung, daß sich die Türken untereinander ›sanft und freundlich‹ behandeln, wie man es bei ›deutschen Arbeitern selten erlebt‹ (S. 92), überinterpretiert sein.

Beschäftigung auf einem Bauernhof

Bei der Suche nach Arbeit wird ›Ali‹ auf einem Bauernhof fündig. Die Einführung nimmt die Bäuerin mit den Worten vor: »Ist uns egal, was du angestellt hast. Auch wenn du einen umgebracht haben solltest, wollen wir das nicht wissen. Hauptsache du machst deine Arbeit. Dafür kannst du bei uns essen und wohnen, und ein Taschengeld kriegst du auch noch« (S. 17).

Ohne sich auf ein Gespräch mit ›Ali‹ einzulassen, greift die Bäuerin auf ihr Stereotypenwissen zurück. Ihre Haltung stützt sich auf kriminalisierende Vorurteile und Klischees über die Gruppe der türkischen Arbeiter. Ausländer bewertet sie generell als Verbrecher, die in Deutschland Unterschlupf suchen, um der Sühne für eine Straftat zu entgehen. Dieses Vorwissen projiziert sie ohne weitere Überprüfung auf den ›Türken‹ und richtet ihr Verhalten hieran aus. Im übrigen wird an seiner Identität starkes Desinteresse signalisiert, und die mangelnde Entlohnung und eine schlechte Unterbringung sind nur die praktische Umsetzung der sowieso bereits schlechten Meinung über die Person, die vermeintlich vor ihr steht.

Gespräche mit Priestern

›Ali‹ spricht bei mehreren Priestern vor, um sich taufen zu lassen. Als Grund gibt er an, Leben und Werk Christi überzeugend zu finden, außerdem möchte er heiraten und eine drohende Ausweisung verhindern. ›Ali‹ sucht in Arbeitskleidung einen Priester auf und klingelt bei diesem an der Tür.

Nach dem Öffnen der Tür durch den Priester wäre als erster Schritt die Eröffnung des Gesprächs zu erwarten, die aus Gruß und Gegengruß bestehen könnte. Weiterhin wäre für den folgenden Gesprächstyp, einer ›Beratung‹ zwischen Priester und Klienten, die Schaffung einer Vertrauensbasis notwendig. Ihr müßte die Entfaltung des Problems durch den Ratsuchenden, die Erfassung von dessen Lage durch den Berater, das gemeinsame Erarbeiten einer Handlungsanweisung für den Besucher und die Überprüfung der Akzeptabilität des Ratschlages folgen.[115] ›Ali‹ erhält jedoch zunächst noch nicht einmal die Gelegenheit zur Gesprächseröffnung.

Die erste Reaktion des Priesters erfolgt auf dessen bloßen Anblick. Beim Öffnen der Tür erkennt er einen Ausländer, der sich seiner Kleidung und der Thermosflasche nach als Arbeiter ausweist. Offenbar aktiviert allein dieser Anblick das weitere Verhalten des Priesters. Eine reguläre situationsadäquate Reaktion würde darin bestehen, den Besucher zu begrüßen und zunächst zu fragen, aus welchem Grund dieser das Gespräch sucht. Offensichtlich glaubt der Priester bereits den Grund für die Unterredung zu kennen. Eine den Geboten der Höflichkeit entsprechende Eröffnungssequenz läßt er ausfallen und geht sofort mitten ins Gespräch: »Hier ist nichts zu holen, geh zum Sozialamt« (S. 51) und zeigt seine Abweisung, indem er die Tür zudrückt.

Das Auslassen des ersten Gesprächsschritts bedeutet eine starke Lenkung des Gesprächs durch den Pfarrer und eine Verletzung von ›Alis‹ ›Image.‹ Für die Beziehung bedeutet dies die eindeutige Botschaft, daß dieser Fremde dem Priester direkt suspekt ist. Hinzu kommt die abweisende Geste, mit dem Gast nur durch eine spaltbreit geöffnete Tür zu reden und ihn, entgegen der Konvention unter Erwachsenen, einfach zu duzen. Ferner sieht er sich nicht zuständig, selbst wenn der Gast sein Anliegen noch nicht vorgebracht hat. Das Eintreten in einen Dialog verbietet ihm nicht nur die kulturelle Herabwürdigung seines Besuchers, sondern auch seine eigene, gehobene Stellung.

Alis nonverbale Bestürzung veranlaßt den Pfarrer nicht, ihm Gelegenheit zu einem Sprecherwechsel einzuräumen, sondern er bestärkt seine Haltung: »Weil mich so viele ausnehmen wollen, gibt's hier grundsätzlich nichts. Wir sind hier ein Pfarramt und kein...« (S. 51).[116] Dieser Haltung entgegnet ›Ali‹ mit dem Er-

---

[115] Vgl. Schank, Gerd: *Untersuchungen zum Ablauf natürlicher Dialoge*, 1981 S. 189 ff.

[116] In institutionalisierten interkulturellen Gesprächen wie bei Vorsprachen bei der Ausländerbehörde zeigt sich häufig, daß der erste »kommunikative Aufwand [...] nicht

kämpfen eines Sprecherwechsels, indem er dem Priester das Wort abschneidet: »Ich kein Geld wollen, nur die Tauf« (S. 51). Mit dieser Bemerkung hat er erstmals das Wort und kann sein Anliegen vorbringen.

Die Basis für dieses Gespräch und die Beziehungskonstellation zwischen Besucher und Priester verändert sich sofort. Dies zeigt sich an der Antwort des Priesters: »Ach so, es kommen hier so viele Arbeitsscheue, die auf Kosten anderer leben wollen...« (S. 51). Mit der Floskel ›Ach so‹ signalisiert er, daß er glaubt, verstanden zu haben, was das Anliegen seines Besuchers sei. Wie sich später herausstellt, ist ›Alis‹ Anliegen in der Kürze der Äußerung noch nicht genau genug. Dem Priester liegt nicht daran, Exakteres zu erfahren. Immerhin klingt der Verweis auf die vielen Arbeitsscheuen zunächst wie eine Entschuldigung. Tatsächlich setzt er aber, nun etwas offener, einen Monolog fort: »Wo wohnen Sie denn? Wie alt ist das Kind, und wann soll die Taufe sein?« (S. 51). Auch beginnt der Priester bei diesem Schritt seinen Gast zu siezen, wie es die Gebote des Anstandes gebieten.

Mit den Fragen nach dem Wohnort, dem Alter des Kindes und dem Datum der Taufe bringt er äußerlich das gebotene Interesse auf, das zu einer Erfassung der Lage des Besuchers angemessen wäre. Daß der Priester dabei seine Fragen in die falsche Richtung stellt, hängt mit seiner monologischen Handlungsweise zusammen und damit, daß ›Ali‹ noch immer keine Gelegenheit erhalten hat, seine Bitte darzulegen. Der Priester nimmt auf den ethnischen Hintergrund seines Besuchers keine Rücksicht. Er hätte sich zunächst vergegenwärtigen sollen, welche Bedeutung der Begriff ›Taufe‹ bei dem Menschen, der gerade vor ihm steht, haben könnte. Im Islam gibt es keine Kindstaufe.[117]

›Ali‹ kommt endlich dazu, ihm den Grund seines Besuches ausführlicher mitzuteilen und dieses Mißverständnis klarzustellen: »Kein Kindtauf. Ich Türk, bis jetzt bei Mohammed. Ich für mich Tauf will. Weil Christus besser. Aber muß schnell gehe, weil...« (S. 51). Die allgemeinen Konversationsregeln werden durch den Priester an dieser Stelle erneut verletzt. ›Alis‹ Bitte begegnet er mit dem Prinzip der Nonresponsivität: er schaut seinen Besucher ›fassungslos und ungläubig an‹, schließt die Tür wieder bis auf einen kleinen Spalt. Er reißt das Gespräch wieder an sich: »So schnell schießen die Preußen nicht... Das ist nicht so einfach. Da sind zuerst einmal zahlreiche Voraussetzungen zu erfüllen... [...] Wir nehmen auch nicht jeden in unsere Gemeinde auf« (S. 51).

Hier wird ein Grund der priesterlichen Zurückhaltung angesprochen: Die christliche Gemeinschaft sieht sich als eine elitäre Organisation, in die nicht jeder Hergelaufene aufgenommen werden kann. Hiervon ist die Beziehungsseite betroffen, in der die vorher indirekt gemachte Aussage, Ausländer seien nicht

---

funktional war(en) hinsichtlich des Klientenanliegens«, da die Vertreter der Institution häufig davon ausgehen, das Anliegen der Vorsprechenden bereits zu kennen. Vgl. Liedke, Martina (u.a.): *Interkulturelles Handeln lehren – Ein diskursanalytischer Trainingsansatz*, 2002 S. 161.

[117] Der Titel ›Die Umtaufe‹ ist irreführend. Im Islam gibt es keine Taufe, so kann keine Umtaufe, sondern nur eine Neutaufe stattfinden. Zur Wortbedeutung vgl. Kühn, Peter: *Interkulturelle Semantik*, 2006.

ohne weiteres mit Deutschen gleichzusetzen, vertieft wird, und damit erneut das ›Image‹ ›Alis‹ beschädigt wird. Von besonderem Interesse ist dabei, daß der Priester ausgerechnet als Vergleich zu den Türken die ›Preußen‹ bemüht.

Auf ›Alis‹ Bitte, sich einer schnellen Taufe unterziehen zu wollen, da sonst seine Ausweisung droht, wird ihm entgegnet: »Nicht so eine jüdische Hast« (S. 51). Mit dieser landläufigen Redensart wird ein weiterer Grund für die Zurückhaltung des Priesters deutlich: Andersgläubige dürfen das Selbstbild der deutschen Christen nicht stören. Das Verhältnis zwischen Juden und Christen ist belastet, und indem der Priester das Verhalten seines Gastes mit dem der Juden vergleicht, gibt er ihm zu verstehen, daß er von ihm ebenso wenig hält wie von ihnen.

In der Folge drängt der Priester ›Ali‹ in die Rolle des Objektes, das ihm gegenüber erst eine Bringschuld zu erfüllen hat: »Zuerst einmal bringen Sie mir eine ordnungsgemäße polizeiliche Anmeldung« (S. 51). Auf dessen Entgegnung »Aber der Christus hat auch nicht fest Wohnung und Bleib!« beendet der Priester das Gespräch entgegen aller Konventionen der Höflichkeit durch erneutes Zuschlagen der Tür.

Das Gespräch zwischen beiden ist davon geprägt, daß der Pfarrer sein Selbstverständnis, einer elitären Gruppe anzugehören, immer weiter ausbaut, indem er seinem Gast auf der Beziehungsebene immer deutlicher zu verstehen gibt, daß er von diesem und seiner bisherigen Glaubensgemeinschaft nichts hält. Ein Dialog über tiefere Beweggründe ›Alis‹ wird im ersten Ansatz abgewürgt.

Diese Haltung ist auch bei anderen Priestern erkennbar. Allerdings betont jeder der Gebetenen eine andere Komponente und versucht auf eine andere Art und Weise, den taufbereiten Moslem loszuwerden.

Der nächste Pfarrer läßt ›Ali‹ immerhin Gelegenheit, sein Anliegen vorzubringen, aber er läßt sich auf die vorgetragene Bitte um Taufe nicht ein und weicht auf die Taktik des Abwimmelns aus. Er verweist auf die eigene Unzuständigkeit und schickt ›Ali‹ an eine andere Stelle weiter. In dem durch die Hartnäckigkeit des Vorsprechenden entstehenden Gespräch treten die Vorbehalte gegen die Moslems zunächst indirekt hervor: »Offiziell eine Taufe würde ja eine Aufnahme in die katholische Kirche mit sich ziehen, nicht...« (S. 53). Auf die Frage, ob denn die katholische Kirche zu sehr überlaufen sei, antwortet der Pfarrer »Das nicht, das nicht, aber...« (S. 54). Nicht in redegewandten Begründungen wird hier das Selbst- und das Fremdverständnis zum Ausdruck gebracht, sondern in Partikeln und unvollendeten Nebensätzen.

›Ali‹ erinnert an die Glanzzeiten der Missionare, die vor der Zwangstaufe nicht zurückschreckten, und verweist auf die Praxis im Islam: »Das ist aber bei Mohammed einfach. Der sagt bei jede, der will Mohammedaner werde, erstmal ja dazu« (S. 59). Der Pfarrer erwidert: »Mohammed hat es euch auch verdammt leicht gemacht« (S. 59). Dem apologetischen Diskurs verhaftet, ist die Abwertung von ›Alis‹ Religion eindeutig.

Alis Einwurf »Der irgendwie mehr tolerant« (S. 59) wird nonresponsiv überhört. Das Eingehen hierauf würde eine vertiefte Reflexion des Priesters erfordern, und es wäre an ihm, das Verständnis von sich selbst und der eigenen Religion zu korrigieren und damit die Beziehung zu dem vor ihm stehenden ›Türken‹ aufzuwerten. ›Alis‹ Dokumentation seiner Kenntnisse zum Christentum mittels Aufsagens des ›Vaterunsers‹ kommentiert der Geistliche abwertend: »Als Mohammedaner sind sie gewohnt, wie die Kinder lange Gebete vor sich her zu plappern, immer wieder, ohne sie zu verstehen« (S. 60).

An dieser Stelle tritt die Unkenntnis des Pfarrers über den Gegenstand, den er abwertet, hervor. Der Ausdruck ›Mohammedaner‹ wird von den islamischen Gläubigen als Schimpfwort aufgefaßt; die korrekte Bezeichnung ist ›Moslem‹. Mohammed ist Prophet und gilt nicht, wie Jesus im Christentum, als Gottessohn. Überdies gibt es im Islam keine liturgischen Gebete. Vielmehr werden Passagen aus dem Koran rezitiert. Mit der Bemerkung »So jetzt aber Schluß im Dom« (S. 60) beendet der Priester schließlich, seinem Gast das Wort abschneidend und auf eine Verabschiedung verzichtend, das Gespräch.

Ein weiterer Priester fordert nicht erfüllbare Voraussetzungen. Er gibt vor, ›Ali‹ müsse gute Kontakte zu deutschen Christen pflegen. Auf dessen Bemerkung »Christus ich richtig Freund« (S. 62) bemerkt er »Aber es ist schwer, an Christus zu glauben« (S. 62). Offenbar sieht der Priester den Fremden nicht in der Lage, einen christlichen Glauben zu pflegen, und wertet ihn damit als Mensch und als Gläubigen ab.

In dem Maße, in dem ›Ali‹ seiner Bitte Nachdruck verleiht, wird der Priester beleidigender. Dem Begehren, zum Bischof zu gehen, entgegnet der Priester »Da wird jemand wie Sie gar nicht vorgelassen« (S. 63). Dessen hervorragende Kenntnisse über das Christentum werden kommentiert: »Die Antwort als solche ist gut« (S. 64). Seine Wertschätzung desjenigen, der diese Antwort hervorgebracht hat, braucht nicht weiter erläutert zu werden.

Ein vierter Priester entgegnet, ebenfalls ohne ein vertiefendes Gespräch: »Das ist eine fixe Idee. Wer hat Sie überhaupt darauf gebracht?« (S. 65). Dem vermeintlichen Moslem wird die Fähigkeit abgesprochen, sich aus freier Entscheidung zur Taufe entschließen zu können. Auf dessen Antwort »Christus hat mich ruf'« (S. 65) zeigt sich die Reaktion des Priesters als beeinflußt von Klischees, die er auf den konkreten Fall anwendet: »Sie wollen sich nur tarnen, um leichter eine Aufenthaltsgenehmigung zu bekommen. Geben Sie zu, daß es politische Gründe sind, die sie veranlassen, um Aufnahme in unsere Kirche nachzusuchen« (S. 65). Nach einer kurzen Diskussion über die politischen Verhältnisse in der Türkei endet der Priester: »Jedes Volk hat die Staatsform, die es verdient. Es gibt Völker, die sind noch nicht reif für die parlamentarische Demokratie« (S. 65). Die Negativeinschätzung des Ausländers weitet sich auf das gesamte türkische Volk aus. Es folgen weitere Vorurteile: »Geben Sie's zu, Sie sind Kommunist und wollten sich bei uns zum Zweck der Tarnung einschleichen« (S. 66). Ein dialogisches Gespräch kommt nicht zustande, da ›Ali‹ ununterbrochen den Unterstellungen des Priesters ausgesetzt ist.

Erst bei einem vor kurzem eingereisten ausländischen Dorfpfarrer findet ›Ali‹ Verständnis und die Taufe.

Alis Erscheinungsbild aktiviert bei den Priestern Vorurteile, die den Fremden als Menschen zweiter Klasse einordnen. Je mehr dieser auf seinem Anliegen beharrt, desto vehementer wird er auf der Beziehungsebene abgewürgt. Seine Fragen werden nicht mit der Einladung zu einem Gespräch erwidert, sondern

mit einer monologischen Reaktion, deren Strategie es ist, den Besucher möglichst schnell loszuwerden. Die Geringschätzung zeigt sich in der Verunglimpfung des Islam, der Tatsache, daß dem türkischen Staat die Fähigkeit zur Demokratie abgesprochen wird, und in der Behandlung ›Alis‹ als Angehöriger eines
unterprivilegierten Volkes. Selbst dessen Kenntnisse über das Christentum werden negativ gedeutet.

Zudem ist festzustellen, daß die Priester mit keinem Wort die Größe Christi
oder die Botschaft der Nächstenliebe erwähnen, sondern im Formalen bleiben.
Fragen zur christlichen Religion beschränken sich auf Spitzfindigkeiten, die
Gegenstand von Machtkämpfen und Konzilien waren, so: »Wie hat er [Jesus] die
Kirche gegründet? [...] Warum gibt es heute mehrere Kirchen, die sich auf Chri-
stus berufen?« (S. 57), oder: »Ist Jesus Gott?« (S. 64).

Fast alle Priester verschließen sich vor einem offenen Gespräch mit ihrem gegenüber. Diese Möglichkeit wird von vornherein verneint und ein Dialog im
Sinne des Philosophen Hans Georg Gadamer, der sich dadurch definiert, ob und
inwieweit »man sich überhaupt so weit öffnet und den anderen offen findet,
damit die Fäden des Gesprächs hin- und herlaufen können«[118], im Keim abgewürgt.

Schweigen

Erfahrungen der aufgezeigten Art konstituieren zwischen Einheimischen und
Fremden ein Verhältnis, das in Einzelfällen dazu führt, daß die türkischen Arbeiter das Schweigen vorziehen. In einer Situation, in der ein Gespräch zwischen
türkischen und deutschen Kollegen zur Verunglimpfung türkischer Frauen
führt, wird ›Ali‹ vom Kollegen Jussuf aufgeklärt: »Is nicht gut, daß wir Deutsch
gelernt und verstehen. Immer viel Ärger. Besser so tun, als ob wir nich verstehen« (S. 106). Ein Kollege habe aufgrund solcher negativer Gesprächsverläufe
beschlossen, die deutsche Sprache nicht weiter zu erlernen und immer mit ›Ja
Meister‹ zu antworten, um Konflikte zu vermeiden (S. 107).

Auch wird den Ausländern bisweilen verboten, sich in ihrer Sprache zu ver-
ständigen. Ein Kollege benennt den Grund: »Die Deutschen meinen, wir reden
schlecht über sie. Und ein paar meinen, wir werden zu stark, wenn wir Türkisch
zusammen reden. Sie wollen alles mitkriegen, damit sie uns besser kommandie-
ren können« (S. 92). In beiden Fällen werden Probleme der Machtasymmetrie
deutlich, die durch eine tatsächliche Machtungleichheit entsteht oder dadurch
gefördert wird, daß ein Partner der Kommunikation die Sprache nicht beherrscht.

2. 4. Wallraffs Bedeutung im Kontext der Debatte um die Interkulturalität

Wodurch zeichnen sich insbesondere Wallraffs späte Gedanken für eine interkulturelle Betrachtung aus? Diese zielen darauf ab, eine gemeinsame Basis des
Menschlichen für alle Menschen zu schaffen, und vereinen sich in einer Forderung jenseits nationaler, kultureller, religiöser und weltanschaulicher Eigenhei-

---

[118] Gadamer, Hans-Georg: *Die Unfähigkeit zum Gespräch,* 1999 S. 208.

ten. Das Gemeinsame erscheint am Horizont, wenn der Mensch die eigenen Vorstellungen und Interessen nicht für allgemeinverbindlich hält.

Interkulturalität ist eine Denkrichtung mit der Einsicht und Bereitschaft, mehrere Wege zuzulassen.[119] Das Adjektiv ›interkulturell‹ beschreibt eine Situation, in der Menschen verschiedener Herkunft zusammenkommen und die es seit Menschengedenken gibt. Dessen explizite Verwendung macht auf diese hermeneutische Begebenheit aufmerksam.[120] Unter dem Begriff ›Kultur‹ wird hier die Gesamtheit von Lebens- und Organisationsformen, von Inhalt und Ausdrucksformen der vorherrschenden Wert- und Geisteshaltung eines Volkes verstanden. Im Zeitalter der Globalisierung werden Kulturen nicht mehr als einheitliche Gebilde, sondern als Partialkulturen differenzierter Netzwerke mit lokal unterschiedlichen Dichtegraden verstanden. Philosophien, Kulturen, Religionen und Weltanschauungen sind heute nicht mehr hermetisch voneinander abgegrenzt. Sie bekommen neue Berührungspunkte und müssen sich der gegenseitigen Betrachtung öffnen.[121]

Interkulturalität hängt eng mit einem reziproken Verstehen zusammen. Seit dem Beginn der Neuzeit herrscht in der westlichen Welt zunehmend eine reduktive Hermeneutik, die im Grunde nur das Eigene bespiegelte und die Fragen stellte: ›Wie sehe ich mich selbst?‹ und ›Wie sehe ich das andere?‹ Diese Denkart hat in den 1990er Jahren eine Erweiterung erfahren, die nun das Fremde zur Sprache kommen läßt und weitere Fragen hinzufügt, nämlich ›Wie sieht das Fremde sich selbst?‹ und ›Wie sieht das Fremde mich?‹.

Interkulturelle Orientierung hat also eine Aufklärungsfunktion und geht dabei von der Vermutung aus, daß es mehr als die eine europäisch-westliche Vernunft gibt, der sich die Menschen einer globalisierten Welt immer mehr ausgeliefert fühlen. Sie zeigt die Verkrustungen unseres Zeitalters und verfolgt das Ziel, den Weg für die Durchsetzung einer interkulturell-kommunikativen Vernunft zu ebnen, die sich in verschiedenen Diskursen niederschlägt.

Das von Ram Adhar Mall entworfene Konzept der ›analogischen Hermeneutik‹ geht, in Verwirklichung des Gleichheitsgrundsatzes, von der Gleichheit der Beziehungen zwischen ungleichen Dingen aus und eröffnet die Möglichkeit, das Zirkuläre des Verstehens zu überwinden. Diese Sichtweise befreit von dem Versuch, ›Wahrheit in den Begriffen einer bestimmten Tradition und Tradition in Begriffen von Wahrheit zu definieren.‹[122] Konstitutiv ist, daß mein Selbstbild mit dem Selbstbild des anderen verbunden wird, und nicht, daß das eigene Bild zum Maßstab des Vergleichs und Verstehens des anderen erhoben wird und

---

[119] Vgl. Yousefi, Hamid Reza und Ram Adhar Mall: *Grundpositionen der interkulturellen Philosophie,* 2005, vgl. auch Scheidgen, Hermann-Josef, Norbert Hintersteiner und Yoshiro Nakamura (Hrsg.): *Philosophie, Gesellschaft und Bildung in Zeiten der Globalisierung,* 2005.

[120] Das Adjektiv ›intrakulturell‹ hingegen stellt eine Situation dar, in der Menschen aus einem bestimmten Kulturgebiet zusammenleben.

[121] Vgl. Kimmerle, Heinz: *Interkulturelle Philosophie,* 2002.

[122] Vgl. Mall, Ram Adhar: *Essays zur interkulturellen Philosophie,* 2004 S. 141 ff.

umgekehrt. Was eine Dialogpartei als richtig zu erkennen glaubt, muß nicht die ausschließliche Interpretation eines Phänomens sein.

Der Interkulturalität liegt eine Haltung von Toleranz angewandter Art zugrunde.[123] Diese besagt, dem anderen nicht bloß mit Gleichgültigkeit zu begegnen, sondern ihm gegenüber eine Haltung positiver Anerkennung zu pflegen, also Empathiefähigkeit zu entwickeln. Wallraff sagt hierzu: »Toleranz ist das Gebot der Stunde. Hineinversetzen in den anderen, auch und gerade in den politischen Gegner, wenn nicht Verständnis, so doch Verstehen.«[124]

Angewandte Toleranz kann durch Machtasymmetrie und verschiedene politische Faktoren gefährdet werden. Ein grundsätzliches Hindernis ist strukturelle Gewalt, die auf institutionalisiertem Wege Bedürfnisse verletzt und mit legalisierten Mitteln der Politik oder Wirtschaft häufig Repression, Ausbeutung und Benachteiligung umsetzt.[125] Ein weiteres Problem der Kommunikation ist der Absolutheitsanspruch. Hier geht es darum, die eigene Idee, die eigene politische Meinung, die eigenen kulturellen Werte oder die eigene Religion für die ausschließliche Wahrheit zu halten. Liegt dieser Tatbestand vor, so wird nicht mehr gesagt: Das ist meine Idee, meine politische Meinung, meine kulturellen Werte oder meine Religion, sondern: Das ist die Idee, die politische Meinung, die kulturellen Werte und die Religion. Derartige Behauptungen, die Wallraff stets thematisiert, neigen zu struktureller Gewalt.[126]

Ethnozentrismus stellt in diesem Kontext die eigene rassische, ethnische oder soziale Gruppe in den Mittelpunkt des Universums und behandelt alle anderen dementsprechend stufentheoretisch. Eine ethnozentrische Haltung ist meist mit fremdenfeindlichen Diskursen verbunden. Diese formen sich vor einem gesamtgesellschaftlichen Hintergrund aus und sind von Stereotypen und Vorurteilen gegenüber Fremden geprägt. Stereotype sind zunächst, als eine noch nicht verifizierte erste Einschätzung, ein Schritt vorwärts zum Fremden, aber sie sind ein Skelett, das mit einer Fülle differenzierender Erfahrungen angereichert werden muß. Bleiben solche Erfahrungen aus, so verfestigt sich die Verengung von Wahrnehmungen zu Vorurteilen bei gleichzeitiger Überhöhung der eigenen Position. Das Verhältnis der westlichen Welt zu nichteuropäischen Völkern ist seit der Zeit des Kolonialismus verstärkt von einem solchen Anspruch auf die eigene Einzigartigkeit geprägt.

Die Einnahme einer angewandt-toleranten Sicht- und Verstehensweise, verbunden mit dem Aufgeben von Absolutheitsansprüchen oder einer ethnozentrischen Haltung macht es möglich, mit dem Fremden in echte Kommunikation einzutreten. Verstehen-Wollen und Verstanden-werden-Wollen sind die unverzichtbaren Voraussetzungen eines jeden konstruktiven Dialogs. Gespräche, die ohne diese Voraussetzungen gestaltet und geführt werden, können nicht als

---

[123] Vgl. hierzu Mensching, Gustav: *Toleranz und Wahrheit in der Religion*, 1966 S. 18.

[124] Wallraff, Günter: *Und macht euch die Erde untertan*, 1987 S. 39.

[125] Zur Philosophie der strukturellen Gewalt im Vergleich der Ideologien im Weltkontext vgl. Yousefi, Hamid Reza und Sarah Ginsburg: *Kultur des Krieges*, 2007.

[126] Vgl. Yousefi, Hamid Reza: *Toleranz als Weg zur interkulturellen Kommunikation und Verständigung*, 2006 S. 46 f.

Dialoge im Sinne einer Verständigung, sondern nur als Monologe charakterisiert werden.

Freilich sind die aufgezeichneten Gespräche zugespitzte Varianten von Dialogen mit Fremden. Auch hat sich seit der Zeit von Wallraffs Rollenspiel einiges geändert. Dies zeigt der Einsatz von Fernsehansagerinnen türkischer Herkunft wie Hülya Özkan im ZDF ebenso wie die breite Akzeptanz von Sendungen wie ›Was guckst du‹ von Kaya Yanar, von Stefan-und-Erkan-Filmen oder der Erfolg von Büchern von Autorinnen wie Renan Demirkan oder die Verleihung des Nobelpreises für Literatur 2006 an Orhan Pamuk. Auch die im März 2006 angelaufene Abendserie ›Türkisch für Anfänger‹ von Bora Dagtekin, in ihrer erfrischenden und doch tiefgründigen Art ein Lehrstück für die Aneignung interkultureller bzw. interreligiöser Kompetenz, verweist auf die Dringlichkeit einer Beschäftigung mit anderen Kulturen. Hier stellt sich die Frage, warum die Aufarbeitung des deutsch-türkischen Verhältnisses nicht bereits fünfzig Jahre früher initiiert wurde.[127]

Wie kann interkulturelle Orientierung als ein Weg zur interkulturellen Kommunikation gefördert werden? Die UNESCO sieht folgendes als probates Mittel an: »Bildung ist das wirksamste Mittel gegen Intoleranz. [...] Erziehung zur Toleranz gehört zu den vordringlichsten Bildungszielen. Deshalb ist es notwendig, für den Unterricht zum Thema Toleranz systematische und rationale Lehrmethoden zu verbreiten, die aufklären über die kulturellen, sozialen, wirtschaftlichen, politischen und religiösen Wurzeln von Intoleranz – und damit über die tieferen Ursachen von Gewalt und Ausgrenzung.«[128] Bildung speist sich aus sozialem Austausch und sozialen Begegnungen auf intra- und interkultureller Ebene, um sich zu entfalten. Sie bestimmt in vielerlei Hinsichten das Verhältnis des Menschen zur Welt und seiner Umwelt. Bildung und damit Erziehung zur Toleranz hat nicht nur eine soziale, erzieherische, sondern auch eine sozialisatorische Dimension, die ihre Verankerung in der Institution ›Familie‹ hat.[129] Ferner bedarf es eines generellen Wandels des gesamtpolitischen Klimas. Hierzu gehört unter anderem der Abbau von Diskriminierungen und Benachteiligungen, die Eröffnung von Möglichkeiten der politischen und gesellschaftlichen Teilhabe und die Verwirklichung von Chancengleichheit. Die bisherige Integrationsde-

---

[127] Im März 2006 ging die von dem deutsch-türkischen Regisseur Bora Dagtekin produzierte Sendung ›Türkisch für Anfänger‹ bei der ARD auf Sendung. Die Reihe wurde im März 2007 fortgesetzt.

[128] 28. UNESCO-Generalkonferenz: *Erklärung von Prinzipien der Toleranz*, 1995 Art. 4. 1 und 4. 2.

[129] Zur interkulturellen Pädagogik und zum praktischen Lernen gibt es zahlreiche Darstellungen. Neben den bereits erwähnten Werken sei auf Auernheimer, Georg: *Einführung in die interkulturelle Erziehung*, 1995, auch auf Honnef-Becker, Irmgard: *Interkulturalität als neue Perspektive der Deutschdidaktik*, 2006 und Allemann-Ghionda, Christina: *Bildung in soziokulturell pluraler Gesellschaft: Was sie nicht ist, wie sie sein kann*, 2005 (171-192) verwiesen. Verweise zur Praxis finden sich in Huth, Manfred (Hrsg.): *Lehren und Lernen interkulturell/antirassistisch*, 1997.

batte macht deutlich, daß eine dialogische Integration in Deutschland als Einwanderungsland nur mit Einschränkungen realisiert wird.

In Darstellungen zum interkulturellen Lernen wird häufig auf folgende Punkte hingewiesen: Bei dieser besonderen Form sozialen Lernens hat man sich in einem ersten Schritt über den eigenen Standpunkt klarzuwerden. Das Fremde kann erst dann besser verstanden werden, wenn eine Klärung der eigenen Wurzeln erfolgt ist. Die Objektivierung eines von klein an als Maßstab verinnerlichten ›Vorverständnisses‹ muß zuerst erschüttert werden, wenn Verständnis für das Fremde entstehen soll. Dabei geht es darum, zutage zu fördern, daß neben der eigenen auch andere Selbstverständlichkeiten existieren, die nicht ignoriert werden können. Einen besonderen Stellenwert nimmt der Abbau von Vorurteilen ein.

Ist dieser Schritt erfolgreich vollzogen, dann ist es möglich, den kulturellen Hintergrund des Fremden zu erschließen. Hierbei ist der Versuch, sich in den anderen hineinzuversetzen, unerläßlich. Wallraffs Maxime ›Ich ist das Durchgehen durch viele andere‹ kommt dieser empathischen Bemühung sehr nahe. Die historischen Umstände sind mit den bestehenden Bildern zu vergleichen, und die bestehenden Fakten müssen an der Geschichte gemessen werden. In diesem hermeneutischen Kreislauf besteht die Möglichkeit, zu einem veränderten Verständnis zu kommen. So kann zu dem Fremden, sei es indirekt durch Literatur oder ähnliches, oder sei es direkt, im Kontakt mit ›Fremden‹, in einen verstehensorientierten Dialog getreten und interkulturelle Kommunikation betrieben werden. Von grundlegender Bedeutung ist in diesem Zusammenhang, nicht nach den Maßstäben des eigenen kulturellen Kontextes zu interagieren.

Im Hinblick auf die Bevölkerungsentwicklung in Deutschland ist festzuhalten, daß die einheimische Bevölkerung in den nächsten Jahrzehnten in der Minderheit sein wird. Über diese Entwicklung und ihre Konsequenzen, deren bereits in Gang gekommene Eigendynamik heute nicht mehr die Wahl bietet, über Einwanderung zu entscheiden, erfährt die Öffentlichkeit wenig. Gegenstand der Beschäftigung dürfte jedoch nicht ›der Fremde‹ sein, sondern es geht darum, die gesellschaftlichen Konstruktionen von Fremdheit zu durchleuchten.

Wallraff entwickelte keine Systematik auf dem Gebiet der Interkulturalität, vielmehr liegt sein Verdienst darin, insbesondere mit seinen späteren Aktionen das Augenmerk der breiten Massen auf den Aspekt von Interkulturalität und Menschenwürde gelenkt zu haben. Die Reportage ›Ganz unten‹, die nicht nur eine rationale, sondern auch eine emotionale Seite von Personen ansprach, setzte einen Umdenkungsprozeß in Gang und entfaltete verändernde Kraft. Bei den in Deutschland lebenden Türken hatte das Buch eine starke Wirkung.

Mit seinen Tätigkeitsfeldern beabsichtigt Wallraff nicht nur eine Darstellung gesellschaftspolitischer Unzulänglichkeiten und die darüber hinausgehende intra- und interkulturelle Demaskierung dieser Problematik, sondern er kritisiert die systematische Steuerung der Wahrnehmung anderer Kulturen, die nicht nur in Deutschland, sondern im gesamten Westen häufig beobachtet werden kann. Die Ergebnisse zeigen kulturelle Verständnisprobleme und die Gewichtung der Menschlichkeit im Vergleich der Kulturen auf. Sie tasten die innere Architektonik einer Kulturwahrnehmung an, die sich erst mit dem Etablieren einer interkulturellen Denkrichtung ins allgemeine Bewußtsein hebt. Wallraffs Reportagen sind Milieustudien, in denen verschiedene Phänomene aufgezeigt werden: soziale Unterdrückung und ökonomische Ausbeutung wie der Mangel an Toleranz und Dialogfähigkeit der Gesellschaft. Die Wirkung seiner Tätigkeit erklärt sich aus deren Zeitbezogenheit und sozialkritischen Relevanz.

Die investigativ-gesellschaftlichen Einsätze von Wallraffs Nachfolgern zeigen, daß soziales journalistisches Engagement erneut verstärkte Aufmerksamkeit erhält und von der jüngeren Generation weitergeführt wird.

Die eigentliche Relevanz liegt in der praktischen Umsetzung von Wallraffs Ideen: »Unsere Utopien von heute müssen die Realitäten von morgen werden, sofern es eine menschlichere Zukunft ohne Haß, Minderheitenausbeutung und Diskriminierung geben soll.«[130]

---

[130] Wallraff, Günter: *Die Intoleranz des anderen zu dulden ist nichts anderes als Feigheit,* 2000 S. 143.

Ein Interview mit Günter Wallraff

Das folgende Interview wurde am 21. Dezember 2006 im Rahmen einer Zusammenkunft in Wallraffs Haus in Köln-Ehrenfeld von Ina Braun aufgezeichnet.

I.B.: Herr Wallraff, Sie haben in den vergangenen vierzig Jahren ein beachtliches Werk hervorgebracht, das in der Öffentlichkeit unterschiedlich aufgenommen wurde. Hierzu, aber auch zu allgemeinen Themen, möchte ich Ihnen einige Fragen stellen.

1. Zur Arbeitsweise

I.B.: In der Öffentlichkeit werden Sie als schillernde Persönlichkeit dargestellt. Einige bezeichnen Sie als Nestbeschmutzer, andere bewundern Ihren Mut, Mißstände aufzudecken. Wie beurteilen Sie selbst Ihre Tätigkeit als Schriftsteller und investigativer Journalist?

G.W.: Der Begriff ›investigativer Journalist‹ deckt nicht alles ab. Es gibt Klischees, in denen ich gehandelt werde, am wenigsten gerne höre ich ›Enthüllungsjournalist‹. Investigativ lasse ich mir gefallen, aber es ist eigentlich zu sachlich kalt. Der Begriff gibt die Leidenschaft, die Obsession, die mich antreibt, nicht wieder. Der rein investigative Journalist will zum Ziel kommen, er will etwas aufdecken, und das war's dann. Soziale Ambitionen stehen bei ihm nicht im Vordergrund. Da fängt es bei mir erst an. Ich mache vieles, was sich nicht zwischen zwei Buchdeckeln wiederfindet und was mir große Genugtuung verschafft, weil es Wirkung hinterläßt.

›Nestbeschmutzer‹ ist indessen ein Ehrentitel für mich. Upton Sinclair wurde schon damit bedacht, ein großes, später von mir entdecktes Vorbild. Sinclair erlebte seinerzeit baltische Arbeiter in den Schlachthöfen Chicagos. Er wurde dort verdeckt von Gewerkschaftern hineingeschleust. Er hat nicht gearbeitet, aber alles beobachtet und dann diesen epochalen Roman ›The Jungle‹ veröffentlicht, der in 30 Sprachen übersetzt wurde. Sinclair hat die unmenschlichsten Arbeitsbedingungen beschrieben, auch die unglaublichen hygienischen Zustände. Er wurde als ›muckracker‹, jemand, der im Schlamm wühlt, bezeichnet. Später wurde daraus ein Ehrentitel. Diesen lasse ich mir auch gerne gefallen, besonders in einem Land, in dem der Begriff ›Nestbeschmutzer‹ zur Zeit des Dritten Reichs verwendet wurde. Da waren es die Juden, die subversiv Arbeitenden, alles ›Nestbeschmutzer‹, Sozialisten und Kommunisten oder vaterlandslose Gesellen, die mit diesen Begriffen schon früh ausgegrenzt wurden, bevor man sie später deportierte und ermordete.

Ich war nie Mitglied in einer Partei, auch Vereinsmeierei liegt mir nicht, und ich sehe mich als eine Art Korrespondent der Menschen, die guten Willens sind. Ich habe mich immer so definiert: Wo wurde ich bekämpft? Wo fand ich Zustimmung? Wer hat meine Arbeit aufgenommen, wer hat sie verleumdet, wer hat versucht, sie zu verhindern? Und so habe ich irgendwann angefangen, mich zu definieren und abzugrenzen.

I.B.: Wie ordnen Sie Ihre Arbeitsweise und Ihr Werk ein?

Da bin ich befangen. Klügere sagen, es hat zu tun mit einem erweiterten Literaturbegriff, etwa im Bereich der Dokumentarliteratur, wobei meine Bücher auch hier eine Ausnahme sind. Es hat aber auch mit dem ursprünglichen Journalismus zu tun, damit, wie die klassische Reportage im Amerikanischen einmal angefangen hat. Ich schätze auch frühe Reportagen von Jack London. In der angelsächsischen Literatur gab und gibt es diese Trennung in fiktionale und dokumentarische Literatur nicht so wie bei uns. Den Begriff ›Reportage‹ möchte ich für mein Werk nicht mehr gerne verwenden, denn er ist zum Teil entwertet, prostituiert. Die meisten heutigen Reportagen sind in der Breite eher Auftragsarbeiten oder Oberflächlichkeiten. Meine Art Literatur ist insofern eine unreine Form, als daß sie nicht einfach einer Kategorie zugeordnet werden kann. Man kann sie wahrscheinlich erst in der Rückschau bewerten. Es gibt literarische Highlights und Tagesjournalismus. Tagesjournalismus ist für eine bestimmte Zeit geschrieben. Ich lasse es mir gerne gefallen, wenn später Menschen sagen, das sind historische Dokumente, und das hat, quasi als Beschleunigerteilchen, mit dazu beigetragen, etwas zu verbessern oder kritikwürdige Zustände zu überwinden. Mir gefällt auch der Begriff ›Aktionskunst‹, den haben Kollegen meiner Arbeit verliehen. Sie haben sie in den Bereich der Kunst erhoben.

I.B.: Sie sind in Ihrem journalistischen Leben ›undercover‹ in verschiedenen Rollen aufgetreten. Wie haben Sie diese unterschiedlichen Persönlichkeiten mit Ihrer Identität in Einklang gebracht?

G.W.: Man muß diese Frage vielleicht umgekehrt stellen. Bei mir war ursprünglich das Selbstbewußtsein nicht gerade stark entwickelt. In frühen Gedichten stellt man fast eine Identitätslosigkeit fest: ›Ich bin schon tot/und steh noch da/mein eig'ner Schatten/an der Wand/und weiß nicht/wie und wo und wann/ich glaube kaum,/daß ich je war.‹ Eine Identitätsstörung, so daß ich wahrscheinlich das Bedürfnis hatte, mich auf dem Wege über andere Identitäten zu erfahren, diese zu spüren und auch kennenzulernen, wodurch für mich geradezu die Notwendigkeit zur Übernahme einer Rolle entstanden ist: ›Ich bin mein eigener heimlicher Maskenbildner. Locke meinem Wesen immer neue Masken hervor. Ich warte darauf, die Maske zu finden, die sich mit meinem ursprünglichen Gesicht deckt. Ich glaube, sie längst schon unbemerkt getragen zu haben. Oder sie niemals zu finden, da sich mein Gesicht der jeweiligen Maske anpaßt. Weiter werde ich mir unermüdlich Masken aufsetzen, mich suchen und in einem vor mir verbergen. Wenn ich mich gefunden habe, werde ich mich verlassen...‹ Das ist ein Tagebucheintrag, den ich als 17jähriger schrieb, meine späteren Rollenreportagen unbewußt vorausahnend?

Wäre ich in Schweden aufgewachsen, dann wäre das vielleicht nicht der Fall gewesen. Da waren Kollegen, die durften ganz offiziell in Betrieben arbeiten. Jöran Palm, ein bekannter Schriftsteller, durfte für eine seiner wichtigsten Reportagen in einem der größten Elektrokonzerne, Ericsson, arbeiten. Es war den Oberen dort zwar nicht so recht, aber das wurde unter ›Freiheit der Literatur‹ verbucht. Die Schweden haben vorgelebt, daß man vom Fließband wegkommen und diese unmenschlichen Arbeitsbedingungen überwinden kann. Bei Volvo wurden Gruppen gebildet, die selbständig bestimmten, wer welche Arbeit abwechselnd macht. In Schweden wurde meine Arbeit schon sehr früh positiv aufgenommen, dort ist der Begriff ›wallraffen‹ entstanden.

Die Undercover-Tätigkeit wurde bei mir durch das Schockerlebnis bei der Bundeswehr, wo ich mit dem Ehrentitel ›abnorme Persönlichkeit‹, ›Tauglichkeitsgrad VI - für Krieg und Frieden untauglich‹ wieder in die Freiheit entlassen wurde, initiiert. Das war die beste Voraussetzung, das zu beginnen, was meine Arbeit ausmacht. Diejenigen, die mich von früher kennen und noch heute mit mir bekannt sind, können bescheinigen, daß ich dadurch angstfreier wurde und weniger konfliktscheu. Ich bin von meiner Persönlichkeitsstruktur her eher harmoniebedacht und suche nicht von vorneherein die direkte Konfrontation. Erst einmal sehe ich in jedem Menschen das Gute und versuche, jeden zunächst darauf anzusprechen. Nur, wenn es unumgänglich ist, ein Unrecht massiv erhobenen Hauptes daherkommt, dann erwacht in mir Kampfbereitschaft.

I.B.: Sie sind auch als Friedensaktivist bekannt, insbesondere wegen Ihrer Griechenland-Aktion. Sehen Sie diese Tätigkeiten als neue Form des Journalismus?

G.W.: Engagement und Schriftstellerei gehören für mich zusammen, sonst wird es schnell Selbstzweck, heiße Themen aufzugreifen und dann zu sagen: So, das war's jetzt. Mir ist es ein Bedürfnis, mich von Fall zu Fall verantwortlich zu fühlen, über das Schreiben und Veröffentlichen hinauszugehen und etwas Positives zu hinterlassen. Ich bin ja fast nur im negativen Bereich tätig, und die Erkenntnisse und Ergebnisse auf sich beruhen zu lassen, ist unbefriedigend für mich. Deshalb versuche ich oft, einen Schritt weiterzugehen. Dort mache ich einen Rechtshilfefonds für Bild-Geschädigte, und Hunderte Verfahren sind positiv verlaufen, bis zu Schmerzensgeldforderungen, Schadensersatz, Gegendarstellungen. Dann habe ich die ›Stiftung Zusammenleben‹ in Duisburg gegründet. Das schafft mir Befriedigung. Durch die hohen Auflagen meiner Bücher fühle ich mich dazu verpflichtet. Ich würde sagen: Inzwischen sind zwei Drittel meiner Arbeit Hilfestellungen, wo ich oft viel Zeit und Geld investiere, um hier jemandem zum Recht zu verhelfen, dort bei jemandem soziale Erleichterung herbeizuführen.

I.B.: In welchem konkreten Fall leisten Sie anderen Menschen Hilfe?

G.W.: Demnächst bin ich am Bodensee, da ist ein sogenannter Zigeuner, ein begnadeter Geiger, mit einem harten Familienschicksal. Ein Teil der Familie wurde ausgerottet. Der Vater hat als Sechsjähriger überlebt, konnte aus dem Warschauer Ghetto fliehen und hat den Rest seiner Familie wiedergefunden. Ihm wurde von einer Gemeinde ein sogenanntes Gefrierhaus, das sie früher betrieb, verkauft. Sein Vater hat das Haus 1987 für 50.000 DM gekauft - überteuert -, und dann hat man ihm das Wohnrecht bestritten. Der Sohn, der öfter auf Durchreise ist und Veranstaltungen macht, möchte da seßhaft werden. Es wird ihm verweigert. Ich habe mich eingeschaltet und fahre mit ihm zusammen hin, rede mit dem Gemeindedirektor und den umliegenden Bauern, zahle den Anwalt von ihm und die Kosten, damit er von Passau kommen kann, um bei dem Ortstermin dabei zu sein. Ich versuche, das zunächst ohne Veröffentlichung hinzukriegen, wenn es aber nicht gelingt, dann wird's publik gemacht. Aber die größere Genugtuung wäre, daß der Mann, ohne einen größeren Rummel zu starten, in Frieden dort leben könnte.

I.B.: Hat man Ihre Hilfstätigkeit bisweilen mißbraucht?

G.W.: Manche sehen in mir eine Art letzte Instanz, doch in einer solchen Funktion bin ich meist überfordert. Mitunter kann ich auch nicht erkennen, ob eine Psychose oder Paranoia vorliegt oder ob es wirklich so ist, wie es mir dargestellt wird. Manche Menschen, denen schreckliches Unrecht angetan wurde, können das nicht verarbeiten und reagieren neurotisch. So kam kürzlich eine Frau, die entmündigt werden sollte, zu mir und erzählte ihre Geschichte. Ich habe mich tagelang voll reingehängt, mit der Betreuerin gesprochen, ich war bei der Richterin – eine Eigentumswohnung sollte gepfändet werden – und konnte die Entmündigung verhindern, und zum Schluß merkte ich, daß das Verfolgungssyndrom der Frau sich auch gegen mich richtete. Alle, die ihr geholfen hatten, kamen mit in Verdacht. Aber das ist eine Ausnahme. Normalerweise habe ich genug Menschenkenntnis und erkenne, wo meine Hilfestellung etwas bewirken kann und wo nicht.

2. Zum Journalismus

I.B.: Bei der Bild-Zeitung haben Sie sich als Reporter eingeschlichen. Was sind die Gründe, die Sie dazu bewogen haben?

G.W.: Es war schon bekannt, daß Bild eine verheerende Rolle in der Nachkriegsgesellschaft spielte und Minderheiten immer wieder an den Pranger stellte, wie mit Totschlagzeilen gehetzt wurde – das Attentat auf Rudi Dutschke ist bekannt – und von daher war es mir ein Bedürfnis, das von innen her zu überführen. Und Bölls ›Verlorene Ehre der Katharina Blum‹ wurde von vielen als letztlich doch nur fiktiv abgetan. Dieses Blatt ist ein Armutszeugnis unserer Gesellschaft, das tatsächlich zum Leitmedium geworden ist.

I.B.: Wie schätzen Sie Bild heute ein?

G.W.: Diese Kampagnen und Prozesse waren nervtötend und manchmal fast übermächtig. Um so größer war meine Freude, als der Bundesgerichtshof meine Meinung bestätigte und Bild eine ›Fehlentwicklung im deutschen Pressewesen‹ nannte und meine Methode dann zuließ. Die Bild-Zeitung mäßigte sich vorübergehend etwas, aber inzwischen sind sie wieder im Vollbesitz ihrer Kräfte. Übermächtiger denn je, und volksverdummender als jemals zuvor, was sie dort tun, ist tatsächlich publizistische Umweltverschmutzung größten Ausmaßes. Die stecken zu Recht die meisten Rügen vom Presserat ein, und es gibt nach wie vor Menschen, die auf der Strecke bleiben. Wenn ein ehemaliger Chefredakteur wie Hans-Hermann Tiedtje hingeht und sagt, er würde sich etwas darauf zugute halten, wenn sich in seiner Zeit keiner umgebracht hätte, woher weiß er das überhaupt? Wer hinterläßt einen Abschiedsbrief und falls ja, wer wagt es, ihn öffentlich zu machen?!

I.B.: Was bedeutet für Sie guter Journalismus im Kontext der Moderne?

G.W.: Er bedeutet zuallererst Unabhängigkeit, sich von Machtinteressen zu distanzieren, auf jeden Fall Ablehnung jeglicher Auftragsschreibe. Und er bedeutet, sich als Stimme von Nicht- oder Unterrepräsentierten zu verstehen, Eintreten für diejenigen, die keine Lobby haben. Es ist Arbeit im Sinne der Aufklärung.

I.B.: Welche Gefahren sehen Sie im journalistischen Kontext?

G.W.: Man stellt immer mehr einen Trend fest, daß Werbeartikel plaziert werden. Es gibt sogenannte Pressebüros, die für Produkte Artikel schreiben und diese dann lancieren, ohne sie als Anzeige kenntlich zu machen. Meines Wissens ist in jedem dritten Foto versteckte Werbung enthalten. Häufig steckt die Energiewirtschaft dahinter, die Pharmaindustrie, Modebranche oder Tabaklobby. Dazu möchte ich eine Geschichte von meinem Freund Günter Zint, einem sehr engagierten Fotografen, erzählen. Unsere ersten Veröffentlichungen erschienen 1965 zufällig in demselben Heft der Zeitschrift ›twen‹. Das war damals ein Szeneblatt, das mit moderneren Methoden um jüngere Leser warb. Ich veröffentlichte mein ›Tagebuch aus der Bundeswehr‹, und Günter Zint hatte darin eine Fotoreportage ›Flirt mit Rauch‹: Man sieht ein junges Paar, sehr bunt fotografiert, Zärtlichkeiten austauschend, auf einer blühenden Sommerwiese, und der Rauch umgibt das Paar wie ein Schleier. Später erfuhr ich vom Chefredakteur, der auch Chef des Verbandes der Kriegsdienstverweigerer war und mich förderte, daß diese Annonce verschleierte Werbung war. Wegen des Abdrucks bekam das Blatt später Werbeanzeigen der Zigarettenindustrie. Das war sozusagen das ›Entree‹. Später wurde Zigarettenwerbung in Zeitschriften verboten, aber damals war das möglich. Günter Zint hatte nicht gemerkt, wofür er sich da hergegeben hatte. Damals war er noch sehr naiv. Heute gibt es genug Themen, über deren verschleierte Werbung Interessen vertreten werden.

I.B.: Wie sehen Sie die Präsentation der Politiker?

G.W.: Die Politiker haben in der Regel ihren Troß von Journalisten, der oft vorwiegend aus einer ›Hofjournaille‹ besteht. Sicher gibt es immer wieder einzelne, die das nicht mitmachen, aber wer wiederholt ausbricht, wird kaltgestellt und bekommt keine Insider-Informationen mehr. Natürlich gibt es auch Abhängigkeiten. Viele merken das gar nicht mehr. Wenn man befreundet ist, tut man sich schon mal einen Gefallen, tut dem anderen nicht weh. Ich rate jüngeren Kollegen immer, sie sollen sich einen zweiten Beruf wählen, damit sie nicht abhängig werden, und sie sollen Bodenhaftung behalten und mit normalen Menschen verkehren und versuchen, deren Probleme zu verstehen. Es ist eine Frage des Selbstverständnisses und der Zugehörigkeit.

I.B.: Bestimmen die Journalisten die Bundespolitik mit?

G.W.: Inzwischen ist die Medienmacht eine so enorme Macht, daß sie die Politik mitbestimmt. Die Medien besetzen und bestimmen die Themen, und der Satz, den Helmut Schmitt einmal gesagt hat, es wäre politischer Selbstmord, sich mit der Springer-Presse anzulegen, ist heute aktueller denn je. Wer wagt es noch, einem solchen Leitmedium die Stirn zu bieten. Es ist aber nicht nur die Springer-Presse.

I.B.: Wie sehen Sie politische Auseinandersetzungen in Sendungen wie ›Maischberger‹, ›Sabine Christiansen‹, ›Berlin Mitte‹, ›N24‹ und ›ntv‹?

G.W.: Sandra Maischberger ist da eine wohltuende Ausnahme und hat immerhin einen engagierten humanaufklärerischen Touch. Sie hat einmal gesagt, durch meine Bücher sei sie zum Journalismus gekommen. Sie habe den ›Aufmacher‹ gelesen und hätte sich daraufhin als Praktikantin bei Bild in Berlin beworben. Von der taz wurde sie gefragt, ob sie das auch so erlebt hätte, wie der Wallraff im ›Aufmacher‹. Sie entgegnete: »Nein, das war viel harmloser.« Anschließend wurde sie gefragt, ob sie im Interview gelogen hat, und sie sagte entwaffnend ehrlich: »Ja, zweimal«. Ich denke, in diesem Punkt hat sie eine Zweckantwort gegeben, weil auch sie es sich mit der Springer Presse nicht verderben wollte. Wo Journalismus Politik-Ersatz wird und wo immer wieder dieselben publik gemacht werden, die eine meinungsbestimmende Richtung angeben, sehe ich Gefahren. Es wird nur sehr oberflächlich geschwatzt, und jeder versucht möglichst, dem anderen das Wort zu nehmen. Es ist keine echte Diskussion, die meisten wollen sich in Szene setzen. Und dann gibt es Journalisten, die Politiker ausbilden. Politiker sind heute fast alle gecoacht und in Kursen dazu trainiert, wie sie sich am besten verkaufen, am besten manipulieren, tricksen und täuschen und einen Eindruck erwecken können, der zwar nicht ihrer Persönlichkeit entspricht, wie sie aber aalglatt daher- und damit gut ankommen. Da lobe ich mir jeden Politiker, der mal stockt und sagt: Ich weiß nicht weiter, ich muß nachdenken, ich kann keine Lösung aus dem Ärmel schütteln. Auf zu vieles wird eine vorschnelle Antwort gegeben, weil sie auch erwartet wird.

3. Zur politischen Situation in Deutschland

I.B.: Früher haben Sie die ungleiche Verteilung des Volksvermögens kritisiert. Ist heute die Verteilung nicht ausgewogener?

G.W.: Es kommt darauf an, wie sich die Verteilung und die verschiedenen Wertigkeiten manifestieren. Im Moment hat man den Eindruck, daß die Schere wieder weiter, sogar extrem weit auseinandergeht. Momentan zerfällt die Gesellschaft in eine Schicht, die alle Möglichkeiten hat, auch durch Erbschaften. Auch die Reichen bekommen weniger Kinder, früher verteilte sich das. Aber heute konzentrieren sich die großen Vermögen in immer weniger Händen und auch steuerlich wird es immer mehr begünstigt, weil wir nicht einmal eine Vermögenssteuer haben. Und es ist ein Skandal, der nicht oft genug hervorgehoben werden kann, daß ein verkommener Typ, der seine Interessen bisher ausschließlich über Großkonzerne wahrgenommen hat und mit dem dann namentlich eine sogenannte Reform zu Lasten Arbeitsloser und Sozialhilfeempfänger verknüpft wird, nämlich ›Hartz‹ - ein Spezi vom Altkanzler - nun nicht etwa Gremien zusammensetzt, Gewerkschaften, Sozialverbände, Arbeitgeber, die gemeinsam eine wirkliche Reform erarbeiten, wo Mißbrauch ausgeschaltet und gleichzeitig aber zum Nutzen der Gesamtheit ein Konzept vorgelegt wird.[1] Nein, da kommt einer, der willkürlich etwas durchzieht, das, wie inzwischen jeder weiß, die Gesamtgesellschaft schädigt. Einerseits werden breiteste Bevölkerungsschichten benachteiligt und obendrein noch als Sozialhilfeempfänger gedemütigt, andererseits werden den bevorzugten Schichten weitere Möglichkeiten geboten, dies in ihrem Sinne auszunutzen. Das kostet den Staat zusätzliche Milliarden, die anderswo fehlen. Aber diejenigen, die das einmal angeordnet haben – das ist wiederum typisch für unsere Gesellschaft –, die dürfen nicht sagen: ›Wir haben uns geirrt‹. Ein Spitzenpolitiker darf sich nicht irren. Sonst ist er schnell von der Spitze weg.

Als ich meine Arbeit begonnen habe, ging ich davon aus, daß sich eine Gesellschaft kontinuierlich, zwar mit Rückschritten und in Phasenverschiebungen, zu besseren sozialeren Formen weiterentwickelt. Ich war nie ein Anhänger der revolutionären, sondern der evolutionären Theorie. Das bin ich aufgrund meines Zweckoptimismus immer noch. Aber als Realist sage ich, es geht dramatisch bergab und alle vermeintlich bereits errungenen Fortschritte werden in Frage gestellt. Die negativen Seiten der Globalisierung überwiegen derart, daß wir in frühkapitalistische Zustände abgleiten. Es geht dabei nicht nur um materielle Aspekte, sondern auch um Bildung, gesellschaftliche Akzeptanz und Zugehörigkeit. Diese Dinge spielen bereits im Kleinkindalter, in den Kindergärten und Grundschulen wesentliche Rollen.

I.B.: Apropos Hartz – wie stehen Sie zu Altkanzler Schröder?

G.W.: Schröder hat inzwischen seinen Reibach gemacht. Ich finde es besonders schändlich, daß jemand, der sich mit einem bluttriefenden Verwalter Rußlands – Putin – gemein macht bis in den privaten Bereich, ihn wider besseren Wissens einen ›lupenreinen Demokraten‹ nennt, Menschenrechte außen vorläßt und nur wirtschaftliche Interessen pflegt. Wenn eine solch kumpelhafte Männerfreundschaft – die luden sich ja gegenseitig zum Geburtstag ein! - dazu führt, daß der Altkanzler sich beim Energieriesen Gazprom ins gemachte Nest legt und behauptet, das sei zum Vorteil für die deutsche Bevölkerung, sich also zum Wohltäter aufspielt, dann bin ich sicher: Das schafft bei Jüngeren Mißtrauen gegenüber der Politik und denjenigen, die sie betreiben. Sie gehen dann nicht mehr wählen, obwohl das natürlich ein falscher Schluß ist.

---

[1] Nach Peter Hartz waren die in der ›Hartz-Kommission‹ erarbeiteten Arbeitsmarktreformen benannt worden.

I.B.: In jüngster Zeit wird das Thema ›Überalterung in der deutschen Gesellschaft‹ diskutiert. Wie sehen Sie unsere überalterte Gesellschaft?

G.W.: Eine Gesellschaft ohne Kinder ist erst einmal eine sehr, sehr traurige Gesellschaft, und wir sind nicht gerade ein kinderliebendes Land. Aber ein sehr tierliebendes Land! Bei der Umfrage ›Soll der nach Deutschland eingewanderte Bär getötet werden?‹ waren bei ntv – das ist ein eher konservativer Sender – 87 Prozent dafür, nicht zu töten, 13 Prozent wollten ihn tot sehen. Wäre hier die Frage gewesen ›Wie ist das mit Asylbewerbern, die mit ihren Booten alle verzweifelt versuchen, in Sicherheit zu kommen, soll man die retten?‹, ich glaube, die Mehrheit wäre dafür, sie sich selbst zu überlassen.

Ich sehe, daß in dieser Gesellschaft Kinder zur Benachteiligung führen, wenn es nicht die Kinder der Reichen sind. Für eine Familie mit ein bis zwei Kindern eine Wohnung zu bekommen, ist schwer. Beruf und Kinder miteinander zu vereinbaren ist für alleinerziehende Mütter fast unmöglich. Von daher ist es nicht erstaunlich, wenn so wenig Kinder in die Welt gesetzt werden. Ich sehe darin ein strukturelles Problem. Wie kommt es zum Beispiel, daß in Frankreich, wo die sozialen Bedingungen breitenwirksamer sind, das alles nicht so extrem ist? Ich sehe hier viele Fehler, die in den vergangenen Jahrzehnten gemacht wurden. Man vergrault die Menschen hier. Man lädt sie nicht ein, mitzuwirken. Wie sollen sie da an eine gute Zukunft für sich und ihre Kinder glauben?

I.B.: Wie beurteilen Sie die Immigration in Deutschland?

G.W.: Wir sind ein Einwanderungsland, wir brauchen Einwanderung. Aber selbst da, wo man es zaghaft mit Greencards versucht hat, weil in bestimmten High-Tech-Bereichen die Experten fehlten – der Slogan ›Kinder statt Inder‹ war übrigens eine völlig schwachsinnige, rein populistische Parole des heutigen Ministerpräsidenten von Nordrhein-Westfalen; damit hat er viele vergrault. Es kamen zu wenige. Die gingen lieber nach England oder in die USA, weil sie dorthin ihre Familien nachholen konnten. Hier wollte man Arbeitskräfte, aber keine Menschen, die im Sozialverbund leben. Von daher gibt es bisher kein Konzept, das dieses Land überlebensfähig macht. Eigentlich müßte der sturste Konservative im ureigensten Interesse für Einwanderung sein. Es ist gesamtgesellschaftlich ein Unding, wie hier eine Chance für die Zukunft vertan wird. Ein Spruch gefiel mir immer gut: ›Ausländer, laßt uns nicht mit den Deutschen allein.‹ Wo sich das Nur-Deutsche, statt sich zu öffnen, einigelt und unter sich bleibt, artet es langfristig in Inzucht aus. Dann ist es keine Kultur mehr, sondern nur noch Brauchtum, Folklore. Jede Kultur muß neue Einflüsse aufnehmen und erneuert sich dadurch. So war es auch im Ruhrgebiet, als die polnischen Immigranten ursprünglich ausgegrenzt wurden und nicht polnisch sprechen durften. Heute sind sie vollkommen integriert.

I.B.: Wie stehen Sie zur Spitzelaffäre des BND, die durch die Presse ging?

G.W.: Das, was jetzt beim BND herauskommt, ist nur die Spitze von einer Riesengeschichte, die aus einem verselbständigten Dienst sickert, der in der Nachkriegszeit begonnen hat. Und wenn sich jetzt einige Journalisten als Opfer sehen, von Focus oder Spiegel, sollen sie nicht so tun, als seien sie Unschuldsengel. In solchen Redaktionen reichen schon wenige Leute an den ›richtigen‹ Stellen, um Kampagnen zu entfachen. Solcherart willfährige Leute haben sich immer wieder in die Politik eingemischt. Dabei geht es längst nicht mehr ›nur‹ um Journalisten. Willy Brandt war immer wieder Opfer des BND, seine ganzen privaten Geschichten wurden in die Öffentlichkeit lanciert. Ich weiß, daß ein damaliger Bild-Chef dem Björn Engholm den Ulrich Pfeiffer angedockt hat, um ihn mit privaten Angelegenheiten zu kompromittieren, ihn in Verlegenheit zu bringen, damit er abgeschossen würde, als Barschel Ministerpräsident bleiben wollte.[2] Und derjenige, der das im Auftrag des BND mitgemacht hat, wie man inzwischen weiß, hat damals eine heroinabhängige Prostituierte im Bonner Hotel Tulpenfeld einquartiert und ihr 2000 DM pro Woche für ihre Suchtbefriedigung gegeben, um sie zum Notar zu schleppen, damit sie eine falsche eidesstattliche Erklärung abgibt, derzufolge Brandt einer ihrer Kunden gewesen wäre. Mehrere Notare haben abgelehnt, das aufzunehmen, bis einer es tat. Ab da hatten sie es in der Schublade. Man wußte zwar, daß Brandt kein Kostverächter war, aber eine solche Sache war rein deshalb initiiert, um ihn auf diese Art und Weise zu kompromittieren. Wäre nicht die Guillaume-Affaire dazwischengekommen, hätte man ihn mit solchen Geschichten zur Strecke gebracht. Bei Engholm war es genauso, über sein Privatleben hat man einem bestimmten Presseorgan Informationen zugespielt.

I.B.: Hat man auch versucht, Sie über Ihr Privatleben zu kompromittieren?

G.W.: Ein ganzer Trupp hat versucht, mein Privatleben auszuspionieren. Nur leider gab's da nichts sensationell Berichtenswertes. Sie gingen aber so weit, daß sie eine Frau als Köder schickten, die behauptete, sie käme vom BBC und wolle eine größere Reportage über mich vorbereiten. Die hat es dann auch darauf angelegt, intim zu werden. Aber zum Glück war sie nicht mein Typ. Wie später herauskam, war dies ein Zusammenspiel von Bild und dem Bundesnachrichtendienst. Und eine Abhörleitung von meinem Anschluß hier ging direkt in die Kölner Bild-Zentrale. Gespräche wurden umgeleitet, und die hörten feixend mit, was ich privat und beruflich vorhatte. Später kam heraus, daß der BND diese hochkomplizierte Fangschaltung gelegt hatte. Die Bild-Nutznießer wurden verurteilt, was ich in der Geschichte mit dem Zeugen Willmann in der ›Bild-Störung‹ dargelegt habe.[3] Derjenige, der das herausfand, ist heute Redakteur

---

2   Der Journalist Reiner Pfeiffer war 1986 zunächst beim Springer-Verlag angestellt, später wurde er der CDU-Landesregierung in Schleswig-Holstein, insbesondere dem amtierenden CDU-Ministerpräsidenten Uwe Barschel (1944-1987) als Medienreferent zur Verfügung gestellt. Vor der Landtagswahl 1987 wurde bekannt, daß der Spiegel nach der Wahl berichten wolle, Barschel habe, den Informationen Pfeiffers nach, eine Verleumdungskampagne gegen seinen SPD-Herausforderer Björn Engholm initiiert. Die CDU verlor daraufhin in der Landtagswahl ihre absolute Mehrheit. Barschel trat zurück und wurde einige Tage später tot aufgefunden. Pfeiffers Rolle ist nicht eindeutig, da er einerseits für Barschel arbeitete, aber auch Gelder aus SPD-Kreisen erhielt.

3   Vgl. hierzu Wallraff, Günter: *Bild-Störung*, 1985, Kapitel ›Der Kronzeuge‹ und ›Der Abhörprozeß – Einmal ist fast keinmal‹.

beim Spiegel. Der hatte gute Kontakte zum BND, war damals Chefreporter der Kölnischen Rundschau und brachte dann die Schlagzeile ›BND hat die Fangschaltung hergestellt‹. Solche Machenschaften fanden sicher nicht nur in meinem Fall statt.

I.B.: Ihnen wurde vorgehalten, der Stasi als Informeller Mitarbeiter zugearbeitet zu haben. Sind diese Vorwürfen berechtigt?

G.W.: An diesen Verdächtigungen hat der BND heftig mitgedreht, und zwar hat er Informationen aus der Behörde herausgefischt, frisiert und einseitig Springer-Presse, Welt, Morgenpost und Focus zugespielt. So produziert man Kampagnen. Nach dem Gesetz sollte der Beschuldigte Gelegenheit bekommen, Stellung dazu zu nehmen, aber die Möglichkeit hatte ich nicht. So können die erst mal jede Verleumdung in die Welt setzen, da brauchen Sie ein paar Jahre, bis ein Gericht alles untersucht, und dann ist es nur noch eine kleine Meldung, daß an den Vorwürfen nichts dran war. Ich habe in Sachen ABC-Kriegsführung recherchiert, das lief über einen befreundeten Journalisten. Es gab etwa sechs oder acht Kontakte. Auch hatten wir damals nicht so etwas wie eine Gauck-Behörde, als es um alte Nazis ging, und die Archive in Polen, Moskau und Ostberlin waren prall mit Informationen über die gefüllt. Ich war in den Archiven und habe NS-Biographien erforscht, in einem Fall hatte ich auch Erfolg.

I.B.: Wie sind Sie einem NS-Verbrecher auf die Spur gekommen?

G.W.: Das war Dr. Ludwig Hahn, einer der Ehrenmänner der Hamburger Gesellschaft, der war Gestapoleiter im Warschauer Ghetto gewesen. Er wurde protegiert und geschützt durch seinen Schwager General Steinhoff.[4] Und es gelang mir damals, in der DDR etwas über dessen Vergangenheit herauszubekommen. Ich habe heute noch die Akte da, aber die will keiner sehen. Darin sieht man nämlich, was ich damals recherchiert habe. Einer von Hahns Untergebenen, Josef Bloesche, war in der DDR gefaßt worden. Es gibt ein historisches Foto, auf dem Bloesche als SS-Soldat im Warschauer Ghetto mit Stahlhelm und vorgehaltenem Gewehr einen jüdischen Jungen in Schach hält, der mit einer Ballonmütze dasteht und die Hände erhoben hat. Der Junge hat übrigens überlebt, er ist vor einigen Jahren in England ausfindig gemacht worden. Bloesche wurde dann in der DDR gefunden, vor Gericht gestellt und zum Tode verurteilt. Ich hatte versucht, an Bloesche heranzukommen, das war mir aber verweigert worden. Dennoch konnte ich mit dem Staatsanwalt sprechen und bekam Fotos und Dokumente, wie Hahn damals dort gefuhrwerkt hatte, und Informationen über die Hintergründe der ganzen Taten. Ich hatte das auf Umwegen Wiesenthal zukommen lassen, und der informierte darüber auf einer internationalen Pressekonferenz.[5] Auch Willy Brandt schaltete sich später ein. Ich hatte auch Hahn

4 Johannes Steinhoff (1913-1994), im Zweiten Weltkrieg Offizier und Flieger der Deutschen Luftwaffe, wurde nach dem Krieg General der Luftwaffe der Bundeswehr.
5 Der Publizist und Schriftsteller Simon Wiesenthal (1908-2005) hatte als einziges Mitglied einer großen Familie den Holocaust im Konzentrationslager Mauthausen über-

heimgesucht und ihm gesagt, ich käme von der HIAG, einer SS-Hilfsorganisation,[6] und würde ihm raten, er sollte sich in Sicherheit bringen. So konnte ich von ihm erfahren, wieso der so lange in Freiheit war. Drei Staatsanwälte wurden bei dem Verfahren aus dem Verkehr gezogen. Einer war überfordert, aber Hilfestellung bekam er nicht. Hahn rühmte sich mir gegenüber, ihm könne keiner beikommen. Er werde ständig darüber informiert, welche Zeugen aussagen würden, und er hätte nichts zu befürchten. Später erfuhr er, daß ich nicht von der HIAG war. Hahn wurde über Wiesenthal infolge der internationalen Pressekonferenz verhaftet und wegen der Ermordung von über 200.000 Juden zu lebenslänglich verurteilt.

I.B.: Warum hat man Sie als Stasi-Mitarbeiter verdächtigt?

G.W.: Es tauchte ein neunseitiges Papier auf, das die Gauck-Behörde ursprünglich vollständig zu meiner Entlastung interpretiert hatte. Unter Gauck sagte man noch, ich sei abgeschöpft worden.[7] Mir sei kein Vorwurf zu machen, und in dem Papier sei auch eindeutig meine Haltung erkennbar gewesen. Da hieß es: ›Wallraff läßt sich nicht vom marxistisch-leninistischen Standpunkt beeindrucken. Er ist Anhänger der katholischen Soziallehre‹, was die auch immer damit meinten. Und: Über Wallraff ließen sich keinerlei Personenhinweise erlangen. Es gab also zunächst eine volle Entlastung, auch später entlastete die Behörde mich wiederum, als über die ›Welt‹ die neuen Papiere zu Rosenholz auftauchten. Doch dann kam Marianne Birthler. Sie war unter Druck, und zwar von seiten einiger CDU-Gremien. Sie hat dem nicht standgehalten und die Erklärung abgegeben, in der es sinngemäß hieß: ›Die Papiere lügen nicht.‹ Anfangs sollte ich bei der Stasi ›Walküre‹ geheißen haben. Dann gab es noch einen Bundesrichter, der, nach einer eidesstattlichen Erklärung, vom Burda-Konzern sogar Geld bekommen hatte. Der hatte mich im Visier.

Es war dann ein langer Gerichtsweg. Die Richter haben die Akten sehr sorgfältig analysiert. Inzwischen hat das Hamburger Oberlandesgericht in einem rechtskräftigen Urteil festgestellt, daß ich nicht als ›IM‹ (›Inoffizieller Mitarbeiter‹) bezeichnet werden darf. Man habe vielmehr versucht, mich abzuschöpfen. In meinem Fall gab es einen Stasi-Menschen, der mir als Archiv-Angestellter begegnete. Für den war ich ein großer Fisch an der Angel. Er wollte sich profilieren. Der hatte mich in den Ost-Berliner Presseclub eingeladen. Da das so eine miefige Bude war, sagte ich, daß ich ihn lieber im Hotel ›Unter den Linden‹ in einem Café treffen würde. Das hatte ein Schaufenster, so daß jeder Passant reinschauen konnte. Wäre das eine konspirative Sache gewesen, hätte ich mich mit

---

lebt und sah fortan in der ›Suche nach Gerechtigkeit für Millionen unschuldig Ermordeter‹ seine Lebensaufgabe. Mit seiner Hilfe wurde Adolf Eichmann aufgespürt.

6 Die HIAG, ›Hilfsorganisation auf Gegenseitigkeit der ehemaligen Angehörigen der Waffen-SS‹, wurde 1951 gegründet und setzte sich zur Aufgabe, die Rehabilitierung der Soldaten der Waffen-SS zu betreiben.

7 Der Pfarrer Joachim Gauck war von 1990 bis 2000 der erste Bundesbeauftragte für die Unterlagen des Staatssicherheitsdienstes, seine Amtsnachfolgerin seit 2000 ist die bündnisgrüne Politikerin Marianne Birthler.

ihm sicher nicht in einem öffentlichen Lokal getroffen. Ich hatte dem ein Geschenk mitgebracht, um ans Eingemachte zu kommen. Aber dann wurde versucht, über mich auch etwas zu lancieren. Das war offensichtlich Propagandamaterial, das landete bei mir im Papierkorb. Diese Geschichte war nicht sehr ergiebig.

I.B.: Wie erklären Sie sich die Pressekampagne gegen Sie?

G.W.: Ich konnte mich erst nicht wehren gegen das, was da gespielt wurde. Von der ARD kam nachmittags ein Anruf, abends würde ihr Hauptstadtstudio darauf Bezug nehmen, ich hätte aber Gelegenheit, Stellung dazu zu nehmen. Ich war gerade mit meiner Frau im Ausland unterwegs und ich fragte, worum es ginge. Sie wichen aus und entgegneten, das müsse ich doch wissen, die Behörde hätte mir das mitgeteilt. Aber ich hatte nichts bekommen. Dann ließ ich meinen Anwalt dort anrufen, und der wollte eine Stellungnahme abgeben. Er bekam dann alles Mögliche per Fax, aber nicht das, worum es ging, eine Stunde vor Sendung hatte er immer noch nichts. Ich verwies darauf, daß die Behörde klare Anweisungen hat und Informationen über mich nicht herausgeben darf, denn zuerst muß der Betroffene diese bekommen. Aber Geheimdienste haben Sonderrechte. Die kommen an alles ran. Es war eine ziemlich offensichtliche Geschichte, wie das gespielt wurde. Ich nenne das einen Vernichtungsfeldzug.

I.B.: Kürzlich hat der Schriftsteller Günter Grass die Öffentlichkeit mit dem Eingeständnis erstaunt, er sei in seiner Jugend bei der SS gewesen. Welche Position nehmen Sie danach zu Grass ein?

G.W.: Diejenigen, welche die Gelegenheit beim Schopf packen, Grass jetzt fertigzumachen, da sie ihn noch nie als kritische Instanz akzeptieren wollten, sehe ich als Heuchler an. Hierzu gehörte der Hitler-Biograph Joachim Fest. Es ist nie zu spät, Reue zu zeigen, und er hat diesen Fehltritt zumindest offengelegt und, wie mir scheint, in seinem gesamten Leben tätige Reue gezeigt. Ich sehe Grass als einen der wenigen deutschen Schriftsteller, die in der Nachfolge Bölls als Gewissen Deutschlands fungieren, auch wenn mir manche Äußerung von ihm nicht gefällt, wie zum Beispiel die Kommentierung zu Lafontaines Schröder-Kritik: »Schnauze halten, Oskar – Wein trinken«. Andererseits scheint mir die Geständnis-Episode von Grass etwas zu marginal geraten.

4. Zur Weltpolitik

I.B.: Viele sind stolz auf die praktizierte Demokratie in der westlichen Welt und erheben einen alleinseligmachenden Anspruch. Wie bewerten Sie das?

G.W.: Ich bin der Auffassung, daß eine Demokratie, wenn sie wirklich gelebt, von unten her ausgefüllt wird und sich weiterentwickelt, das beste Modell ist, das wir haben. Mir gefällt Abraham Lincolns Definition von Demokratie sehr gut: ›Regierung des Volkes für das Volk durch das Volk.‹ Alles, was einmal große Wirkung hatte oder noch bekommen wird, hat im Kleinen angefangen. Jede große soziale Bewegung ist im Kleinen entstanden. Und alle waren ursprünglich die Spinner, die verlacht oder bekämpft wurden. Die Utopien von vorgestern sind die positiven Realitäten von heute. Ob das Kinder-, Frauen-, Arbeits- oder Umweltrechte sind – diejenigen, die sie forderten, waren früher die Verpönten und die Verleumdeten, und so werden auch unsere heutigen Vorstellungen von weitergehenden gerechteren Gesellschaftsformen heute geächtet oder verlacht. Es gibt den Satz: Seien wir Realisten – verlangen wir das Unmögliche, oder Wer will, daß die Welt so bleibt, wie sie ist, der will nicht, daß sie bleibt.

Wie das demokratische System inzwischen ausgehöhlt ist, wie es besetzt ist von Interessen- und Machtgruppen – die Politiker sind zunehmend Erfüllungsgehilfen anderer Interessen, nicht mehr die eigentlichen Gestalter und werden oft nur noch marionettenhaft geführt von Lobby- und Konzerninteressen – da sehe ich den Sinn oder die eigentliche Absicht unserer Verfassung pervertiert. Und diejenigen, die als die großen Volksbeglücker und Weltverbesserer auftreten, und das auch noch im Namen der Demokratie, die tarnen in der Regel ihre eigenen merkantilen Absichten.

I.B.: Sehen Sie in den USA eine Gefahr?

G.W.: Bei Bush sehe ich knallharte Wirtschaftsinteressen. Dem geht es nicht um Demokratie im Irak, sondern um das zweitgrößte Ölvorkommen und gleichzeitig um den Versuch, seine Leute ins Geschäft zu bringen. Und das noch mit missionierenden Absichten. Bush ist ein schlichtes Gemüt und hat sich wohl sehr von Billy Graham beeinflussen lassen.[8] In der Familie galt er als der totale Versager, dem Alkohol verfallen, der dadurch einen Halt bekommen hat, daß er sich nun als Erfüller einer testamentarischen Aufgabe sieht. Er fühlt sich als missionierender Christ, und er ist knallharter Fundamentalist. Von daher bedingen sich manchmal solche Figuren wie Bin Laden und Bush gegenseitig, denn sie sehen sich beide als Menschheitserlöser und haben entsprechende Charakterstrukturen entwickelt. Das sind Pole, die sich aufeinander beziehen. Man mußte wahrlich kein Prophet sein, um vorherzusehen, was durch den Irakkrieg angerichtet würde. Er hat die ganze Struktur weiter verschlimmert und dem Iran eine zusätzliche Machtentfaltung ermöglicht. Zur Zeit Saddam Husseins, der ein schlimmer Diktator war, waren die Schiitenführer in der Immigration im Iran. Jetzt bestimmen sie mehrheitlich die Gesellschaft und haben noch immer im Iran ihren Rückhalt. Von daher ist genau das Gegenteil von dem passiert, was an Absichtserklärungen abgegeben wurde. Damit erleben die USA, daß die Verfolgung vordergründiger Interessen letztendlich irreparablen Schaden anrichten kann. So sind die USA eine Weltbedrohung. In meinem offenen Brief an Bush habe ich ihm ›Aufstieg und Untergang des Römischen Reiches‹ von Montesquieu als Nachtlektüre empfohlen. Ich sehe aber auch, das es nicht zum Nutzen der Welt ist, wenn ein ganzes System zusammenbricht – und an dessen Stelle China tritt. Auch hier sehe ich einen maßlosen und nur noch selbstbezogenen,

---

8 Billy Graham, Baptistenpastor und Erweckungsprediger der evangelikalen Bewegung, vertritt Anschauungen der konservativen Rechten in den USA. Er wurde wurde für seine ›crusades‹, evangelistische Großveranstaltungen bekannt.

gierigen bonzokratisch und zentralistisch gesteuerten Kapitalismus mit enorm zerstörerischem Nachholbedarf.

I.B.: Der Philosoph Karl Jaspers hat die UNO als eine ›Bühne‹ bezeichnet, auf der die Vetomächte so tun, als seien alle gleichberechtigt, in Wirklichkeit gehe es jedoch um die Verteidigung eigener Interessen im Namen aller Mitgliedsstaaten. Wie stehen Sie zur UNO?

G.W.: Diesen Satz würde ich direkt unterschreiben, denn da gibt es ein Ungleichgewicht, eine Übermacht, politische Tabus – wehe, wer daran rührt! Es gibt keine gleichberechtigte Diskussion. Dabei sehe ich die Vereinten Nationen als Vertretung der Weltgesellschaft, als Idee, natürlich als erstrebenswert an. Doch die UNO muß dringend reformiert, demokratisiert werden. Kofi Annan hat damit begonnen, und dieser Prozeß muß energisch vorangetrieben werden. Um beispielsweise die weit überwiegende Mehrheit der kleinen und mittleren Länder einzubeziehen, gibt es kaum einen anderen Weg, als ein wirkliches UN-Weltparlament einzurichten. Ich habe kürzlich einen entsprechenden Aufruf des Komitees für eine demokratische UNO unterschrieben. Die Weltgesellschaft ist noch fern davon, im demokratischen Sinne zu funktionieren. Aber wir dürfen Bestrebungen dazu nicht *ad acta* legen, sondern müssen sie vorantreiben, sie verlebendigen, auch hier Demokratie von unten verwirklichen.

I.B.: Gegenwärtig wird suggeriert, die USA hätten Menschenrechte, Toleranz und Demokratie *de facto* in Besitz genommen. Läßt sich Guantánamo mit der ›Charta der Menschenrechte‹ vereinbaren?

G.W.: Mich hat erstaunt – und das ist ein Armutszeugnis -, daß Guantánamo erst dann angezweifelt wurde, nachdem alles offenkundig wurde. Ursprünglich hat keiner daran gerührt. Es wurde als Recht der Amerikaner hingenommen, jeden zu verschleppen und sich willkürlich zur Weltpolizei zu erheben. Erst als die Bilder kamen, erhob sich Protest. Da kann man sagen: Zum Glück gibt es das Internet. Seitdem bleibt nichts mehr geheim. Das hat dazu geführt, daß letztlich ein Weltgewissen entstanden ist und sich Medien eingeschaltet haben. Am Anfang hat auch der Spiegel den Irak-Krieg mitgeschürt und vorbereitet. Da kamen leider solche zu Wort, Bellizisten nannte man sie, wie Enzensberger. Der ist eigentlich auf einem hohen geistigen Niveau, aber relativierte die Geschichte und verglich Saddam Hussein mit Hitler. Wem hat er da einen Gefallen getan? Auch der iranische Präsident wird mit Hitler verglichen. Damit sollte man nicht anfangen, denn gegen einen zweiten Hitler ist alles gerechtfertigt. Da darf man sogar die Atombombe werfen. Ich würde das als ›Geschichtsrelativierung‹ bezeichnen, eine Verharmlosung des größten Verbrechens der Menschheitsgeschichte. Sicher ist Ahmadinejad ein Verhängnis für sein Land, ein haßgesteuerter Provokateur, der sich selbst als begnadeten Erlöser und Wiedergeburt des 3. Imam sieht.[9] Insgesamt ist er wohl jemand, der den Konflikt sucht, der Wettbewerbe mit Karikaturen auf Kosten von Holocaustopfern macht. Das ist jenseits

---

[9] Mahmoud Ahmadinejad ist seit 2005 Präsident der Islamischen Republik Iran.

jeder Diskussion und eine ernsthafte Bedrohung für Israel, dem er die Vernichtung angedroht hat, und das ist ernst zu nehmen, insbesondere durch den unbeirrt vorangetriebenen Bau der Atombombe.

5. Zu Religion und Kirche

I.B.: Wie sehen Sie die Kirche in unserer Zeit?

G.W.: Die haben zum Teil dazugelernt. Insbesondere in der protestantischen Kirche gibt es mehr Toleranz und Offenheit als in der katholischen Kirche. Ich spreche hier von der Amtskirche, was aber nicht in jedem Fall auf den einzelnen Pfarrer zutrifft. Ich habe Freunde bei den Dominikanern, die sich weltweit sozialen Aufgaben zuwenden, aus ihren schrecklichen Missionsgeschichten gelernt haben und Fehler wiedergutmachen wollen. Der Papst- und Führerkult in der katholischen Kirche ist antidemokratisch. Der Pfarrer, der auch Protestanten die Hostie gab, ist seines Amtes enthoben worden. Der steht kurz vor der Exkommunizierung. Selbst dieser doch eigentlich selbstverständliche Schritt der Ökumene wird obsolet. Es geht natürlich um enorme Besitzpfründe und Machtansprüche. Daran scheitert die Ökumene, nicht an Glaubenssätzen. Von daher würde ich schon sagen: Wenn das selbst da nicht funktioniert, zwischen Protestanten und Katholiken in einer Gesellschaft, in der beide gleiche Aufgaben erfüllen sollten, dann ist das zum Scheitern verurteilt. Wenn Jesus, wie im ›Großinquisitor‹ von Dostojewski, wiederkäme, würde der wahrscheinlich zum zweiten Mal gekreuzigt werden, vielleicht nicht physisch, sondern gesellschaftlich. Auch würde er sicher kein kirchliches Amt bekleiden dürfen. Er wäre eine Unperson. Jesus war eine historische Figur, vieles in seiner Lehre ist wirklich vorbildlich und hat die Grenzen seiner Zeit gesprengt. Überhaupt wird die Religion mißbraucht, um politische Macht durchzusetzen. Religion ist nur das Vehikel, der Vorwand. Die Wundergläubigkeit gehörte früher dazu. Jeder, der ernst genommen werden wollte, mußte die Vollbringung eines Wunders nachweisen. Heute doktort die katholische Kirche immer noch daran herum, zu beweisen, daß jeder Heilige, auch in unseren Tagen, Wunder bewirkt haben muß. So kommen deren Obere zu den abstrusesten Ideen. Das ist nicht allein eine mittelalterliche Geschichte.

I.B.: Wie stehen Sie zum Zölibat?

G.W.: Die Doppelmoral der katholischen Kirche ist enorm. Die Mehrheit der Priester ist wegen des Zölibats gezwungen, ein Doppelleben zu führen, und das ist etwas zutiefst Unmenschliches und Grausames. Es entspricht nicht dem Urchristentum. Die wußten zu leben, da waren Frauen dabei, obwohl diese nacher im Erscheinungskult auf Maria Magdalena, die sogenannte Sünderin reduziert wurden. Wir wissen das natürlich nicht genau. Es sind ja auch Wunschbilder und Sehnsüchte, woraus später die Offenbarungslehre entstand. Hinsichtlich der Doppelmoral der Priester sind diese arm dran. Sie haben schließlich auch Bedürfnisse, die sie im Verborgenen ausleben müssen. Entweder ist es die Haushälterin, oder es sind heimliche Liaisons. Und wenn Kinder entstehen, müssen diese versteckt werden. Wir hatten in der Nachbarschaft einen älteren

Pfarrer, der vom Sekretär des Erzbischofs einen Brief bekam, in dem stand, daß man ihn eindringlich zum letzten Mal darauf hinweise, daß ab dem vierten Kind die Kirche nicht mehr für Alimente aufkommt. Aber es wird geduldet, und die Kinder müssen verleugnet werden. Oder es sind homosexuelle Verhältnisse. Zu Männergesellschaften fühlen sich Schwule eher hingezogen, das ist ganz normal.

I.B.: Trotz Ihrer Kritik an der Amtskirche sind Sie meines Wissens religiös. Welche religiöse Ausrichtung halten Sie persönlich für erfüllend?

G.W.: Da müssen wir uns erst einmal darüber unterhalten, was religiös ist. Ich bin ein tiefgläubiger Agnostiker, ein Suchender nach dem Motto ›Wer suchet, der findet, wer findet, der sucht nicht mehr‹. Das heißt, sich mit anderen Kulturen und Riten auseinandersetzen, sich einfühlen, aber nicht in die Enge einer Glaubensgemeinschaft hineingeraten. Wer das allerdings braucht, um ein besserer Mensch zu werden, der soll glauben. Hat einer das nicht nötig, dann hat er andere Kriterien. In meiner Jugend war Jesus eine prägende Gestalt der Menschheitsgeschichte, so wie Gandhi. Ich war nie gläubig. Ich habe nie eine Jenseitserwartung gehabt. Dafür reicht unser Vorstellungsvermögen nicht aus. Wir sollten da auch nicht spekulieren, sondern in diesem begrenzten Dasein versuchen, positive Verhältnisse zu schaffen. Der britische Schriftsteller H.G. Wells hat in seinem Buch ›Die offene Verschwörung‹, in dem der scharfe Kirchenkritiker einen Weg zu einem demokratischen Weltdirektoriat vorschlägt, Religion so definiert, daß sie für den einzelnen das Bemühen bedeute, durch irdische Taten über sein persönliches Umfeld und seine eigene Lebensspanne hinauszuwirken. Das finde ich eine sympathische Sichtweise. Jeder jedoch, der die Schaffung positiver Verhältnisse auf das Jenseits verlagert, wird das wahrscheinlich nur machen, um sich einen Platz zu ergattern, dann geht es nur um ein vordergründiges Gutsein. Oder er lebt in Angst vor dem, was kommt. Ich habe von jemandem aus den Pflegeberufen gehört, daß die Katholiken sich beim Sterben am schwersten tun und am wenigsten loslassen können.

I.B.: Ziehen Sie nicht das Leben dem Tod vor?

G.W.: Heute wird so getan, als dürfe man sein Leben nicht aufs Spiel setzen. Da werden Selbstmordattentäter mit Menschen, die ihr eigenes Leben für andere aufopfern, gleichgesetzt. So etwas liest man in seriösen Zeitungen. Wenn ich so etwas lese, denke ich immer: »Moment, Jesus selbst war dann also der größte Sünder, indem er den Tod herausgefordert und ihn freiwillig auf sich genommen hat.« Sehr wohl darf man sein Leben aufs Spiel setzen, sein eigenes, wohlgemerkt, natürlich nicht das Leben von anderen. Wir sind viel zu abstrakt in unseren Beurteilungen. Wenn jemand sagt: Es gibt im Moment ein höheres Gut, nämlich die Freiheit oder eine Idee, dann bin ich bereit, für diese Idee zu sterben. Mir war zum Beispiel danach, als Helmut Hofer im Iran zum Tode verurteilt wurde, weil ihm eine Liebesbeziehung zu einer Muslimin unterstellt wurde, da hat sich bei mir alles aufgebäumt. Ich wollte spontan dahinreisen, und mich wie in Athen dahinstellen, mit einem Plakat ›Liebende aller Länder, vereinigt euch, auch ich hatte Liebesbeziehungen zu Musliminnen.‹ Auch überlegte ich, den Hofer da rauszuholen, er sieht mir etwas ähnlich. Ich hatte erreicht, über seinen

Anwalt Kontakt mit ihm aufzunehmen. Über einen Geschäftsmann, der ihn besuchen durfte, konnte ich mit ihm Briefe wechseln. Ich hatte bereits eine Rolle vorbereitet, wo ich ihm im Gefängnis hätte begegnen können, es war vorgesehen, das Outfit zu tauschen, und dann hätte er an meiner Stelle rausgekonnt. Das wäre wahrscheinlich bedrohlich geworden, obwohl ich's wahrscheinlich überlebt hätte, denn im Iran bin ich kein Unbekannter. Damals war noch nicht Ahmadinejad an der Macht, sondern Rafsandjani, auch ein blutrünstiger total korrupter Schlächter, der aber aus wirtschaftlichen Interessen mehr Rücksicht auf den Westen nahm.[10]

I.B.: Was halten Sie von religiösen Menschen?

G.W.: Ich habe Respekt vor allen Menschen, die gläubig sind und ihren Glauben so leben, daß sie soziale Menschlichkeit unter Beweis stellen. So habe ich beispielsweise großen Respekt vor Norbert Blüm, obwohl er Spitzenpolitiker war, und allen Versuchungen ausgesetzt war, die es dort so gibt. Er läuft jetzt zu großer Form auf und ist ein praktizierender Christ, so erlebe ich ihn. Ich bin mit ihm befreundet. Er bot aus tiefchristlicher Überzeugung Pinochet die Stirn, als der ganze CDU/CSU-Polit-Verein Chile huldigte. Schlimm war hingegen Bruno Heck, der Pinochet einen Freibrief ausgestellt hat. Als die Gefangenen im Estadio de Chile abgeschlachtet wurden – Víctor Jara, dem großen Sänger und Gitarristen, wurden die Hände abgehackt –, kam Heck von dort zurück und beschwichtigte: ›Das Leben im Stadion ist bei sonnigem Wetter recht angenehm‹.[11] Strauß huldigte Pinochet ohnehin, aber Blüm blieb auf dem Standpunkt, man müsse von Anfang an aufpassen. Wenn man die ersten Höflichkeitsformeln austausche, dann sei es oft schon zu spät, dann sei man eingefangen und könne nicht mehr heraus. Er hat ganz schnell den Riegel vorgeschoben, nämlich, als Pinochet ihn in seine Hauskapelle führte, um zu zeigen, daß auch er praktizierender Katholik ist. Da sagte Blüm auf seine schlichte, naiv gespielte Art: »Der da«, und er zeigte auf das Kreuz, »der da, der kriegt alles mit. Der da wird das nicht verzeihen.« Und dann fing er an, alle Morde und politischen Gefangenen aufzuzählen. Darauf sei von Pinochet nur noch eisige Ablehnung gekommen.

6. Zu Interkulturalität und Interreligiosität

I.B.: Ihr Leben, Werk, Wirken und Methode lassen sich einer interkulturellen und interreligiösen Lesart unterziehen. Wie stehen Sie zu dieser These?

G.W.: Es freut mich, daß mein Werk unter diesem Gesichtspunkt hinterfragt und gewertet wird. Ich fühle mich verstanden, obwohl ich eingestehen muß, daß ich meine Arbeit nicht von Anfang an auf dieses Konzept ausgerichtet habe. Das hat sich so ergeben, und da ich kein Theoretiker bin, sondern vieles aus dem Bauch

---

[10] Ali Akbar Haschemi Rafsandjani ist ein iranischer Geistlicher und Politiker.

[11] Der CDU-Politiker Bruno Heck (1917-1989) war von 1962 bis 1968 Bundesfamilienminister und von 1967 bis 1971 Generalsekretär der CDU. Vgl. hierzu Wallraff, Günter: *Zeugen der Anklage*, 1979 o. S. Staeck griff die Aussage Hecks auf und fertigte hierzu ein Plakat.

heraus entstanden ist, ist es eine Genugtuung, daß diese Kontinuität von Ihnen herausgefunden worden ist. Vielleicht sind das auch meine eigenen Wurzeln aus der Familiengeschichte.

I.B.: Wir nähern uns einem Zeitalter der Interkulturalität, das Zusammen-rücken der Völker macht die Anerkennung des Anderen unverzichtbar. Wie sehen Sie die Chancen für eine solche Zukunft?

G.W.: Keiner ist im Besitz der absoluten Wahrheit. Es gibt keine heiligen Bücher. Es gibt Bücher, die aus der Zeit heraus, in der sie geschrieben worden sind, zu verstehen sind, die Wahrheiten, aber auch inzwischen überholte Forderungen beinhalten. Der Inhalt muß immer auf unsere Zeit hin neu interpretiert werden. Da schätze ich Abu Zaid hoch ein, der ein tiefreligiöser Mensch ist, ein Moslem, der in Ägypten versuchte, eine Modernisierung des Koran durchzuführen.[12] Er wurde von den Fundamentalisten als Apostat bezeichnet, die Fatwa gegen ihn verhängt, man durfte ihn also töten. Und der Skandal war, daß seine Ehe, die eigentlich recht glücklich war - seine Frau war Soziologin -, zwangsgeschieden wurde, obwohl Ägypten auf dem Papier ein laizistisches Land ist. Er mußte emigrieren und lebt jetzt in Leiden in Holland als Religionswissenschaftler. Im Islam sehe ich zeitversetzt das, was sich in früheren Jahrhunderten im Christen-tum abspielte. Hans Küng oder Eugen Drewermann vertreten Positionen, die nicht zugelassen sind, und ihnen wurde die *venia legendi* entzogen.[13] Die Fun-damentalisten in der Führungsetage der katholischen Kirche haben die Über-macht. Was ich absolut nicht verstehe ist, daß einem so kaltherzigen, verbohrten und verklemmten Menschen wie dem jetzigen Papst, dem ehemaligen Kardinal Ratzinger, der therapeutische Hilfe brauchte, sogar Jugendliche auf den Leim gehen. Es zeigt, welche Sehnsucht nach Orientierung vorhanden ist, wenn sie so einem Nachfahren der Inquisition scharenweise, wie dem Rattenfänger von Hameln, nachlaufen. Ich habe Jugendliche hier in Köln erlebt – das war etwas Hilfloses, etwas Trauriges, und das ist ein Zeichen, wie eine bestimmte Presse alles propagieren kann und den Menschen die falschen Vorbilder vor die Nase setzt.

---

12 Wegen seiner Untersuchung des Korans aus philologischer und textkritischer Perspek-tive wurde der ägyptische Koranwissenschaftler und liberale Theologe Nasr Hamid Abu Zaid 1995 zwangsgeschieden. Abu Zaid lebt heute im holländischen Exil.

13 Dem katholischen Theologen Hans Küng, der insbesondere durch sein ›Projekt Welt-ethos‹ bekannt ist, wurde 1979 aufgrund von Auseinandersetzungen wegen seiner kri-tischen Werke *Die Kirche* 1967 und *Unfehlbar? Eine Anfrage* 1970 die Venia legendi ent-zogen, dann wurde er vom Priesteramt suspendiert. Er trat nach der letzten Papstwahl aus der katholischen Kirche aus. Über Eugen Drewermann, ebenfalls katholischer Theologe, wurde wegen seiner tiefenpsychologischen Auslegung biblischer Texte in seinem Buch *Tiefenpsychologie und Exegese* 1988 nach einem Lehrbeanstandungsverfah-ren ein Predigtverbot verhängt.

I.B.: Wie beurteilen Sie die Reden des Papstes zum Dialog der Kulturen?

G.W.: Als ablenkendes Geschwätz. Es passiert nichts, wie bei allen, die sich im Besitz der absoluten Wahrheit sehen. Wir müssen bekennen: Wir sind Irrende, wir sind Suchende. Von diesen Voraussetzungen her finden wir zu einem neuen Weltethos. In allen Weltreligionen sind Sehnsüchte der Menschen artikuliert. Wir müssen Abrüstungskonferenzen auch in den Religionen durchführen und die eigenen Fehler offen auf den Tisch legen. Es sollten auch Berater aus anderen Kulturen dabei sein. Wir leben in einer globalisierten Gesellschaft, und es gibt eine Sehnsucht der Mehrheit der Menschen auch nach ethisch-moralischen Konzepten. Da reicht es nicht aus, die positiven Aspekte der christlichen Soziallehre zu betrachten, wir müssen erst recht den Buddhismus berücksichtigen, der von der Gleichwertigkeit aller Lebewesen ausgeht und nicht den Menschen über alles setzt. Das habe ich in meiner ›Predigt von unten‹ ausgeführt. Im Islam ist in manchem mehr Sinnlichkeit als im Christentum, zum Beispiel bei der positiven Bewertung von Sexualität in der Ehe. Wie er dann praktiziert wird, was die Mullahs an Grausamkeiten daraus machen, ist eine andere Sache. Ich meine, es sollten sich einige in ihren Kulturen einflußreiche Menschen aus allen Teilen der Welt zusammensetzen. Das vertritt ja auch Küng als Konzept. Vor diesem Hintergrund sehe ich übrigens den Weltzukunftsrat, den der Stifter des Alternativen Nobelpreises, Jakob von Uexküll, derzeit ins Leben ruft – er wird bald in Hamburg die Arbeit aufnehmen –, mit großer Sympathie.

I.B.: In Europa und in Deutschland wird zunehmend das Problem des Rassismus diskutiert. Was muß getan hier werden?

G.W.: Es muß nicht nur eine intra-, sondern eine interkulturelle Sozialisation geben. Das Lernen positiven Zusammenlebens muß natürlich bereits im Elternhaus beginnen, im Kindergarten, Grundschule usw. fortgesetzt werden. Hierfür müßten alle erdenklichen Etats vorhanden sein, aber da, wo es die Gesellschaft auf den ersten Blick am wenigsten kostet, wird meistens zuerst und am meisten gespart. Auf den zweiten Blick bedeutet das, daß Gefängnisse gebaut und Sozialmaßnahmen erst dann ergriffen werden, wenn es zu spät ist. Wenn Kindergärten mit entsprechend ausgebildetem Personal vorhanden wären, so daß Kinder frühzeitig spielerisch den Umgang miteinander lernen können, wird Rassismus widerlegt. Vor kurzem erlebte ich, daß Kinder in einem Hort miteinander spielten und ein Junge immer begeistert von seinem Freund erzählte. Irgendwann haben die Eltern diesen Freund kennengelernt, einen Schwarzafrikaner. Für das Kind war dies überhaupt kein Thema. Auch hier in der Nachbarschaft, in Köln-Ehrenfeld, wo griechische und türkische Kinder leben, gibt es keine Probleme, obwohl die Eltern noch in Spannung miteinander leben. In Schulklassen mit 80 bis 90 Prozent Ausländeranteil sind die Probleme allerdings vorprogrammiert.

I.B.: Strebt unsere Gesellschaft überhaupt nach Integration?

G.W.: Je mehr Aufnahmebereitschaft und Toleranz, um so mehr Integrationsinteresse. Und je mehr Ablehnung und Ausgrenzung, um so mehr Beharrungs- und Ghettoisierungstendenzen. Natürlich ist Integration der anzustrebende

Zustand. Meine Stiftung ›Zusammen-Leben‹ in Duisburg ist auch ein Integrationsmodell. Aber ob sich jemand integrieren will oder nicht, das muß ihm selbst überlassen sein. Es ist durchaus möglich, daß jemand hier lebt und auch seinen Platz in der Gesellschaft findet, aber er will nicht integriert werden. Das Recht soll er haben. Wir müssen auch einen Schamanen ertragen oder jemanden, der eine ganz andere kulturelle Orientierung hat. Wer dazugehören will, soll darüber selbst entscheiden können.

I.B.: ›Ganz unten‹ hat Sie weltbekannt gemacht. Wie kamen Sie auf die Idee, in die Rolle des ›Ali‹ zu schlüpfen?

G.W.: Man muß sich voll auf etwas einlassen, und dann ergibt es sich oft von selbst. Es ist völlig verrückt, daß man zum richtigen Zeitpunkt oft die richtigen Menschen trifft. Wenn man seine ganzen Sinne in eine bestimmte Richtung lenkt, dann habe ich manchmal den Eindruck, es gibt eine merkwürdige Vernetzung. Wir müssen nur offen sein und wollen - so etwas gibt es. Da gibt es bei mir eine Ebene, auf der ich fast glauben könnte. Am Anfang war nur die Anzeige ›Arbeiter, kräftig, sucht Arbeit, egal was, auch Schwerst- und Drecksarbeit‹ usw. Alles Weitere hat sich entwickelt. Es war Zufall, daß ich zu Thyssen kam. Ich lernte jemanden kennen, der kannte wiederum jemanden, der dort arbeitete. Ich ließ es auf mich zu- und an mich herankommen.

I.B.: Als Versuchskaninchen der pharmazeutischen Industrie haben Sie Ihre Gesundheit aufs Spiel gesetzt, was bewog Sie dazu?

G.W.: Ich hörte, daß es Kollegen gab, die von der Abschiebung bedroht waren und sich versteckten und die sich durch solche Versuche überhaupt über Wasser hielten. Heute gibt es wieder solche Fälle. In ntv gab es den Schriftzug ›Für 140 Euro am Tag werden Versuchspatienten gesucht‹. Ich mußte ein starkes Epileptikermittel zu mir nehmen, und ich bekam Zahnfleischbluten und Schwindelgefühle über mehrere Tage.

I.B.: Welches Ziel verfolgten Sie mit der ›Umtaufe‹?

G.W.: Ich habe immer wieder die Auseinandersetzung mit der katholischen Kirche gesucht. Auch in meiner Bundeswehrzeit, in meiner Napalm-Rolle, als mir ein katholischer Pfarrer einen Deal anbot und sagte »Junge, du machst deinen Führerschein auf Bundeswehrkosten, dafür setze ich mich ein, wenn du den Antrag zurückziehst.« Gemeit war meine Wehrdienstverweigerung. Ich ließ mich nicht darauf ein und berief mich stattdessen auf die Bergpredigt. Bei der Umtaufe in ›Ganz unten‹ wollte ich testen, ob die einen taufwilligen Moslem willkommen heißen. Daß das, was dabei herauskam, eine Mischung aus Hildebrandt und Valentin war, wollte ich erst selbst kaum glauben.

I.B.: Würde die islamische Religionsgemeinschaft eher einen Nichtmoslem aufnehmen als die christlichen Kirchen einen Moslem?

G.W.: Ich habe den Gegentest gemacht, hier bei der DITEP um die Ecke, einer türkischen Moschee in Köln. Ich habe dem Sekretär des Gemeindevorstehers gesagt, ich bin Ford-Arbeiter und habe moslemische Kollegen, die mich so in ihrer Religiosität beeindruckt haben, daß ich zum Islam übertreten möchte. Darauf kam er mit einer großen Freundlichkeit auf mich zu und bot mir Tee und Gebäck an. Ich sollte doch noch warten, denn der Imam wäre gerade bei einer Überführung am Flughafen und alles sei überhaupt kein Problem. Als der Imam kam, wollte er mich sofort in die Gemeinde aufnehmen. Ich wollte nicht religiöse Gefühle verletzen und sagte, ich sei noch nicht so weit, aber darauf ließ er sich nicht ein. Er wollte mir gleich den Namen ›Faruk‹ verpassen. Ich sagte, ich hätte mir als Namen ›Ali‹ ausgesucht, doch ich wolle den Koran erst mal richtig kennenlernen. Aber er meinte, so gehöre ich doch erst mal dazu und würde alle kennenlernen, und dann würden wir schon weitersehen. Dann wurde sogar noch ein Fotograf für das Gemeindeblatt geholt. Die haben nie geschnallt, daß ich das war. Konvertierung im Islam ist also tatsächlich viel einfacher, man spricht das islamische Glaubensbekenntnis aus, und dann ist man Moslem.

I.B.: Als ›Ali‹ haben Sie ein leicht gebrochenes Kölsch gesprochen. Ist das keinem der deutschen oder türkischen Kollegen aufgefallen?

G.W.: Ich bin sprachlich unbegabt. An einem Türkisch-Intensivkurs war ich gescheitert, und deshalb hatte ich auch die Rolle so lange vor mir hergeschoben. Ich hatte zehn Jahre zuvor schon einmal angefangen und wieder aufgehört. Aber meine sprachlichen Defizite sind keinem Menschen aufgefallen, die Probleme waren ganz andere. Es gibt allerdings auch Afrikaner, die Kölsch sprechen, so nahmen mir alle die Rolle ab. Wir ›Ausländer‹ redeten untereinander alle in schlechtem Deutsch. Das war meine Chance. Ich bekam den Spitznamen ›Der Grieche‹, denn angeblich hatte ich eine griechische Mutter. Irgendwann wurde ein Kollege mißtrauisch, und er forderte mich auf »Sprich doch mal Griechisch!« Ich konnte zum Glück noch den Anfang der Odyssee aus meiner Zeit auf dem Gymnasium. Ich war dort auf dem altsprachlichen Zweig gewesen und mußte Griechisch lernen, weil ich in Latein so schlecht war. Ein Lehrer hatte mir das Angebot gemacht, wenn ich mich für Griechisch statt wie geplant für Französisch entscheiden würde, bekäme ich in Latein eine bessere Zensur. Da kam ich dann allerdings vom Regen in die Traufe.

I.B.: Wäre Ihre Verkleidung einmal beinahe aufgeflogen?

G.W.: Ganz zu Beginn wollte ich beim ADAC testen, ob die einem Türken mit einer Schrottkarre einen Schutzbrief ausstellen. Ich war dort mit zwei anderen türkischen Freunden, die ziemlich wild aussahen. Plötzlich hielt uns die Polizei an, das war noch, bevor die eigentliche Rolle losging. Ich habe denen meine Tasche hingehalten, und der Polizist dachte wohl, ich hätte dort ein Maschinengewehr drin. Ich habe dem gesagt: »All was sagst jetzt, gegen dich!« Ich wollte ihn nur einschüchtern und habe das gestammelt, aber offensichtlich war ich so furchteinflößend, daß der dachte, wir seien Terroristen, und er ließ uns weiterfahren, ohne die Papiere zu kontrollieren. Und im Buch habe ich beschrieben, wie ich in eine Polizeistreife geriet. Ein Türke auf der Arbeit sagte unvermittelt, auf meine versteckte Kamera in der Arbeitstasche zeigend »Mit oder ohne Ton?« Dann gab es einmal einen betrunkenen Vorarbeiter. Der war wirklich stockbesoffen, und Betrunkene sind manchmal hellsichtig. Obwohl er voll unter Strom stand, nahm er - vielleicht dadurch - meine Tasche wahr. Plötzlich brüllte er mich an: »Gib' deine Tasche her, was hast du in der Tasche?« Ich konnte ihn irgendwie ablenken. In der Tasche hatte ich zur Tarnung eine Thermoskanne, und ich habe ihm dann Tee angeboten, den er aber voller Ekel auf mich gekippt hat.

I.B.: Wie beurteilen Sie die Kritik von Aysel Özakin, in Ihrer Rolle sei das Klischee des mittellosen und ungebildeten Türken bestätigt?

G.W.: Auch vom türkischen Unternehmerverband kam der Einwand, das Bild des Türken würde zu einseitig dargestellt. Ich sehe das eher als Sonderinteressen einer kleinen Minderheit, die es geschafft hat, sich in diesem eher ausländerfeindlichen Land zu etablieren, und die versucht, das abzutun. In Frankfurt gab es eine voll integrierte intellektuelle Türkin, die sagte, sie hätte es nicht mehr ertragen können, nach ›Ganz unten‹ sei sie mehrfach von Nachbarn angesprochen worden, die sie eingeladen hätten, sie wollte aber gar nicht eingeladen werden. Gerade auch in diesem Fall denke ich mir, daß das ein Mittel- oder Oberschichtproblem ist.

Die Mehrheit der hier lebenden Türken war aber froh, daß einmal ein Deutscher Anteil an ihrem Schicksal nahm. Oft kam es vor, daß die Ausländer Deutsche eingeladen haben, aber nie umgekehrt. Ich habe auch nicht nur den dummen Türken dargestellt, sondern eher den Schwejk. Indem ich zum Bodyguard und Chauffeur von Vogel avancierte, war ich doch eher der Türke mit Aufstiegsambitionen und –chancen. Insgesamt waren aber die meisten der hier lebenden türkischen Arbeitsimmigranten mehr oder weniger diskriminiert oder in Arbeitssituationen schwer benachteiligt.

I.B.: Hat sich seit ›Ganz unten‹ die Behandlung der Gastarbeiter in Deutschland nicht erheblich verbessert?

G.W.: Früher hatten sich die maßgeblichen Politiker gesperrt, weil sie sich auf das Deutschtum alleine beriefen. Ohne Ausländer, ohne die sogenannten Gastarbeiter, hätte es hier den wirtschaftlichen Aufschwung nicht gegeben. Sie wurden also gebraucht. Mein erstes Buch, die ›Industriereportagen‹, erschien deshalb zuerst unter dem Titel ›Wir brauchen dich‹, da zu dieser Zeit Arbeitskräfte händeringend gesucht wurden. In Werften wurden noch Leute zu Schweißern umgeschult, die vorher Bäcker waren.

Durch die enorme Verbreitung meines Buches hat sich später sicher einiges geändert: Viele waren irritiert, Gewissen hat sich gebildet, es wurden Brücken gebaut, in der Nachbarschaft sind Menschen aufeinander zugegangen, Nachbarn oder auch Kollegen am Arbeitsplatz. Das habe ich durch tausende Briefe erfahren. Es haben sich auch Arbeitsplatzverbesserungen ergeben. Aber langfristig sind an die Stelle der Türken die Ostarbeiter getreten. Die Gruppen werden gegeneinander ausgespielt. Zwischen den Türken und den Rußlanddeutschen gibt es enorme Spannungen bis hin zu physischer Gewalt und der Bildung von Gangs.

7. Zum Privaten

I.B.: Wie setzt sich Ihre Familie zusammen?

G.W.: Meine Familie mütterlicherseits bestand aus Hugenotten. Ich habe gehört, daß in bestimmten Stadtteilen Berlins noch Mitte des 19. Jahrhunderts jeder dritte Hugenotte war, die haben sogar noch in ihren Gottesdiensten Französisch gesprochen. Dann gab es noch eine jüdische Linie. Davon habe ich erst im Alter von 25 erfahren, das war ein Tabu. Man wußte ja nicht, was noch kommt. Meine Großmutter war Rassegesetzen zufolge Halbjüdin. Sie hatte es geschafft, im Bergischen Land unauffällig zu leben, und sie wurde auch nicht verraten. Daß meine Mutter in erster Ehe geschieden wurde, war eine Schmach in früheren Zeiten. Sie ließ sich scheiden, weil der Mann Alkoholiker war, und er hatte sie bedroht, jedenfalls hat sie dann die Konsequenzen gezogen.

Mein Vater fühlte sich nie als Nur-Deutscher. Er war lange in anderen Kulturkreisen unterwegs gewesen und dann vorübergehend in Spanien seßhaft geworden. Er hatte eine Spanierin geheiratet und identifizierte sich mehr mit der spanischen Kultur. Als er zurückkam, seine erste Frau kam mit und starb hier, fühlte er sich mehr als Spanier denn als Deutscher. Er nannte sich ›José‹ und identifizierte sich so sehr mit der spanischen Kultur, daß er sogar den Stierkampf glorifizierte. Meine Mutter und ich haben uns deswegen oft mit ihm gestritten. Dazu kam, daß mein Vater nichtehelich geboren war, und das war damals noch eine Schande. Er befand sich immer auf der Suche nach seinem Vater, der ein umherziehender Wanderartist gewesen war. Er hat ihn aber nie gefunden.

Meine Familie war in der Verwandtschaft irgendwie verpönt. Da war der halbe Vagabund, mein Vater, dort war die geschiedene Frau, meine Mutter, sie eher aus einer bürgerlichen und er eher aus einer proletarischen Familie, das war alles nicht sehr gesellschaftsfähig. Und das war eine Chance für mich. Vielleicht konnte ich mich deshalb schon früh mit Fremden, Außenseitern und Randständigen identifizieren. Auch aufgrund einiger anderer menschlicher und wirtschaftlicher Verwicklungen, die es in meiner Verwandtschaft gab, habe ich immer meine Ersatzfamilie gesucht und Wahlverwandtschaften hergestellt.

I.B.: Was hat Sie als Kind besonders beeindruckt?

G.W.: Eine besondere ›frühkindliche Prägung‹ stammt aus einem Buch der Großeltern, aus der ›Stockschule‹. Da gab es ein Kapitel von der ›Zigeunerfrieda‹. Die wird zum Schluß von Zigeunern verschleppt, weil sie unartig ist und dem Rollenklischee nicht entspricht, so daß sie in einem Wanderzirkus als Seiltänzerin landet. Ich habe mich mit ihr identifiziert, kann heute noch seiltanzen. Dazu habe ich im Garten ein Seil gespannt, ich wollte auch entführt werden. Die Geschichte von der unangepassten Frieda faszinierte mich derart, daß ich sie idealisiert habe. Oft wirken frühkindliche Prägungen sehr stark nach. In der Literatur gab es für mich weitere Vorbilder, die mich sicher auch beeinflußt haben. Ob das Romanfiguren waren wie Till Eulenspiegel oder Schwejk, oder auch Indianerbücher wie Tecumseh oder später Tucholsky, Brecht, Mühsam,

Borchert, Böll. In meiner Jugend beeindruckten mich auch expressionistische Lyriker oder Existenzialisten wie Kierkegaard und Camus.

I.B.: Sie wollten nicht immer Journalist werden. Welche beruflichen Absichten hatten Sie noch?

In meiner Jugend fühlte ich mich zum Maler berufen und versuchte mich in Experimenten in Richtung Tapiès, Dubuffet bis hin zu Leinwandverätzungen und Brandbildern à la Burri. Ein Studienplatz in den Kölner Werkschulen war mir verwehrt worden, weil meine Kenntnisse im perspektivischen Zeichnen doch sehr zu wünschen übrigließen. Als 18- bis 20jähriger gelang es mir sogar, einige meiner Werke zu verkaufen, an einen Lehrer, einen Arzt, an Eltern von Mitschülern und, wo ich mir besonders was drauf einbildete, an eine ältere Dame, die zum Förderkreis des Kölner Kunstvereins gehörte und im Besitz eines Ölbildes von Paul Klee war. Sie fand Gefallen an zwei mit Teer und Feuer zustande gekommenen Collagen und zahlte mir die damals für mich schwindelerregende Summe von 1000 Mark.

Ich erinnere mich daran, daß ich meinen ganzen Mut zusammennahm, einige meiner mir wichtig erscheinenden Arbeiten unter den Arm klemmte und vor dem Kölner Wallraf-Richartz-Museum - ich glaube es war 1961 - Max Ernst auflauerte, als der dort seine große Ausstellung eröffnete. Ich habe die Begegnung noch präsent wie auf einem Foto: Der große Meister, zierlich und mit Pelzkragen neben einer stattlichen Blondine – es könnte seine damalige Ehefrau, die amerikanische Malerin Dorothea Tanning, gewesen sein – schritt durchs Portal, und ich stellte mich ihnen in den Weg. Zu meiner Verwunderung und großen Freude nahm er mich mit zu seiner damaligen Galerie ›Der Spiegel‹ gleich um die Ecke und begutachtete meine Werke. Er schien sogar davon angetan, denn sonst hätte er mich nicht spontan in sein Domizil nach Südfrankreich eingeladen.

Von den mehr zufälligen Verkäufen meiner Bilder konnte ich nicht leben. Mein Vater war früh verstorben – ich war 16 -, meine Mutter unversorgt, ich mußte zum Lebensunterhalt beitragen, so bewarb ich mich um eine Lehrstelle bei einem Restaurator. Dies scheiterte daran, daß der von seinem Lehrling noch Lehrgeld verlangte. Zum Glück – muß ich heute sagen – mißlang auch der Versuch, in meiner Verzweiflung eine Lehrstelle als Dekorateur in einem Konfektionskaufhaus zu ergattern. Ich weiß noch, wie ich im Schatten des Doms, mit Blick auf die Hohe Straße, hinter ein Fenster gesetzt wurde, um einen Stimmungsaufsatz zum Thema ›Blick aus dem Fenster‹ zu verfassen. Es ging total daneben, denn so düster und destruktiv wie meine Bilder geriet auch mein Aufsatz, der eher vom Existentialismus beeinflußt war als von einer fröhlich-unbekümmerten Reklamewelt, wie sie damals schon angesagt war. Dann verschätzte ich mich auch noch bei der wichtigen Prüfungsfrage zum Allgemeinwissen über die Höhe des Kölner Doms um mehr als 10 Meter, um mir dann anhören zu müssen, das wisse doch jeder Volksschüler. So scheiterte meine angestrebte Laufbahn als bildender Künstler, und ich erlernte erstmal den Beruf des Buchhändlers.

I.B.: In Ihrer pazifistischen Gesinnung verweisen Sie auf Vorbilder wie Gandhi oder Böll. Was hat Sie daran besonders beeindruckt?

G.W.: Bei Gandhi ist es der gewaltfreie Widerstand. Der Begriff ›passiver Widerstand‹ stimmt so nicht, denn das war ein sehr aktiver Widerstand. Es gibt wenige Persönlichkeiten, die das als Lebenshaltung wirklich gelebt haben. Auch Heinrich Böll ist für mich eine Orientierung, für ihn gibt es auch keinen Nachfolger. Aziz Nesin in der Türkei, mit dem ich befreundet war, den ich ebenso hoch einschätze. Er war ein großer Humanist und Atheist. Nesin ist so wie Salman Rushdie auch ein Spötter. Es ist übrigens kein Zufall, daß Spötter und Satiriker häufig mit dem Tode bedroht werden, denn Fundamentalisten jeglicher Couleur verstehen keinen Spaß; sie meinen es wortwörtlich mit ihrer Absolutheitslehre. Ich nannte Nesin immer den türkischen Böll. Er ist sogar noch einen Schritt über die Literatur hinausgegangen und hat sein gesamtes Einkommen in eine Stiftung gesteckt, in ein Projekt, in dem er selbst mit Kindern aus sozial schwachen Familien lebte. Meine Stiftung befindet sich in Duisburg, ich lebe hier in Köln. Den Kindern ließ er Schul- und berufliche Ausbildung angedeihen, und er tingelte noch auf seine alten Tage in der Welt herum, um Honorare zur Finanzierung aufzutreiben. Er war dennoch ein sehr lebensbejahender Mensch, großartig, unersetzbar, einzigartig, sein Leben und Werk bilden eine Einheit. Das sind für mich Menschen, die über ihre Zeit hinauswachsen.

I.B.: Wie kam es zur Bekanntschaft mit Salman Rushdie?

G.W.: Nesin hatte in einer Zeitschrift Teile von den ›Satanischen Versen‹ ins Türkische übersetzt, und das wurde von Rushdie zum Anlaß genommen, gegen ihn vorzugehen. Die Übersetzung sei nicht autorisiert, und beide ließen sich hinreißen, öffentlich gegeneinander Stellung zu nehmen. Nesin und Rushdie wurden in eine Fehde verwickelt, die in die Weltpresse gelangte. FAZ und andere haben die beiden gegeneinander ausgespielt, ohne daß beide sich überhaupt kannten. Das konnte ich nicht ertragen und lud sie ein. Das war allerdings kompliziert. Rushdie konnte nur mit einer Privatmaschine kommen, wobei der Pilot nicht wissen durfte, wen er da eigentlich flog. Dennoch kam es zu einem Treffen in meiner Wohnung in der Nähe von Köln. Beide haben sich über ein paar Tage kennengelernt und sind als Freunde auseinandergegangen. Dann habe ich später Rushdie hier versteckt und ihn mit Politikern zusammengebracht. Es war sehr interessant, wer dafür bereit war und wer sich dazu außerstande sah. Kohl hat aus politischen Gründen abgelehnt. Scharping kam auch nicht, er ließ ausrichten, er wollte ja schließlich Bundeskanzler werden, und die anderen arabischen Staaten – für Scharping ist der Iran offenbar ein arabischer Staat – würden auch hinter der Fatwa stehen. Bei Kinkel grenzte es fast an Nötigung, daß diese Zusammenkunft zustande kam, und bei dem Treffen schaute Kinkel dauernd auf die Uhr. Spontan bereit waren Blüm, Johannes Rau, Biedenkopf.[14]

---

[14] Rudolf Scharping war zu jener Zeit ein SPD-Politiker mit verschiedenen Ämtern, der FDP-Politiker Klaus Kinkel fungierte als Bundesjustizminister, der spätere Bundespräsident Johannes Rau (SPD, 1931-2003) war seinerzeit Ministerpräsident von Nordrhein-

I.B.: Versteckten Sie noch mehr Personen?

G.W.: Als Biermann ausgebürgert wurde, fragte er ganz spontan hier an, ob er hier wohnen könnte, und das war für mich eine Selbstverständlichkeit. Gleichzeitig habe ich für ihn Solidaritätsinitiativen in ganz Europa gestartet. So konnte ich auch falsche Freunde hinter mir lassen. Ich wollte den ›Aufmacher‹ noch einmal unzensiert im Aufbau-Verlag publizieren und hatte bei der Frankfurter Buchmesse eigens dazu mit dem Cheflektor des Verlages Kontakt aufgenommen. Aber der weigerte sich, das Buch überhaupt in die Hand zu nehmen. Ich war plötzlich Feindperson. Wolf hat sich dann leider aber in eine andere Richtung entwickelt und das Soziale trat für ihn in den Hintergrund. Ich habe es immer als Aufgabe angesehen, jemanden aufzunehmen, der verfemt oder verfolgt wird. Lange Zeit lebte der kurdische Dissident Selim Cürükkaya, der von der PKK wegen eines kritischen Buches mit dem Tode bedroht wurde, versteckt bei mir. Ebenso über ein Jahr eine Roma-Familie, die von der Ausweisung bedroht war. Nach einigen Jahren erst gelang es, ihnen eine Aufenthaltsgenehmigung und Arbeit zu besorgen.

I.B.: Wie schaffen Sie es, Beruf und Familie miteinander zu vereinbaren?

G.W: Eigentlich ist es unvereinbar, das, was ich treibe, mit einem Familienleben in Einklang zu bringen. Es sind immer starke Frauen, die es aushalten mit mir, selbständige Frauen, die auch immer wieder durch meine Abwesenheit als Vater, die Leitfigur, also Vater und Mutter gleichzeitig, sein mußten. Andererseits hatte ich das Bedürfnis, da ich mich immer in Gefahr begab, die Familie als Schutz in Anspruch zu nehmen, obwohl das eigentlich unverantwortlich ist. Heute leben wir wie eine Großfamilie. Die Kinder aus drei Ehen sind miteinander befreundet. Beispielsweise hatte meine Tochter aus meiner zweiten Ehe in den ersten beiden Jahren kaum Kontakt zu mir, jetzt aber eine starke Orientierung zu mir und meiner Arbeit. Sie studiert Musik und Ethnologie und ist ständig in der Welt unterwegs, um andere Kulturen kennenzulernen.

Die Ehen sind auch mit durch die Rollenspiele gescheitert, denn diese waren manchmal mit Doppelleben verbunden. Ich hatte damals, in der ›Ali‹-Rolle, eine Freundin, die meine jetzige Ehefrau ist.

I.B.: Wie gingen Sie mit der Angst um, bei Ihren Rollenspielen entdeckt zu werden?

G.W.: Sein Leben *aufs Spiel zu setzen*, das hängt auch mit Spiel zusammen. Ich spiele unheimlich gerne, auch im Alltag. Mit Kindern, auch mit erwachsenen Kindern oder auch gegenüber allzu gescheiten Erwachsenen versuche ich, die Beziehung übers Spiel zu lockern. Vorm Tod habe ich keine übermächtige Angst, oft ist er sogar ein guter Freund und Trostspender, besonders in Zeiten, in denen mir der blanke Haß und Vernichtungswut das Leben zuweilen unerträglich machten. Den Tod habe ich oft mit berücksichtigt oder sogar ein paar-

---

Westfalen und der CDU-Politiker Kurt Hans Biedenkopf Ministerpräsident von Sachsen.

mal herausgefordert. Davor habe ich keine Angst. Angst hatte ich, als meine Familie bedroht wurde und vorübergehend auf dem Bauernhof der Eltern leben mußte. Als hier – das ist schon lange her – Drohungen eingingen, weil ich den Putschplan von Spinola überführte hatte, das Haus in Brand stand und ein älterer Mann hier noch in der Zwischenetage wohnte und fast dabei ums Leben gekommen wäre, da merkte ich, daß es sehr ernst wird. Mein Archiv wurde weitgehend vernichtet, und da war klar, daß das wirkliche Bedrohungen für das Leben anderer Menschen und meines waren. Ansonsten waren die Gefahren eher in Form von publizistischen Kampagnen der Springerpresse oder Bespitzelungs- und Abhöraktionen, mit der Absicht, mich beruflich und privat zu diskreditieren.

I.B.: Sie haben bei Ihren Aktivitäten auch gesundheitlichen Schaden davongetragen. Wie gehen Sie hiermit um?

G.W.: Wenn ich es erstmal geschafft habe und in einer Rolle drin bin, dann bin ich rücksichtslos gegen mich selbst. Ich habe Glück gehabt. Ich habe zwar immer noch Probleme mit den Bronchien – bei schlechten Wetterlagen bin ich mitunter wochenlang gesundheitlich angeschlagen und muß auch schon mal Veranstaltungen absagen. Aber andere, die sich diesen Giftstäuben bei Thyssen über Jahre aussetzen mußten, hatten Lungenleiden oder erkrankten als Spätfolge an Krebs. Rückblickend hatte ich ein verdammtes Glück in der ›Ali‹-Rolle, ich wollte in einem Betrieb in Hamburg beginnen, den Jurid-Werken, die damals noch Bremsbeläge aus Asbest herstellten, wo hauptsächlich Türken arbeiteten. Ohne Masken standen die im dicksten Asbeststaub. Als ich das erfuhr, versuchte ich, das unter Beweis zu stellen. Ich hatte mir sogar eine alte Goldmünze aus der Türkei besorgt, denn man mußte die Meister schmieren, um überhaupt so einen lebensgefährlichen Job zu kriegen. Zu meinem Glück war damals totaler Einstellungsstop. Darüber bin ich noch heute im nachhinein heilfroh. Dann wollte ich unter Beweis stellen, daß mein Menschenhändler Vogel seine Leute im AKW, damals im AKW Würgassen, einem der marodesten Kernkraftwerke, ohne oder mit gefälschten Strahlenpässen einsetzte. Im nachhinein sehe ich es als mein Glück, daß mein damaliger Doppelgänger, der mir die Papiere geliehen hatte, schon mal bei einer Demonstration aufgefallen war. Jeder, der da eingesetzt wird, wird vorher vom Verfassungsschutz gecheckt. Deshalb kam ich zum Glück da nicht rein. Daraufhin habe ich es dann für ›Ganz unten‹ im Rollenspiel simuliert und mit versteckter Kamera unter Beweis gestellt. Aber ansonsten schone ich mich in solchen Fällen nicht. Ich würde das als Verrat denjenigen gegenüber ansehen, zu denen ich vorübergehend werde, und damit stelle ich Nähe her. Vielleicht liegt es daran, daß die eigene Identität zum Glück nicht ganz so übermächtig ist, so daß ich mich in andere hineinversetzen und mich mit anderen leichter identifizieren kann. In solchen Situationen bin ich einer von ihnen, dann kann ich mich ent-äußern.

I.B.: Was bedeutet für Sie Heimat?

G.W.: Ich versuche mich zwischen einem bekennenden Regionalismus und anzustrebenden Weltbürgertum einzupendeln. Ich tue mich schwer mit dem Begriff Heimat. Wo ist Zugehörigkeit? Ich habe eine Zugehörigkeit zu Menschen, ich habe eine regionale Zugehörigkeit, hier, wo ich wohne, das hat sich zufällig ergeben. Hier lebten die Großeltern, in Köln-Ehrenfeld sind ein Drittel Zugewanderte, es ist ein sehr lebendiges Viertel. Ich möchte mit keinem anderen Viertel tauschen. Es gibt Armenghettos, es gibt Reichenghettos, aber hier ist keine Ghettobildung. Über die Zeit haben sich viele zusammengerauft. Ich habe von daher meine Wurzeln in verschiedenen Bereichen. Sie sind hauptsächlich in der Zukunft, keine Erd-, sondern mehr Luftwurzeln, sie sind nicht so felsenfest verankert. Köln ist liberaler als andere deutsche Städte. Strenggenommen bin ich gar kein Kölner, sondern bekennender Ehrenfelder.

I.B.: Was verstehen Sie unter ›Weltbürgertum‹?

G.W.: Ich tendiere zu einem anzustrebenden Weltbürgertum, was auch immer das heißen mag. Wie gesagt, ich bin unbegabt, Sprachen zu lernen, dennoch habe ich Freunde in anderen Ländern, und wenn ich mich so umsehe, so besteht mehr als die Hälfte meines Freundeskreises aus Menschen aus anderen Kulturen. Das ist spannend, da entsteht Neues. So sehe ich überhaupt die kommende Gesellschaft. Man müßte die Doppelstaatsangehörigkeit geradezu fördern, um interkulturelle Persönlichkeiten heranzubilden. Wenn das schon in Schulen angeregt würde, mit Austausch usw., würde es Vorurteile und Spannungen abbauen. Jedem sollte man eine zweite Staatsangehörigkeit ermöglichen. Dann kann man nämlich vergleichen. Menschen, die kulturell durch Arbeitsimmigration oder durch Flucht irgendwo hingeworfen sind, sind für mich welche, deren Horizont wesentlich erweitert wird. Die können sich die positiven Seiten ihrer Kultur aneignen und die negativen Seiten hinter sich lassen. Und sie haben den ›fremden Blick‹. Der fehlt den Alteingesessenen. Ich bemühe mich immer wieder um den fremden Blick, obwohl auch ich irgendwann dazugehöre. Wir leben ja alle mehr oder weniger in ›geschlossenen Gesellschaften‹, und aus denen will ich immer wieder ausbrechen.

I.B.: Wie kamen Sie dazu, Steine zu sammeln?

G.W.: Das sind Kindheitsträume, und das hat sich so ergeben. Es hängt sicher damit zusammen: Hier muß ich nichts unter Beweis stellen. Hier muß ich mich nicht rechtfertigen, bisher konnte mich deswegen auch keiner angreifen. Steine sind etwas Unschuldiges, auch etwas Dauerhafteres. Aber auch ganz banal, ... (Herr Wallraff verweist auf Stapel von Papier und Büchern) ... wo Steine sind, kommt kein Papier rein. Es ist eine besondere Ästhetik. Zwei Häuser weiter habe ich ein Gemäuer. Dort ist eine Steinwelt entstanden. Es sind einzigartige Naturschöpfungen, viele wollen es nicht glauben und vermuten, es seien Werke eines nicht unbedeutenden Bildhauers. In dieser Räumlichkeit finden Veranstaltungen statt oder Begegnungen, literarische Lesungen, musikalische Darbietungen, Filmbeiträge und Diskussionsveranstaltungen, nichts Kommerzielles. Einige haben den Schlüssel und können es für eigene Zwecke und Ideen nutzen. Es kommen Menschen zusammen, die sich auseinandersetzen, es werden Feste gefeiert. Dieses ›Steinhaus‹ ist wie ein ›Tempel für Ungläubige‹, fernab jeglicher Esoterik.

Ich glaube auch nicht an die Heilkraft der Steine, obwohl Steine ein Medium sein können. Man kann mit allem heilen, wenn man nur daran glaubt. Das hat die Max-Planck-Gesellschaft inzwischen untersucht. Akupunktur wirkt auch nur, wenn man dran glaubt. Eine Versuchsgruppe von Schmerzpatienten wurde mit der ›klassischen chinesischen Methode‹ behandelt, eine andere willkürlich mit Nadeln gepiekst. In beiden Versuchsgruppen gab es gleich positive Resultate. Ähnlich ist das mit der Homöopathie. Die Leute werden geheilt, weil sie daran glauben. Wenn Sie einen Stein in die Hand nehmen und der Heiler sagt: ›Da ist die Kraft des Heilens drin‹, dann hilft das unter Umständen. Ich als Agnostiker habe da natürlich ein Problem. Ich glaube an so etwas nicht, und in diesem Sinne bin ich unheilbar. Aber es gibt ja auch Selbstheilungskräfte.

I.B.: Besitzen Steine für Sie einen Ewigkeitswert?

G.W.: Das relativiere ich, auch Steine werden mal zu Staub. Aber sie sind dauerhafter. Es sind Naturschöpfungen, die Sie staunen lassen, und daran erfreue ich mich. Dann sammele ich auch ›Idole‹, einige über 7000 Jahre alt, Frauengöttinen aus verschiedenen Kulturen. Man reduziert sie heute meist auf ›Fruchtbarkeitskult‹, aber ich denke, das waren die ›Marilyn Monroes‹ und ›Madonnas‹ der frühen Kulturen. Ich finde überhaupt, der Magerkult, der von den homosexuellen Modemachern initiiert wird, die gerade noch diesen androgynen Typus ertragen können, da leiden heute alle Frauen drunter, und leider ist das geschmacksbildend. Ich liebe doch eher diese Urmütter, diese fraulicheren Typen. Die zeigen auch noch ihre Sinnlichkeit. Dann kam das Christentum, später der Islam, und die haben dann die Scham eingeführt.

8. Perspektiven

I.B.: Sie sehen Ihre Tätigkeit eher als Berufung denn als Beruf. Gibt es junge Leute, die in Ihre Fußstapfen treten?

G.W.: Ich bin nie ausgebildet worden. Meine Universitäten waren Fabriken, Obdachlosenheime, Asyle und Randbereiche der Gesellschaft. Es ist eine Lebenshaltung, die zum Beruf geworden ist und die vielschichtig ist. Es gibt Jüngere, die sich an meiner Arbeit orientieren, das nimmt zu und ist für mich eine Bestätigung. Markus Breitscheidel hat 2005 eine Reportage über deutsche Pflegeheime veröffentlicht. Er war überhaupt nicht journalistisch vorbelastet, er arbeitete in der Firma, in der ich mir Werkzeug für meine Steinmobiles besorge. Bei einem Besuch rückte er plötzlich damit raus, daß er seine bisherige Arbeit nicht mehr verantworten könnte, Entlassungen stünden an, und er wollte das alles hinter sich lassen und sich an meiner Arbeit orientieren. So entstand die Idee, über anderthalb Jahre in Alten- und Pflegeheimen zu arbeiten.

I.B.: Hätten Sie diese Rolle im Altersheim gerne selbst übernommen?

G.W.: Damals war mir schon danach, die Rolle des Pflegebedürftigen selbst zu spielen. Vor meiner Operation ging's mir dreckig, und da hätte ich nicht viel zu spielen brauchen, mich kaum verstellen müssen. Dann ging es mir aber zunehmend besser, und ich dachte: Die Rolle kannst du noch vor dir herschieben, die kannst du auch als allerletzte Abschiedsvorstellung noch über dich ergehen lassen. Breitscheidel hat eineinhalb Jahre als Pfleger diese grausamen Zustände erlebt. Das Gute war, daß er kein Journalist ist. Die würden an vieles knallhart rangehen. Er aber hat seinen Einsatz als menschliche Verpflichtung angesehen, den Menschen auch geholfen und das über seine Arbeitszeit hinaus. Sein Buch hat eine Riesendiskussion ausgelöst und ist zum Bestseller geworden, hat eine Auflage von über 70.000 Exemplaren erreicht. Auch in politischen Gremien wurden immerhin einige nachdenklich und vielleicht werden jetzt Verbesserungen erreicht. Und Breitscheidel ist jetzt bereits in einer neuen Rolle undercover unterwegs. Mir sind da altersmäßig Grenzen gesetzt. Kräftemäßig könnte ich das machen, ich könnte am Bau anfangen, mein Maskenbildner kriegt mich noch zehn Jahre jünger hin, aber das reicht nicht. Die heutigen ›Alis‹ sind die Ostarbeiter. Da, wo wir noch sechs bis acht Mark kriegten, machen es heute welche schon für zwei Euro die Stunde.

I.B.: Was sind Ihre nächsten Projekte, haben wir mit Neuigkeiten von Günter Wallraff in der nahen Zukunft zu rechnen?

G.W.: Ich habe eine Amazonasreise zu einem Indianerstamm vor, ich habe bei einer Indianergruppe gelebt, die ihre Kultur im großen und ganzen noch beibehalten hat, obwohl auch sie von amerikanischen Missionaren bedrängt werden.

I.B.: Was würden Sie anders machen, wenn Sie noch einmal zwanzig wären?

G.W.: Ich würde früh genug Sprachen lernen und längere Zeit in anderen Ländern leben. Manches habe ich zu hastig gemacht. Darin sehe ich ein großes Problem, überhaupt die Schnelligkeit, mit der alles durchgehechelt und dann abgehakt wird. In Holland oder Schweden ist alles etwas ausgeruhter. Wir aber leben in einer Gesellschaft, die eine ›Entschleunigung‹ dringend braucht. In der Musik hat eine Pianistin, Gretel Wehmeyer, die Entdeckung gemacht, daß unsere Klassiker viel zu schnell gespielt werden. Das kam mit der Industrialisierung auf. Das ist aber nur ein Beispiel. Sogar Szenen aus Kultfilmen werden in neuen Zusammenschnitten teils auf die Hälfte ihrer ursprünglichen Dauer gekürzt, damit sie dem heutigen – hektischen – Zeitempfinden entsprechen. Die gesamte Gesellschaft bedindet sich in einer selbstüberfordernden Hektik, die meisten Menschen sind gestreßt und überfordert. Wir müssen alle wieder mehr Ruhe und Muße für unser Leben finden.

I.B.: Und wie haben Sie sich in der Zeit verändert?

G.W.: Rückblickend würde ich sagen, ich habe meine soziale Zugehörigkeit oder meinen gesellschaftlichen Standpunkt auch durch meine Kritiker erreicht: über diejenigen, die mich bekämpft haben und versuchten, mich über Prozesse und Kampagnen zu vernichten. So ist bei mir ein gesellschaftlicher Standort entstanden. Am Anfang sicher mit dem Rücken zur Wand - sich nur ja behauptend und mit Bedrohungen umgehend. Aber es hat mir letztlich auch geholfen, von einem introvertierten Träumer zu einem sozialeren und angstfreieren Menschen zu werden, der gelernt hat, sich auch scheinbar Übermächtigen gegenüber zu behaupten.

I.B.: Herr Wallraff: In der Hoffnung, daß wir auch in der Zukunft von Ihnen und Ihren Aktivitäten hören, möchte ich mich bei Ihnen für Ihre Offenheit bedanken.

Fotoalbum von Günter Wallraff

1944: in der Eifel; Günter mit Mutter
Johanna (r.) und deren Freundin

1946: vor dem Kölner Dom

1950: stolzer Besitzer eines ›Ruderrenners‹, in Köln-Mauenheim

Karneval 1952: Frühe Verbundenheit mit den Indianern (Günter r.)

154

1956: Günter mit seinem Vater Josef ›José‹   1958: Günter, Großmutter Gertraud
(Mitte) und Mutter

1971: der bekanntgewordene junge Schriftsteller auf Vortragsreise

1973: als Bote beim Gerling-Konzern, niedergelassen auf dem Schreibtisch des Konzernherrn Dr. Gerling

1974 (v.l.n.r.): Janis Coutschoutseros, Wallraff, Rechtsanwalt Mangakis und Dr. Klie-
sow in Athen

Die Kunst der 70er Jahre findet nicht im Saale statt

10. Mai 1974, 14.25 Uhr Athen Platz der Verfassung Geheimpolizisten haben den Kölner
Schriftsteller und Journalisten Günther Wallraff während einer Flugblattaktion zu Boden ge-
schlagen. Sein Gesicht ist völlig zugeschwollen. Er blutet aus einer klaffenden Wunde am
Hinterkopf.

1974: Wallraff in Athen niedergeschlagen; Plakat von Klaus Staeck

1976 (v.l.n.r.): Wallraff, Wolf Biermann und Rudi Dutschke, nach Biermanns Ausbürgerung

1976: Wallraff mit Heinrich Böll (l.) und Biermann (r.)

1977: Wallraff als ›Hans Esser‹ mit dem Kaisersohn Otto von Habsburg

1977: Wallraff alias ›Esser‹ vor dem Springer-Hochhaus in Hamburg

1978: Anti-Bild-Veranstaltung mit dem damaligen Oberbürgermeister von Saarbrük-
ken Oskar Lafontaine

1982: Marathon von Köln zur Bonner Friedensdemonstration, Wallraff 3. v. l.

1984: Wallraff alias ›Ali‹ auf dem Bauernhof

1985: ›Ali‹ auf dem Balkon seiner Wohnung in Duisburg, Flurstraße

1985: ›Ali‹ als türkischer Moscheenmaler unterwegs, um die Kapelle des Fürstmön-
chen Emmeran zu Thurn und Taxis in Schloß Prüfening zu renovieren

1985: ›Ali‹ beim Kölner Karneval mit ›Adolf‹

1985: ›Ali‹ (Mitte) im Berliner Olympiastadion; Länderspiel Deutschland-Türkei

1985: ›Ali‹ beim Toilettenputzen bei Mc Donald

1985: ›Ali‹ als Vertreter der Grauen Wölfe mit Franz-Josef Strauß beim Passauer
Aschermittwoch

1985: ›Ali‹ in der Thyssen-Hütte beim Entsorgen von Giftschlamm

1985: ›Ali‹ vor der Thyssen-Kokerei in Duisburg

1985: ›Ali‹ als illegaler Bauarbeiter auf der Großbaustelle Köln-Ring

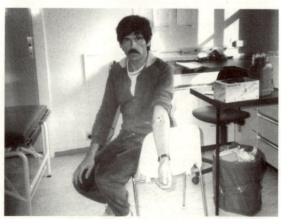

1985: ›Ali‹ als Versuchsmensch

1993: Wallraff mit Aziz Nesin (l.) und Salman Rushdie (r.) auf dem Rhein

1997: mit Abdullah Öcalan in dessen Residenz bei Damaskus

2000: mit Helmut Hofer nach dessen Freilassung

2001: Mit Tochter Sophia beim Vorlesen

2002: mit Rupert Neudeck (r.) in Dashte-Kalar, Afghanistan, Stiftung seiner Mädchenschule; von den Frauen des Dorfes ehrenhalber mit Konfetti überschüttet

2002: Eröffnung seiner Schule in Dashte-Kalar

2004: im Kölner Arbeitsraum

2005: Reminiszenz an die BILD-Aktion

Rollen und Verkleidungen Wallraffs

1964: (3. v.l.) als Obdachloser in Kopenhagen

1966: als deutscher Thyssen-Arbeiter in ›Sinter II‹

1968: als ›Student‹ in Berlin

1973: als Mönch in Kloster Prüfening

1974: als politisch Gefangener in Athen,
kurz nach der Haftentlassung

1976: (l.) als Waffenhändler mit General
Spinola auf dem Düsseldorfer Flughafen

1977: als ›Hans Esser‹ in der Bild-
Redaktion Hannover

1984: als Thyssen-Arbeiter ›Ali‹

1985: als Chauffeur und Bodyguard
seines Chefs Vogel

2000: als Afrikaner

2003: Wallraff bringt den Kopf in den Rachen eines Beluga-Wals

2004: Wallraffs Verbundenheit mit der Ewigkeit der Steine bei Arisaeg (Schottland)

Verzeichnis der zitierten Schriften Wallraffs

Das folgende Literaturverzeichnis enthält alle wichtigen Werke und Aufsätze Wallraffs. Auf die Nennung der zahlreichen, häufig zensierten oder um Dokumentationen erweiterte Folgeauflagen, auf DDR-Veröffentlichungen, Übersetzungen sowie auf Neuauflagen mit variierend zusammengestellten Texten wurde grundsätzlich verzichtet. Diese sind nur dann aufgenommen, wenn aus ihnen zitiert wurde. Zusätzlich sind einzelne, für diese Dokumentation bedeutsamen Aufsätze mit dem Datum ihrer ersten Erscheinung zitiert. Zu kompletten Literaturangaben wird auf die immer wieder ergänzte Bibliographie des ›Kritischen Lexikons zur deutschsprachigen Gegenwartsliteratur‹ auf dem jeweils neuesten Stand verwiesen. Zitate aus Zeitungen sind lediglich in den Fußnoten erwähnt.

Häufig zitierte Werke Wallraffs werden mit folgenden Siglen abgekürzt:

RUL *Neue Reportagen, Untersuchungen und Lehrbeispiele,* Köln 1972.

UFN I (mit Eckart Spoo): *Unser Faschismus nebenan.* Griechenland gestern – ein Lehrstück für morgen, Köln 1975.

UFN II (mit Eckart Spoo): *Unser Faschismus nebenan.* Erfahrungen bei Nato-Partnern, unter Mitarbeit von José Alfonso, Peter Baumöller, Gerrit Bussink, Rainer Eisfeld, Karl-Heinz Hansen, Gerd Kröncke, Athanasios Lengas, Marios Nikolinakos, Jürgen Ostrowsky, Dorlies Pollmann, Hella Schlumberger und Josef Weber, Reinbek bei Hamburg 1982.

MEU *Und macht euch die Erde untertan.* Eine Widerrede, Göttingen 1987.

EEF *Vom Ende der Eiszeit und wie man Feuer macht.* Aufsätze/Kritiken/Reden, Köln 1987.

***

– *Vorzüge und Nachteile eines ›Ideal-Berufes‹* (1959), in: EEF (9-11).
– *Wir brauchen dich.* Als Arbeiter in deutschen Großbetrieben (1966), Köln ²1998.
– *›Notstand für alle!‹* (1967), in: EEF (12-18).
– *Meskalin – ein Selbstversuch,* Berlin 1968.
– *Nachspiele.* Szenische Dokumentation (1968), Brackwede 1982.
– *Vorläufiger Lebenslauf nach Akten und Selbstaussagen des Stefan B.,* Berlin 1968.
– *13 unerwünschte Reportagen,* Köln 1969.
– *Hängt den D. auf!* Ein nicht gesendetes Fernsehspiel, in: Blätter für deutsche und internationale Politik, Heft 10 (1110-1120), 1969.

— *Rede vor dem Frankfurter Schöffengericht am 9.12.1969.* Verhandlung wegen Amtsanmaßung und Titelmißbrauch im Fall Kröver (1969), in: EEF (19-22).

— *Rede vor dem Frankfurter Schöffengericht am 09.12.1969,* in: Linder, Christian (Hrsg.): In Sachen Wallraff. Berichte, Analysen und Dokumente, Köln 1975 (27-29).

— *Vergangenheitsbewältigungen* (1969), in: Enthüllungen, Göttingen 1994 (29-40).

— *Von einem der auszog und das Fürchten lernte.* Bericht, Umfrage, Aktion, München 1970/Frankfurt am Main 1979.

— *Industriereportagen.* Als Arbeiter in deutschen Großbetrieben. Reinbek bei Hamburg 1970.

— *Ulrikes Rote Armee* (1970), in: EEF (23-26).

— *Endstation Bambule?* Über Ulrike Meinhofs Fernsehspiel Bambule (1971), in: EEF (35-39).

— *Vorwort,* in: Pfaff, Viktor und Mona Wikhäll (Hrsg.): Das schwedische Modell der Ausbeutung, Köln 1971 (7-12).

— *Einige Erfahrungen mit den Schwierigkeiten beim Veröffentlichen der Wirklichkeit hinter Fabrikmauern,* in: Spoo, Eckart (Hrsg.): Die Tabus der bundesdeutschen Presse, 1971 (20-34).

— *Wer erschlug den Demonstranten Rüdiger Schreck?,* in: RUL (76-90).

— *Wirkungen in der Praxis,* in: RUL 1972 (129-135).

— *Fragebogen für Arbeiter,* in: RUL 1972 (136-143).

— *Einige Erfahrungen mit den Schwierigkeiten beim Veröffentlichen der Wirklichkeit hinter Fabrikmauern,* in: Spoo, Eckart (Hrsg.): Die Tabus der bundesdeutschen Presse, (1971) 2., revidierte Auflage 1973 (20-34).

— *Vom Ende der Eiszeit und wie man Feuer macht.* Rede auf einer Delegiertenversammlung des Werkkreises Literatur der Arbeitswelt in Nürnberg (1973), in: EEF (40-51).

— (mit Bernt Engelmann): *Ihr da oben – wir da unten,* Köln 1973.

— *Schwierigkeiten beim Veröffentlichen der Wirklichkeit hinter Fabrikmauern,* in: Neue Reportagen, Untersuchungen und Lehrbeispiele, Reinbek bei Hamburg 1974 (105-129).

— *›Gastarbeiter‹ oder der gewöhnliche Kapitalismus,* in: Neue Reportagen, Untersuchungen und Lehrbeispiele, Reinbek bei Hamburg 1974 (48-71).

— *Die Griechenland-Aktion* (1974), in: Enthüllungen, Göttingen 1994 (101-112).

— *Schriftsteller – Radikale im öffentlichen Dienst.* Rede in Frankfurt 1974 auf dem dritten Schriftsteller-Kongreß des Verbandes deutscher Schriftsteller in der IG Druck und Papier (1974), in: EEF (65-78).

— (mit Jens Hagen): *Was wollt ihr denn, ihr lebt ja noch.* Chronik einer Industrieansiedlung, Reinbek bei Hamburg 1974.

— *Rede vor dem Kölner Amtsgericht am 10.12.1975,* in: EEF (91-98).

— *Anti-Demokraten unter Waffen.* Sie fallen nicht unter den Radikalenbeschluß, in: UFN I 1975 (159-164).

— (mit Bernd Kuhlmann) : *Wie hätten wir's denn gerne?* Unternehmensstrategen proben den Klassenkampf, Wuppertal 1975.

— *Betrifft: BM-Prozeß* (1975), in EEF (79-90).

— *Die ›freie Welt‹,* in: UFN I 1975 (135-142).

— *Nostalgie.* Fünf Karikaturen, in: UFN I 1975 (143-158).

— (mit Eckart Spoo): *Unser Faschismus nebenan.* Griechenland gestern – ein Lehrstück für morgen, Köln 1975.

— (mit Hella Schlumberger): *Aufdeckung einer Verschwörung.* Die Spinola-Aktion, Köln 1976.

— *Der Aufmacher.* Der Mann, der bei Bild Hans Esser war, Köln 1977.

— *Der Aufmacher.* Der Mann, der bei Bild Hans Esser war, (1977) (unzensierter Nachdruck) Zürich o. D.

— (mit Heinrich Böll): *Berichte zur Gesinnungslage der Nation/Berichte zur Gesinnungslage des Staatsschutzes,* Reinbek bei Hamburg 1977.

— *Kisch und Ich heute.* Über die logische Phantasie (1977), in: EEF (99-104).

— *Der BILD-Konzern* (1977), in: Enthüllungen, Göttingen 1994 (157-160).

— *Zeugen der Anklage.* Die ›Bild‹-Beschreibung wird fortgesetzt, Köln 1979.

— *Über Émile Zola.* Germinal (1979), in: EEF (112-115).

— *Dankesrede zur Verleihung der Carl-von-Ossietzky-Medaille* (1979), in EEF (154-167).

— *Bild-Störung.* Ein Handbuch, (1981) Köln 1985.

— *Gift. Das (un)heimliche Wirken der CIA,* in: UFN II 1982 (135-140).

— (mit Heinrich Hannover): *Die unheimliche Republik.* Politische Verfolgung in der Bundesrepublik, Hamburg 1982.

— *›Gastarbeiter‹ oder der gewöhnliche Kapitalismus,* in: Geiersbach, Paul: Wie Mutlu Öztürk schwimmen lernen mußte, Berlin 1983 (245-270).

— *Vorwort zu Paul Geiersbach: Wie Mutlu Öztürk schwimmen lernen mußte* (1983), in: EEF (128-131).

— *Es sind pure Befehlsempfänger,* in: Mitteilungen der Humanistischen Union, Bd. 102, Berlin 1983 S. 7.

— *Nicaragua von innen,* Hamburg 1983.

— *Dankesrede zur Verleihung der Carl-von-Ossietzky-Medaille* (1984), in EEF (154-167).

— *Mein Lesebuch,* in: Mein Lesebuch, Frankfurt/Main 1984 (11-22).

— (mit Jochen Busse und Gerhard Schmidt): *Is' was, Kanzler?,* mit einem Nachwort von Hellmuth Karasek, Köln 1984.

— *Bericht vom Mittelpunkt der Welt.* Die Reportagen, Köln 1984.

- *Enthüllungen.* Recherchen, Reportagen und Reden vor Gericht, Frankfurt 1985.
- *Ganz unten,* Köln 1985.
- *Vorwort,* in: Schmidt, Heinz G.: Der neue Sklavenmarkt, Basel 1985 (7-13).
- *Günter Wallraffs BILDerbuch.* Mit einem Nachwort von Heinrich Böll, Göttingen 1985.
- *Kein Abschied von Heinrich Böll.* Rede anläßlich der Hommage für Heinrich Böll in Köln am 27. September 1985, in: EEF (174-181).
- *Wir sind gekommen und gehen* (1985), in: Enthüllungen, Göttingen 1994 (212-215).
- *›... es wird auf einer anderen Ebene etwas entschieden, über deinen Kopf hinweg.‹* Ein Gespräch mit Herbert Hoven, in: Hoven, Herbert (Hrsg.): Literatur und Lernen. Zur berufsmäßigen Aneignung von Literatur, Darmstadt 1985 (169-177).
- *Predigt von unten,* Göttingen 1986.
- *Predigt von unten* (1986), in: EEF (182-196).
- *Rede auf dem Anti-Waahnsinnsfestival in Wackersdorf* (1986), in: EEF (207-214).
- *Rede zur Verleihung des Courage-Ordens* (1986), in: EEF (197-206).
- *Und macht euch die Erde untertan.* Eine Widerrede, in: MEU 1987 (11-40).
- *Laßt die Kirche nicht im Dorf.* Ein Gespräch, in: MEU 1987 (115-138).
- *Akteneinsicht.* Bericht zur Gesinnungslage des Staatsschutzes, Göttingen 1987.
- *Akteneinsicht* (1987), in: Enthüllungen, Göttingen 1994 (216-224).
- *»Seitdem das Buch raus war, stand ich unter Dauerbeschuß!«.* Interview mit Günter Wallraff zum Ausgang seines Prozesses mit Thyssen, in: Berger, Frank: Thyssen gegen Wallraff. Chronik einer politischen Affäre, Göttingen 1988 (133-144).
- *Und macht euch die Erde untertan... Eine Widerrede.* Zum Oratorium ›Die Schöpfung‹ von Joseph Haydn, in: Fernsehen DRS (Hrsg.): Wer hat dich so geschlagen? Widerborstige Meditationen, Zürich 1989 (24-50).
- *Wie es anfing.* Schreiben ist nicht alles, in: o.V.: Es muß sein. Autoren schreiben über das Schreiben, Köln 1989 (218-227).
- *Wie es anfing.* Schreiben ist nicht alles, in: Beckmann, Herbert, Evelyn Reinecke und Hans Gerd Schulte (Hrsg.): Schreiben – Lernen. Eine Anthologie mit Beiträgen von Schriftstellern und Analphabeten, Berlin 1990.
- *Vorwort,* in: Schomers, Michael: Deutschland ganz rechts. Sieben Monate als Republikaner in BRD & DDR, Köln 1990 (11-17).
- *Ich wollte mich über andere verwirklichen....* Gespräch mit Günter Wallraff, in: Arnold, Heinz Ludwig: Schriftsteller im Gespräch mit Heinz Ludwig Arnold, Band II, Zürich 1990 (79-138).

— *Vorwort,* in: Geiersbach, Paul: Warten bis die Züge wieder fahren. Ein Türkenghetto in Deutschland, Bd. 1, Berlin 1990 (11-14).

— *Vorwort zu ›Die Zigeunerfrieda‹,* hrsg. v. Gemeinnützigen Verein zur Verständigung von ROM (Roma und Sinti), Köln 1991.

— *Günter Wallraff,* in: Wallraff, Günter, Verena Kast, Dieter Clauß und Lojze Peterle (Hrsg.): Brauchen wir Feindbilder?, Münsingen/Bern 1991 (40-56).

— *Nachwort,* in: Fleischmann, Lea: Gas. Tagebuch einer Bedrohung – Israel während des Golfkriegs, Göttingen 1991 (173-180).

— *Vorwort,* in: Lessing, Alfred: Mein Leben im Versteck. Wie ein deutscher Sinti den Holocaust überlebte, Düsseldorf 1993.

— *Asyl,* in: Telek, Nazif: Von Kurdistan nach Deutschland. Muhamed erzählt, warum seine Familie hier Asyl sucht, Essen 1994 (49-51).

— *Zu diesem Buch,* in: Çürükkaya, M. Selim: PKK – Die Diktatur des Abdullah Öcalan, Frankfurt/Main 1997 (7-12).

— *Vorwort,* in: Schöndorf, Erich: Von Menschen und Ratten. Über das Scheitern der Justiz im Holzschutzmittelskandal, Göttingen ³1998.

— *Nachwort,* in: Schultke, Dietmar: ›Keiner kommt durch‹. Die Geschichte der innerdeutschen Grenze 1945-1990, Berlin 1999 (164-165).

— *Zum Geleit,* in: Sherman, Arnold: Zypern – Die gefolterte Insel. Der griechisch-türkische Zypernkonflikt und seine Hintergründe, Freiburg 1999 (XI).

— *Die Intoleranz des anderen zu dulden ist nichts anderes als Feigheit,* in: Arnswald, Ulrich, Heiner Geißler, Sabine Leutheuser-Schnarrenberger und Wolfgang Thierse (Hrsg.): Sind die Deutschen ausländerfeindlich?, Zürich 2000 (137-144).

— *Als Biermann kam.* Ein Rück- und Ausblick, in: Pleitgen, Fritz (Hrsg.): Die Ausbürgerung. Anfang vom Ende der DDR, München 2001 (118-123).

— *Die Kurdenverfolgung der türkischen ›Militärdemokratur‹,* in: Wallraff Günter: Ich – der andere. Reprotagen aus vier Jahrzehnten, Köln (2001) ²2002 (250-265).

— *Als Pazifist bei der Bundeswehr,* in: Stöbener, Dorothée (Hrsg.): Meine Lehrjahre. Prominente plaudern aus der Schule, Berlin 2002 (91-94).

— *Vorwort,* in: Breitscheidel, Markus: Abgezockt und totgepflegt: Alltag in deutschen Pflegeheimen, Berlin 2005 (9-10).

— *Traumpfade mit Fährmann,* in: Dennhardt, Joachim (Hrsg.): Europa erlesen: Köln, Klagenfurt 2005 (179-185).

— *Ein Leben mit vielen Gesichtern,* in: Bittner, Wolfgang und Mark vom Hofe (Hrsg.): Ich mische mich ein. Markante deutsche Lebensläufe, Köln 2006 (37-46).

— *›Auf der Akademie werden sie mich nicht wollen.‹* Zu Vincent van Goghs ›Die Bauernkate von Nuenen‹, in: Bilder. Geschichten. Schriftsteller sehen Malerei, München 2006 (15-26).

Verzeichnis der Filme, Hörspiele und Hörbücher Wallraffs

1. Filme, eigene Reportagen usw.

— *Straßenmusikanten.* Reportage über Ewald Ziebach, Walter Zachäus und Fritz Lilienweiss, Drehbuch: Hans Günter Wallraff © WDR 1965.

— *Hängt den D. auf!* (Dieses Fernsehspiel wurde aufgrund einer Intervention von Hanns-Martin Schleyer nie produziert), Das kleine Fernsehspiel ZDF 1969.

— *Flucht vor den Heimen.* Aussagen und Selbstdarstellungen, von Günter Wallraff, cine+tv Produktion im Auftrag des ZDF © 1971.

— *Der Erfolg gibt uns recht.* Sprache der Führungskräfte, von Günter Wallraff und Michael Gramberg, Kamera: Klaus von Lettow Vorbeck, Schnitt: Heidi Baege, Länge: 43'24'', Erstsendung im WDR 30.04.1972.

— *Ermittlungen gegen Unbekannt,* von Günter Wallraff und Jürgen Alberts (basierend auf der Reportage ›Wer erschlug den Demonstranten Rüdiger Schreck?‹), von Günter Wallraff in Zusammenarbeit mit Reiner Taudien, Regie: Roland Gall, Drehbuch: Günter Wallraff und Jürgen Alberts, Produktion der FWF Film Fritz Wagner, Berlin Bonn, im Auftrag des ZDF, Erstsendung im ZDF 29.03.1974.

— *Günter Wallraff – Der Mann, der bei Bild Hans Esser war,* 1. Teil: ›Vorbemerkungen‹, von Günter Wallraff und Jörg Gfrörer, 2. Teil: ›Informationen aus dem Hinterland‹, von Jörg Gfrörer, 3. Teil: ›Nachbemerkungen‹ von Günter Wallraff und Jörg Gfrörer, Buch und Regie: Jörg Gfrörer, hergestellt von Köper + Schmidt books and films im Auftrag des WDR, © Köln 1977.

— *Knoblauch, Kölsch und Edelweiß.* Köln Ehrenfeld, von Günter Wallraff und Ulrike Wöhning, Kamera: Rüdiger Walch, Ton: Manfred Gerhold, Schnitt: Barbara Riedel, Länge: 38'02, Erstsendung im ZDF 18.10.1981.

— *Ganz unten* (Alternativtitel englisch: *Lowest Of The Low,* holländisch: *Met vreemde Ogen*), von Jörg Gfrörer und Günter Wallraff, Regie: Jörg Gfrörer, eine Produktion von Kaos Film und Video Team Köln und Piratfilm, in Co-Produktion mit Radio Bremen © 1986.

2. Mitwirkung in Filmen

— *WAAhnsinn – der Wackersdorf Film,* Regie: Christian Wagner, Helge Cramer, Uwe Heitkamp, Michael Herl u.a., mit Günter Wallraff, Deutschland 1986.

— *Und macht euch die Erde untertan ...* Eine Andacht mit Günter Wallraff, Musik: Teile aus ›Die Schöpfung‹ von Joseph Haydn, aufgezeichnet im Grossmünster Zürich am 04.10.1987, Regie: Adrian Marthaler, Gemeinschaftsproduktion des Fernsehens DRS mit Radio Bremen (ARD) gekürzte Fassung/Langfassung, © Fernsehen DRS 1987.

— *Domenica,* Regie: Peter Kern, Drehbuch: Peter Kern, nach Motiven aus Erzählungen von Domenica Niehoff, Produktion: Corazon Film Axel Glittenberg/Düsseldorf, in Zusammenarbeit mit Lisa Film GmbH und Cine Images Horst Knechtel/München, Darsteller u.a.: Günter Wallraff, Deutschland 1993.

— *Ord (Words)*, en Film of Jens Loftager, Manuskript og Insruktion: Jens Loftager, Producer: Ole John, Mitwirkende u.a.: Günter Wallraff © Ole John Film 1994.

3. Filme nach Vorlagen von Günter Wallraff

— *Steckbrief eines Unerwünschten*, ein Film des Fernsehens der DDR nach Reportagen von Günter Wallraff (›Fürstmönch Emmeram und sein Knecht W.‹, ›Melitta Report‹ und ›Mahlzeit, Herr Direktor‹ lauten die Titel der drei nachinszenierten Episoden, auf die jeweils Interviews mit Wallraff folgen), Buch: Gerhard Bengsch, Regie: Joachim Kunert, hergestellt im DEFA Studio für Spielfilme, © DDR Fernsehen 1975, gesendet: DDR Fernsehen 16.11.1975.

— *The Man Inside – Tödliche Nachrichten* (Alternativtitel des Kaufvideos: *Der Preis der Wahrheit*, französischer Titel: *L'Affaire Wallraff*), eine Philippe Diaz Production, Drehbuch und Regie: Bobby Roth nach dem Buch ›Der Aufmacher‹ von Günter Wallraff, mit Jürgen Prochnov (als Günter Wallraff), USA/F 1990.

4. Hörspiele:

— *Ketten aus Kalthof*, Autor: Günter Wallraff, Regie: Fritz Ernst Fechner, Feature, Produktion: DDR 1970.

— *Das Kraftwerk - oder Was wollt Ihr denn, Ihr lebt ja noch*, Autoren: Jens Hagen/Günter Wallraff, Regie: Hans Gerd Krogmann, Dokumentarhörspiel, Produktion: WDR 1973.

— *Das Kraftwerk - oder Was wollt Ihr denn, Ihr lebt ja noch* (überarbeitete Fassung), Autor: Jens Hagen/Günter Wallraff, Regie: Götz Naleppa, Bearbeitung: Götz Naleppa, Dokumentarhörspiel, Produktion: WDR/NDR/RIAS 1973.

— *Freie Marktwirtschaft oder Wir bestimmen, wer kauft*, Autoren: Klaus Antes/Günter Wallraff, Regie: Günther Sauer Produktion: WDR 1973/1974.

— *Betriebsunfall*, Autoren: Klaus Antes/Günter Wallraff, Regie: Günther Sauer, Produktion: WDR 1975.

5. Hörbücher:

— *Ganz unten*, (Buchfassung 1985) Frechen 2006.

— *›Auf der Akademie werden sie mich nicht wollen.‹* Zu Vincent van Goghs ›Die Bauernkate von Nuenen‹, in: Bilder. Geschichten. Schriftsteller sehen Malerei, (Buchfassung 2006) München 2006.

***

Sekundärliteratur

Allemann-Ghionda, Christina: *Bildung in soziokulturell pluraler Gesellschaft: Was sie nicht ist, wie sie sein kann,* in: Scheidgen, Hermann-Josef, Norbert Hintersteiner und Yoshiro Nakamura (Hrsg.): Philosophie, Gesellschaft und Bildung in Zeiten der Globalisierung (Studien zur Interkulturellen Philosophie, Bd. 15, hrsg. von Heinz Kimmerle und Ram Adhar Mall) Amsterdam/New York 2005 (171-192).

Arnold, Heinz Ludwig: *Die Gruppe 61 – Versuch einer Präsentation,* in: ders. (Hrsg.): Gruppe 61. Arbeitsliteratur – Literatur der Arbeitswelt?, München 1971.

– *Gespräche mit Schriftstellern.* Max Frisch, Günter Grass, Wolfgang Koeppen, Max von der Grün, Günter Wallraff, (Beck'sche Schwarze Reihe Bd. 134) München 1975.

– *Gespräch mit Günter Wallraff,* in: Buch, Hans Christoph (Hrsg.): Literaturmagazin 4, Reinbek bei Hamburg 1975 (47-63).

– (Hrsg.): *Kritisches Lexikon zur deutschsprachigen Gegenwartsliteratur,* München 1978.

Auernheimer, Georg: *Einführung in die interkulturelle Erziehung,* 2. überarbeitete und ergänzte Auflage, Darmstadt (1990) 1995.

– *Kulturwissen ist zu wenig: Plädoyer für ein erweitertes Verständnis von interkultureller Kompetenz,* in: Antor, Heinz (Hrsg): Inter- und Transkulturelle Studien. Theoretische Grundlagen und interdisziplinäre Praxis, Heidelberg 2006 (145-158).

Bade, Klaus J. (Hrsg.): *Das Manifest der 60: Deutschland und die Einwanderung,* München 1994.

– (mit Jochen Oltmer) : *Normalfall Migration,* Bonn 2004.

Baumann, Max Peter: *Musik im interkulturellen Kontext* (Interkulturelle Bibliothek Bd. 118) Nordhausen 2006.

Benz, Wolfgang: *Der 20. Juli 1944 und der Widerstand gegen den Nationalsozialismus,* Erfurt 2004.

Berger, Frank: *Thyssen gegen Wallraff.* Chronik einer politischen Affäre, Göttingen 1988.

Berghahn, Klaus Leo: *Dokumentarische Literatur,* in: Neues Handbuch der Literaturwissenschaft, Bd. 22, Wiesbaden 1979 (195-245).

Bergmann, Klaus (Hrsg.): *Schwarze Reportagen.* Aus dem Leben der untersten Schichten vor 1914: Huren, Vagabunden, Lumpen, Reinbek bei Hamburg 1984.

Bernhard, Hans Joachim (Hrsg.): *Geschichte der deutschen Literatur.* Literatur der BRD, Berlin 1983.

Bessermann, Hans: *Der Fall Günter Wallraff,* Mainz 1979.

Beth, Hanno: *Interview mit Max von der Grün und Günter Wallraff, am 12. 12. 1970,* in: Arnold, Heinz Ludwig (Hrsg.): Gruppe 61. Arbeitsliteratur – Literatur der Arbeitswelt?, München 1971.

Biondi, Franco (mit Rafik Schami): *Mit Worten Brücken bauen!* Bemerkungen zur Literatur von Ausländern, in: Meinhardt, Rolf (Hrsg.): Türken raus? Oder ›Verteidigt den sozialen Frieden‹. Beiträge gegen die Ausländerfeindlichkeit, Reinbek bei Hamburg 1984 (66-79).

Birg, Herwig: *Globale und nationale demographische Entwicklung und Wanderungen als Rahmenbedingungen für die sozialen Sicherungssysteme in Deutschland,* in: Zeitschrift für die gesamte Versicherungswissenschaft, Heft 4, 1996.

– *Die Weltbevölkerung.* Dynamik und Gefahren, (1996) 2004.

Bloch, Ernst: *Vorwort,* in: UFN I 1975 (1).

Böll, Heinrich: *Brief an einen jungen Nichtkatholiken,* in: Kursbuch 7, 9/1966 (105-115).

– *Die verlorene Ehre der Katharina Blum,* München 1974.

– *Günter Wallraffs unerwünschte Reportagen,* in: Linder, Christian (Hrsg.): In Sachen Wallraff. Berichte, Analysen und Dokumente, Köln 1975 (9-12).

– *Die Angst der Deutschen und die Angst vor den Deutschen,* in: Tintenfisch 9. Jahrbuch für Literatur, hrsg. v. Michael Krüger, Berlin 1976 (11-15).

– *Günter Wallraffs unerwünschte Reportagen,* in: In Sachen Wallraff. Berichte, Analysen und Dokumente, Köln 1986 (70-73).

Bohn, Volker: *Deutsche Literatur seit 1945,* Frankfurt am Main 1993.

Boos-Nünning, Ursula: *Familie, Jugend, Bildungsarbeit,* in: Bade, Klaus J. (Hrsg.): Das Manifest der 60: Deutschland und die Einwanderung, München 1994 (43-48).

Brandes, Ute: *Günter Grass,* Berlin 1998.

Braun, Ina (mit Hamid Reza Yousefi): *Interkulturelles Denken oder Achse des Bösen.* Das Islambild im christlichen Abendland (Bausteine zur Mensching-Forschung Bd. 8), Nordhausen 2005.

– *Günter Wallraffs Ganz unten interkulturell gelesen* (Interkulturelle Bibliothek Bd. 36), Nordhausen 2006.

Breitscheidel, Markus: *Abgezockt und totgepflegt: Alltag in deutschen Pflegeheimen,* Berlin 2005.

Brinker, Klaus: *Linguistische Textanalyse.* Eine Einführung in Grundbegriffe und Methoden, Berlin ²1988.

– (mit Sven F. Sager): *Linguistische Gesprächsanalyse: Eine Einführung* (Grundlagen der Germanistik, hrsg. v. Werner Besch und Hartmut Steinecke Bd. 30), Berlin 1989.

Brossart, Alain (mit Klaus Schuffels): *La vérité comme une arme.* Vingt-cinq ans de journalisme d'investigation (Die Wahrheit wie eine Waffe. 25 Jahre investigativer Journalismus), Paris 1989.

Buch, Hans Christoph: *Andere Schwierigkeiten mit Günter Wallraff,* in: Linder, Christian (Hrsg.): In Sachen Wallraff. Berichte, Analysen und Dokumente, Köln 1975 (163-167).

Burgkart, Claus: *Das ›Heidelberger Manifest‹ – Grundlage staatlicher Ausländerpolitik?,* in: Meinhardt, Rolf (Hrsg.): Türken raus? Oder ›Verteidigt den sozialen Frieden‹. Beiträge gegen die Ausländerfeindlichkeit, Reinbek bei Hamburg 1984 (141-160).

Bussemer, Thymian: *Medien als Kriegswaffe.* Eine Analyse der amerikanischen Militärpropaganda im Irak-Krieg, Bonn 2003.

Clouzet, Jean: *La nouvelle chanson chilienne,* Paris 1975.

Conover, Ted: *Vorhof zur Hölle.* Undercover in Sing Sing, Reinbek bei Hamburg 2001.

Çürükkaya, M. Selim: *PKK – Die Diktatur des Abdullah Öcalan,* Frankfurt/Main 1997.

Deuterlein, Ernst: *Deutschland 1963-1970,* Hannover 1972.

Dithmar, Reinhard: *Günter Wallraffs Industriereportagen,* Kronberg 1973.

Durzak, Manfred: *Nach der Studentenbewegung: Neue literarische Konzepte und Erzählentwürfe in den siebziger Jahren,* in: Barner,Wilfried (Hrsg.): Geschichte der deutschen Literatur von 1945 bis zur Gegenwart, 2. aktualisierte und erweiterte Auflage, München (1994) 2006 (602-659).

Eglau, Hans Otto: *Der Spion, der als Bote kam.* Das Institut der Deutschen Wirtschaft wirft einem Autor sozialpolitische Hetze vor, in: Linder, Christian (Hrsg.): In Sachen Wallraff. Von den ›Industriereportagen‹ bis ›Ganz unten‹. Berichte, Analysen, Meinungen und Dokumente, Köln 1986 (113-115).

Eichhorn, Alfred: *Sicht von unten.* Interview mit Alfred Eichhorn, in: Neue Deutsche Literatur, Jg. 24, Heft 8, 1976.

Einig, Mark: *Modelle antirassistischer Erziehung.* Möglichkeiten und Grenzen mit Pädagogik ein gesellschaftliches Problem zu bekämpfen (Bausteine zur Mensching-Forschung Bd. 10), Nordhausen 2005.

Engelmann, Bernt (mit Günter Wallraff): *Ihr da oben – wir da unten,* Köln 1973.

– *Wir Untertanen.* Ein Deutsches Anti-Geschichtsbuch, München 1974.

– *Einig gegen Recht und Freiheit.* Deutsches Anti-Geschichtsbuch 2. Teil, München 1975.

– *Du deutsch?* Geschichte der Ausländer in Deutschland, Göttingen 1993 (231-236).

Enzensberger, Hans Magnus: *Kursbuch 15,* 1968.

Fischer, Christoph: *Wie aus einem Fehlstart ›Europas größte Tageszeitung‹ wurde.* Eine kurze Geschichte der BILD-Zeitung, in: Zielinski, Wolfgang (Hrsg.): Schlagzeilen. Materialien zur Boulevardberichterstattung, o. O. 2005.

Fleischmann, Lea: *Gas.* Tagebuch einer Bedorhung – Israel während des Golfkriegs, Göttingen 1991.

Franck, Dorothea: *Grammatik und Konversation,* Königstein 1980.

Freire, Paolo: *Pädagogik der Unterdrückten.* Bildung als Praxis der Freiheit. Reinbek bei Hamburg 1973.

Fuchs, Jürgen: *Beschreiben, was ist, was war.* Gespräch zwischen Günter Wallraff und Jürgen Fuchs am 30.04.1992, in: Schultke, Dietmar: ›Keiner kommt durch‹. Die Geschichte der innerdeutschen Grenze 1945-1990, Berlin 1999 (145-163).

Gadamer, Hans-Georg: *Die Unfähigkeit zum Gespräch,* in: Gesammelte Werke. Bd. 2, Hermeneutik II. Wahrheit und Methode. – 2. Ergänzungen Register, unveränderte Taschenbuchausgabe, Tübingen 1999 (207-215).

Galtung, Johan: *Abbau struktureller Gewalt als Aufgabe der Friedenserziehung,* in: Christoph Wulf (Hrsg.): Friedenserziehung in der Diskussion, München 1973 (22-24).

— *Strukturelle Gewalt.* Beiträge zur Friedens- und Konfliktforschung, Hamburg 1975.

Geiersbach, Paul: *Wie Mutlu Öztürk schwimmen lernen muß.* Ein Lebenslauf, Berlin 1983.

— *Warten bis die Züge wieder fahren.* Ein Türkenghetto in Deutschland, Bd. 1, Berlin 1990.

Gemeinnütziger Verein zur Verständigung von ROM (Roma und Sinti) (Hrsg.): *Die Zigeunerfrida,* Köln 1991.

Gfrörer, Jörg: *Günter Wallraff, die Stasi und die Bundesanwaltschaft,* in: Bohnsack, Günter: Hauptverwaltung Aufklärung: Die Legende stirbt. Das Ende von Wolfs Geheimdienst, Berlin 1997 (154-183).

— *Der Film ›Ganz unten‹,* in: Kriese, Wilfried: In meinen Augen Günter Wallraff, Rottenburg 2004 (122-125).

Glaser, Hermann: *Deutsche Kultur,* Bonn 1997.

Göpfert, Hans: *Ausländerfeindlichkeit durch Unterricht.* Konzeptionen und Alternativen für Geschichte, Sozialkunde und Religion, Düsseldorf 1985.

Görtemaker, Manfred: *Kleine Geschichte der Bundesrepublik Deutschland,* Bonn 2002.

Goffmann, Erving: *Interaktionsrituale.* Über Verhalten in direkter Kommunikation, Frankfurt 1971.

— *Das Individuum im öffentlichen Austausch.* Mikrostudien zur öffentlichen Ordnung, Frankfurt/Main 1974.

Gollwitzer, Helmut: *Geleitwort,* in: UFN I 1975 (7-9).

Goppold, Uwe: *Bundesrepublik Deutschland erhält Geheimdienst,* in: Goppold, Uwe (u.a., Hrsg.): Was Deutschland bewegte. Die populäre Geschichte der Bundesrepublik Deutschland bis heute, 2005 (46).

Gottschlich, Jürgen (mit Dilek Zaptçioğlu): *Das Kreuz mit den Werten.* Über deutsche und türkische Leitkulturen, Hamburg 2005.

Grabert, Willy (u.a.): *Geschichte der deutschen Literatur,* München 1990.

Grass, Günter: *Kopfgeburten oder Die Deutschen sterben aus,* Darmstadt 1980.

— *Über das Elend der Verfolgung und die Glückssache des Asyls,* in: Kaya, Devrim: ›Meine einzige Schuld ist, als Kurdin gebren zu sein.‹ Eine junge Frau auf der Flucht vor türkischer Folter und deutscher Justiz, (2000) Frankfurt ²2001 (282-304).

Griffin, John Howard: Black like me, o. O. 1960.

Guzzoni, Ute: *Identität oder nicht.* Zur kritischen Theorie der Ontologie, München 1981.

Hage, Volker: *Collagen in der deutschen Literatur.* Zur Praxis und Theorie eines Schreibverfahrens (Forschungen zur Literatur- und Kulturgeschichte, hrsg. v. Helmut Kreuzer und Karl Riha Bd. 5), Frankfurt am Main 1984.

Hahn, Ulla (mit Michael Töteberg): *Günter Wallraff* (Autorenbücher Bd. 14), München 1979.

Hall, Christan Peter: *Mit ›Ganz unten‹ nach ganz oben,* in: Börsenblatt für den deutschen Buchhandel, Frankfurter Ausgabe 42, Jg. 1986 (1360-1365).

Halm, Heinz *Fundamentalismus – ein leeres Etikett,* in: Rotter, Gernot (Hrsg.): Die Welten des Islam. Neunundzwanzig Vorschläge, das Unvertraute zu verstehen, Frankfurt/Main 1993 (211-218).

Halsell, Grace: *Soul Sister,* o. O. 1970.

Hamm, Bernd: *Internationale Migration, Minderheiten, Multikulturalismus: Zur Einleitung,* in: Reinarz, Manuela und Simona Thomas: Multikulturalismus, Trier o. J. (1-15).

Hannover, Heinrich: *Der Fall Günter Wallraff.* Die Verfolgung eines kritischen Journalisten (1968-1975), in ders.: Die Republik vor Gericht 1954-1974. Erinnerungen eines unbequemen Rechtsanwalts, Berlin ²1998 (300-315).

Heimbrecht, Jörg: *Das Milliardending,* Köln 1984.

Henne, Helmut (mit Helmuth Rehbock): *Einführung in die Gesprächsanalyse,* Berlin ²1982.

— (mit Helmuth Rehbock): *Einführung in die Gesprächsanalyse,* 4. durchgesehene und bibliographisch ergänzte Auflage, Berlin 2001.

Henschel, Gerhard: *Gossenreport.* Betriebsgeheimnisse der Bild-Zeitung, Berlin 2006.

Herbert, Ulrich: *Geschichte der Ausländerpolitik in Deutschland,* München 2001.

Herder, Johann Gottfried: *Ueber die Würkung der Dichtkunst auf die Sitten der Völker in alten und neuen Zeiten,* in: Sämtliche Werke hrsg. v. Bernhard Suphan, Bd. 8, Hildesheim 1967 (334-346).

Heringer, Hans Jürgen: *Interkulturelle Kommunikation.* Grundlagen und Konzepte, Tübingen 2004.

Hesse, Reinhard: *Ein Millionär leidet für Deutschland.* Wie Günter Wallraff mit niederer Arbeit nach oben kam, in: Transatlantik 1986, Heft 2 (34-41).

Hoffmann, Anne: *Islam in den Medien.* Der publizistische Konflikt um Annemarie Schimmel, Münster 2004.

Honnef-Becker, Irmgard: *Interkulturalität als neue Perspektive der Deutschdidaktik* (Interkulturelle Bibliothek Bd. 111), Nordhausen 2006.

Hug, Wolfgang (Hrsg.): *Unsere Geschichte.* Bd. 4: Von der Oktoberrevolution bis zur Gegenwart, Frankfurt ²1991.

Huhnke, Brigitta: *Geschlecht und Politik im Spiegel der Medien,* in: Wiedemann, Dieter und Jürgen Lauffer: Die medialisierte Gesellschaft. Beiträge zur Rolle der Medien in der Massengesellschaft (Schriften zur Medienpädagogik Bd. 34), Bielefeld 2003 (242-263).

Huth, Manfred (Hrsg.): *Lehren und Lernen interkulturell und antirassistisch,* Baltmannsweiler 1997.

Institut der deutschen Wirtschaft: *Dichtung als Waffe im Klassenkampf am Beispiel Günter Wallraff,* o.O. o.D.

Jäger, Siegfried: *Kritische Diskursanalyse.* Eine Einführung, Duisburg 1993.

Jaeggi, Urs: *Gruppe 61 und Werkkreis Literatur der Arbeitswelt,* in: Arnold-Dielewicz, Ilsabe Dagmar und Heinz Ludwig Arnold: Literarisches Leben in der Bundesrepublik, Stuttgart 1974 (115-125).

Jaspers, Karl: *Wahrheit, Freiheit und Friede* (1958), in: Lebensfragen der deutschen Politik, München 1963 (158-170).

— *Lebensfragen der deutschen Politik,* München 1963.

— *Politische Schriftsteller und politisches Handeln,* in: Hoffnung und Sorge. Schriften zur deutschen Politik 1945-1965, München 1965 (366-371).

— *Was ist deutsch?,* in: Hoffnung und Sorge. Schriften zur deutschen Politik 1945-1965, München 1965 (346-365).

— *Wohin treibt die Bundesrepublik?* Tatsachen – Gefahren – Chancen, München 1966.

— *Antwort.* Zur Kritik meiner Schrift ›Wohin treibt die Bundesrepublik?‹, München 1967.

Jörges, Hans-Ulrich: »*Ganz unten*« - *Ganz oben?* Erfolg und Bürde eines Bestsellers. Eine Nachbetrachtung von Hans-Ulrich Jörges, in: Berger, Frank: Thyssen gegen Wallraff. Chronik einer politischen Affäre, Göttingen 1988 (145-169).

Kattenstroth, Ludwig: *Grußwort der Bundesregierung*, in: ›Magnet Bundesrepublik‹ – Probleme der Ausländerbeschäftigung. Informationstagung der Bundesvereinigung der Deutschen Arbeitgeberverbände, Köln 1966 (11-19).

Kaya, Devrim: ›*Meine einzige Schuld ist, als Kurdin geboren zu sein*‹. Eine junge Frau auf der Flucht vor türkischer Folter und deutscher Justiz, (2000) Frankfurt 2001.

Keller, Reiner: *Diskursforschung*. Eine Einführung für SozialwissenschaftlerInnen (Qualitative Sozialforschung, hrsg. v. Ralf Bohnsack u.a. Bd. 14), Opladen 2004.

Kimmerle, Heinz: *Interkulturelle Philosophie*. Zur Einführung, Hamburg 2002.

Kirwel, Thomas: *Ausländerfeindlichkeit in der deutschen Presse – untersucht an* ›Bild‹, ›FAZ‹, ›taz‹ und der ›Deutschen National-Zeitung‹, Hamburg 1996.

Kistler, Helmut: *Die Bundesrepublik Deutschland*. Vorgeschichte und Geschichte 1945-1983, Bonn 1985.

Kogon, Eugen: *Nachwort (Auszüge)*, in: Wallraff, Günter: 13 unerwünschte Reportagen und Anhang: Verbotene Aufrüstung Giftgas für die Bundeswehr, Reinbek bei Hamburg 1986 (156-157).

Krebs, Mario: *Ulrike Meinhof*. Ein Leben im Widerspruch, Reinbek bei Hamburg (1988) 1991.

Kreutzer, Leo: *Nachwort*, in: Wallraff, Günter: Industriereportagen. Als Arbeiter in deutschen Großbetrieben, (1966) Köln ²1998 (137-144).

Kriese, Wilfried: *In meinen Augen Günter Wallraff*, Rottenburg 2004.

Kröncke, Gerd: *Wallraffs Aktion und die Reaktion der bundesdeutschen Presse*, in: UFN I 1975 (165-184).

Kromschröder, Gerhard: *Als ich ein Türke war*. Ein Lehrstück zur Ausländerfeindlichkeit, Frankfurt/Main 1983.

Kühn, Peter: *Interkulturelle Semantik* (Interkulturelle Bibliothek Bd. 38), Nordhausen 2006.

Kuhn, Anna K.: *Bourgeois Ideology and the (Mis)Reading of Günter Wallraff's* ›Ganz unten‹, in: New German critique, New York, Heft 46, 1989 (191-202).

Lange, Rudolf: *Gutachten der Filmbewertungsstelle Wiesbaden*, in: Kriese, Wilfried: In meinen Augen Günter Wallraff, Rottenburg 2004 (126-127).

Lattmann, Dieter: *Kindlers Literaturgeschichte der Gegenwart*. Autoren – Werke – Themen – Tendenzen. Bundesrepublik Deutschland seit 1945, Bd. I, München 1973.

Leggewie, Claus: *Alhambra – Der Islam im Westen*, Reinbek bei Hamburg 1993.

– *Das Ende der Geduld – und ein politischer Anfang?* Zehn Gebote für das deutsch-türkische Verhältnis, in: Leggewie, Claus und Zafer Senocak (Hrsg.): Deutsche Türken. Das Ende der Geduld, Reinbek bei Hamburg 1993 (131-136).

– *Das Ende der Lebenslügen: Plädoyer für eine neue Einwanderungspolitik,* in: Bade, Klaus J. (Hrsg.): Das Mainfest der 60: Deutschland und die Einwanderung, München 1994 (213-225).

Lenz, Siegfried: *Über Phantasie.* Gespräche mit Heinrich Böll, Günter Grass, Walter Kempowski, Pavel Kohout, hrsg. v. Alfred Mensak, München 1986.

Lessing, Alfred: *Mein Leben im Versteck.* Wie ein deutscher Sinti den Holocaust überlebte, Düsseldorf 1993.

Lewis, Oscar: *Die Kinder von Sánchez.* Selbstportrait einer mexikanischen Familie, (1961), Düsseldorf 1964.

Liebenstein-Kurtz, Ruth Freifrau von: *Stundenblätter Woyzeck,* Stuttgart ³1994.

Liedke, Martina (u.a.): *Interkulturelles Handeln lehren – Ein diskursanalytischer Trainingsansatz,* in: Brünner, Gisela (u.a.) (Hrsg.): Angewandte Diskursforschung, Bd. 2: Methoden und Anwendungsbereiche, Radolfzell 2002 (148-179).

Lindemann, Helmut: *Daseinsverfehlung – Dritter Akt,* in: Zensuren nach 20 Jahren Bundesrepublik, Köln 1969.

Linder, Christian: *Ein anderes Schreiben für ein anderes Leben; und umgekehrt.* Gespräch mit Günter Wallraff, in: Linder, Christian: Schreiben und Leben, Köln 1974 (80-121).

– *Schreiben &Leben.* Gespräche, Köln 1974.

– (Hrsg.): *In Sachen Wallraff.* Berichte, Analysen und Dokumente, Köln 1975.

– *Günter-Wallraff-Porträt,* in: Linder, Christian (Hrsg.): In Sachen Wallraff. Berichte, Analysen und Dokumente, Köln 1975 (52-77).

– (Hrsg.): *In Sachen Wallraff.* Von den ›Industriereportagen‹ bis ›Ganz unten‹. Berichte, Analysen, Meinungen und Dokumente, Köln 1986.

Lohmeyer, Henno: *Springer: ein deutsches Imperium.* Geschichte und Geschichten, Berlin 1992.

Maletzke, Gerhard: *Interkulturelle Kommunikation.* Zur Interaktion zwischen Menschen verschiedener Kulturen, Opladen 1996.

Mall, Ram Adhar: *Essays zur interkulturellen Philosophie* (Bausteine zur Mensching-Forschung Bd. 4), Nordhausen 2004.

Mayer, Hans: *Vorwort. Schreib das auf, Wallraff!,* in: EEF 1987 (I-VII).

McChesney, Robert W. (mit Robert Waterman): *Rich Media, Poor Democracy: communication politics in dubious times,* New York 2000.

Mechtel, Angelika: *Gruppentheorie,* in: Arnold, Heinz Ludwig (Hrsg.): Gruppe 61. Arbeitsliteratur – Literatur der Arbeitswelt? München 1971.

Meinhof, Ulrike: *Die Würde des Menschen,* in: Brückner, Peter: Ulrike Marie Meinhof und die deutschen Verhältnisse, Berlin 1976 (11-14).

– *Provinz und kleinkariert,* in: Die Würde des Menschen ist antastbar, Berlin 1980.

Mensching, Gustav: *Toleranz und Wahrheit in der Religion,* (1955) Hamburg ²1966.

Mertes, Heinz Klaus: *Ali. Phänomene um einen Bestseller*, München 1986.

Micksch, Jürgen: *Rassistischer Einfluß auf die Politik*, in: Bade, Klaus J.: Ausländer, Aussiedler, Asyl in der Bundesrepublik Deutschland, Bonn 1992.

Müller, Harald: *Demokratie, Krieg und Medien*, in: Wiedemann, Dieter und Jürgen Lauffer: Die medialisierte Gesellschaft. Beiträge zur Rolle der Medien in der Massengesellschaft (Schriften zur Medienpädagogik Bd. 34), Bielefeld 2003 (57-73).

Müller-Münch, Ingrid: *Freunde, Frust und fremde Federn*, in: Frankfurter Rundschau vom 12.10.1987.

Negt, Oskar: *Wallraffs Untersuchungsarbeit in Bereichen der ›unterschlagenen Wirklichkeit‹. Literarische Sprachlosigkeit als Ende und Anfang*, in: Linder, Christian (Hrsg.): In Sachen Wallraff. Berichte, Analysen und Dokumente, Köln 1975 (105-136).

Nesin, Aziz: *Ein Verrückter auf dem Dach*. Meistersatiren aus 50 Jahren, München 1996.

Neuffer, Martin: *Die Erde wächst nicht mit*. Neue Politik in einer überbevölkerten Welt, München 1982.

Niemeyer, Rolf: *Die Figur ist eine nationale Beleidigung*, in: Literatur konkret, Hamburg 1986, Heft 11 (10-12).

Oberndörfer, Dieter: *Politik für eine offene Republik: Die ideologischen, politischen und sozialen Herausforderungen einer multikulturellen Einwanderungsgesellschaft*, in: Bade, Klaus J. (Hrsg.): Das Manifest der 60: Deutschland und die Einwanderung, München 1994 (133-147).

Özakin, Aysel: *Ali hinter den Spiegeln*, in: Literatur konkret, Heft 11, Hamburg 1986 (6-9).

Ohm, Thomas: *Asiens Kritik am abendländischen Christentum*, München 1948.

Olma, Walter: *Wallraff, (Hans) Günter*, in: Killy, Walter: Literaturlexikon. Autoren und Werke deutscher Sprache, 2. Ausgabe (Digitale Bibliothek Bd. 9, Berlin 2000 (117-118).

Ostermann, Eberhard: *Ali Wallraff: Stellvertreter, Heilsbringer und Märtyrer*, in: Psychologie heute, Heft 5 1986 (38-41).

o.V.: *Solidarität mit Günter Wallraff*, in: o.V.: Sonderdruck zur Auseinandersetzung um die Autorenschaft Günter Wallraffs, Göttingen 1987.

o.V.: *Bonniers svenska ordbok (Bonniers schwedisches Wörterbuch)*, Stockholm 1998.

Pallowski, G. Katrin: *Die dokumentarische Mode*, in: o.V.: Literaturwissenschaft und Sozialwissenschaften 1. Grundlagen und Modellanalysen, 2., teilweise überarbeitete Auflage, Stuttgart 1972 (235-314).

Papcke, Sven: *Ganz oben, oder: Der Charme des Elends*, in: L'80, Heft 37, 1986 (5-9).

Peters, Paul: *Ritter von der wandelbaren Gestalt*. Zu Günter Wallraffs ›Ganz unten‹. In: Die neue Gesellschaft/Frankfurter Hefte, Heft 11, 1986 (1006-1014).

Pfaff, Viktor (mit Mona Wikhäll) (Hrsg.): *Das schwedische Modell der Ausbeutung*. Texte zum Arbeiterleben und zur Klassenstruktur im Wohlfahrtsstaat, Köln 1971.

Pilger, John: *Günter Wallraff – Lowest of the Low*, in: Tell me no lies. Investigative Journalism and its Triumphs, London 2005 (158-161).

Pleitgen, Fritz (Hrsg.): Die Ausbürgerung. Anfang vom Ende der DDR, München 2001.

Pohrt, Wolfgang: *Alles Dallas*. Über den Krach im Wallraff-Clan, in: Ein Hauch von Nerz, Berlin 1989 (70-72).

Rath, Rainer: *Kommunikationspraxis*. Analysen zur Textbildung und Textgliederung im gesprochenen Deutsch, Göttingen 1979.

Reiche, Jürgen: *Bilder, die lügen*, Bonn 2003.

Reinecke, Siegfried: *Logik des Krieges und Logistik der Wahrnehmung*. Die Medien zur extremistischen Kriegsführung, in: Häßler, Hans-Jürgen und Christian von Heusinger (Hrsg.): Frieden, Tradition und Zukunft als Kulturaufgabe. Wie gestalten wir die Zukunft des Planeten Erde?, Würzburg 1993 (421-432).

Röll, Franz-Josef: *Mythen und Symbole in der Politik*, in: Wiedemann, Dieter und Jürgen Lauffer: Die medialisierte Gesellschaft. Beiträge zur Rolle der Medien in der Massengesellschaft (Schriften zur Medienpädagogik Bd. 34) Bielefeld 2003 (74-103).

Rössner, Michael (Hrsg.): *Lateinamerikanische Literaturgeschichte*. Stuttgart und Weimar 1995.

Rollka, Bodo: *Die Reise ins Souterrain*. Eugène Sue und Günter Wallraff, Berlin 1987.

Romain, Lothar (mit Michael Töteberg): *Günter Wallraff*, in: Arnold, Heinz Ludwig (Hrsg.): Kritisches Lexikon der deutschsprachigen Gegenwartsliteratur, München 1978.

Ruhl, Klaus-Jörg (Hrsg.): ›*Mein Gott, was soll aus Deutschland werden?*‹ Die Adenauer-Ära 1949-1963, München 1985.

Salzer, Anselm (mit Eduard von Tunk): *Illustrierte Geschichte der deutschen Literatur in sechs Bänden*, Bd. VI: Von 1933 bis zur Gegenwart, Frechen o. D.

Sauser, Ekkart: *Defregger, Matthias*, in: Biographisch-Bibliographisches Kirchenlexikon Bd. XIV, Nordhausen 1998 (911-913).

Schank, Gerd: *Untersuchungen zum Ablauf natürlicher Dialoge*, München 1981.

Scheidgen, Hermann-Josef, Norbert Hintersteiner und Yoshiro Nakamura (Hrsg.): *Philosophie, Gesellschaft und Bildung in Zeiten der Globalisierung* (Studien zur Interkulturellen Philosophie, Bd. 15, hrsg. von Heinz Kimmerle und Ram Adhar Mall) Amsterdam/New York 2005.

Schelsky, Helmut: *Die skeptische Generation*. Eine Soziologie der deutschen Jugend, Düsseldorf 1957.

Schildt, Axel: *Rebellion und Reform.* Die Bundesrepublik der Sechzigerjahre, Bonn 2005.

Schmidt, Axel: *Gesellschaft, Alltag und Kultur in der Bundesrepublik,* in: Deutschland in den 70er/80er Jahren, Bonn 2001 (34-43).

Schmidt, Heinz G.: Der neue Sklavenmarkt, Basel 1985.

Schneider, Peter: *Atempause.* Versuch, meine Gedanken über Literatur und Kunst zu ordnen, Reinbek bei Hamburg 1977.

Schneider, Wolf (mit Paul-Josef Raue): *Das neue Handbuch des Journalismus,* Reinbek bei Hamburg 2006.

Schöndorf, Erich: *Von Menschen und Ratten.* Über das Scheitern der Justiz im Holzschutzmittelskandal, Göttingen ³1998.

Schomers, Michael: *Deutschland ganz rechts.* Sieben Monate als Republikaner in BRD & DDR, Köln 1990.

Schultke, Dietmar: ›*Keiner kommt durch*‹. Die Geschichte der innerdeutschen Grenze 1945-1990, Berlin 1999.

Şen, Faruk: *Türkische Minderheit in Deutschland,* in: Türkei, Bonn 2002 (53-61).

Sherman, Arnold: *Zypern – Die gefolterte Insel.* Der griechisch-türkische Zypernkonflikt und seine Hintergründe, Freiburg 1999.

Sigirlioglu, Levent (mit Taner Aday): *Wallraff ganz unten durch,* in: Konkret 8/1987 (52-53).

Simon, Jeannine: *Wirkungen von Daily Soaps auf Jugendliche* (Angewandte Medienforschung. Schriftenreihe des Medien Instituts Ludwigshafen, Bd. 30), München 2004.

Sitte, Simone: *Die Leiden des jungen Ali.* Erfolg und Wirkung von Günter Wallraffs ›Ganz unten‹, in: Linder, Christian (Hrsg.): In Sachen Wallraff. Von den ›Industriereportagen‹ bis ›Ganz unten‹. Berichte, Analysen, Meinungen und Dokumente, Köln 1986 (354-374).

Söhl, Irmhild: *Tadesse, warum?* Das kurze Leben eines äthiopischen Kindes in einem deutschen Dorf, Freiburg 1991.

Sölçün, Sargut: *Sein und Nichtsein.* Zur Literatur in der multikulturellen Gesellschaft, Bielefeld 1992.

— ›*Ali Woyzeck*‹, in: Wallraff, Günter: Ganz unten. Mit einer Dokumentation der Folgen, Köln ¹⁶2002 (441-446).

Spoo, Eckart (Hrsg.): *Die Tabus der bundesdeutschen Presse,* München (1971) 2., revidierte Auflage 1973.

— Spoo, Eckart: *Wie sind die Tabus zu brechen?* Über die Notwendigkeit struktureller Änderungen in der Presse, in: Spoo, Eckart (Hrsg.): Die Tabus der bundesdeutsche Presse, München (1971) 2., revidierte Auflage 1973 (120-134).

Staeck, Klaus: *Ohne Auftrag.* Unterwegs in Sachen Kunst und Politik, Göttingen 2000.

Stig, Hansén (mit Clas Thor) (Hrsg.): *Förklädd (Verkleidet)*, Stockholm 1995.

Stoll, Christoph: *Wallraff, (Hans) Günter*, in: Kunisch, Hermann (u.a.): Neues Handbuch der deutschsprachigen Gegenwartsliteratur seit 1945, München (1990) aktualisierte Ausgabe 1993 (1120-1122).

Streich, Jürgen: *Das Sprengen aller Takte und Konventionen*. Günter Wallraff enthüllt... seine Plattensammlung, in: Gorny, Dieter und Jürgen Stark (Hrsg.): Popkultur 2002/2003, Reinbek bei Hamburg 2002 (117-120).

Telek, Nazif: *Von Kurdistan nach Deutschland*. Muhamed erzählt, warum seine Familie hier Asyl sucht, Essen 1994.

Terkessidis, Mark: *Psychologie des Rassismus*, Opladen 1998.

Tilgner, Ulrich: *Der inszenierte Krieg*. Täuschung und Wahrheit beim Sturz Saddam Husseins, Berlin 2003.

Toulmin, Stephen: *Der Gebrauch von Argumenten*, Kronberg 1975.

Tsikalos, Georgios: *Ausländerfeindlichkeit*. Tatsachen und Erklärungsversuche, München 1983.

Türcke, Christoph: *Erregte Gesellschaft*. Philosophie der Sensationen, München 2002.

Turan, Sara Gül: *Freiwild*. Meine Zeit in einem deutschen Gefängnis, Düsseldorf 1992.

Viezzer, Molma: *Wenn man mir erlaubt zu sprechen...* Das Zeugnis der Domitila, einer Frau aus den Minen Boliviens, Bornheim-Merten 1980.

Volkmer, Ingrid: *Jenseits des ›Globalen‹ und ›Lokalen*, in: Wiedemann, Dieter und Jürgen Lauffer: Die medialisierte Gesellschaft. Beiträge zur Rolle der Medien in der Massengesellschaft (Schriften zur Medienpädagogik Bd. 34) Bielefeld 2003 (41-56).

Vormweg, Heinrich: *Eine andere Lesart*. Über neue Literatur, Neuwied 1972.

— *Wallraff als Literaturproduzent*, in: Linder, Christian (Hrsg.): In Sachen Wallraff. Berichte, Analysen und Dokumente, Köln 1975 (137-142).

Weischenberg, Siegfried (u.a.): *Handbuch Journalismus und Medien*, Konstanz 2005 (122-126).

Werner Jürgen: *Rezension zu Günter Wallraff, Eckart Spoo, Unser Faschismus nebenan*, in: Deutsche Literaturzeitung Nr. 98, 1977 (490-494).

— *Rezension zu Günter Wallraff, Eckart Spoo, Unser Faschismus nebenan*, in: Deutsche Literaturzeitung Nr. 106, 1985 (470-471).

— *Günter Wallraff und Griechenland*, in: ders. (Hrsg.): Modernes Griechenland – modernes Zypern. Vorträge einer wissenschaftlichen Konferenz des Fachbereichs ›Antike Literatur/Neogräzistik‹ der Karl-Marx-Universität Leipzig, Amsterdam 1989 (7-31).

Wiedemann, Dieter: *Medien und Demokratie*. Alte Illusionen und neue Kompetenzen, in: Wiedemann, Dieter und Jürgen Lauffer: Die medialisierte Gesellschaft. Beiträge zur Rolle der Medien in der Massengesellschaft (Schriften zur Medienpädagogik Bd. 34) Bielefeld 2003 (14-24).

Yousefi, Hamid Reza (mit Ram Adhar Mall): *Grundpositionen der interkulturellen Philosophie* (Interkulturelle Bibliothek Bd. 1), Nordhausen 2005.

— *Toleranz als Weg zur interkulturellen Kommunikation und Verständigung,* in: Wege zur Kommunikation. Theorie und Praxis interkultureller Toleranz, hrsg. v. Hamid Reza Yousefi u.a., Nordhausen 2006 (19-48).

— (mit Sarah Ginsburg): *Kultur des Krieges.* Amerikanismus – Zionismus – Islamismus, Nordhausen 2007.

Zaptçioğlu, Dilek: *Die Geschichte des Islam,* Frankfurt/Main 2002.

Zimmermann, Bernhard: *Randgruppenhelden als intellektuelle Protestfiguren der Gegenwart,* in: Fischer, Jens Malte (u.a.) (Hrsg.): Erkundungen. Beiträge zu einem erweiterten Literaturbegriff, Göttingen 1987 (293-309).

Žmegač, Viktor (Hrsg.): *Geschichte der deutschen Literatur.* Vom 18. Jahrhundert bis zur Gegenwart (1918-1980), Band III, Königstein 1984.

Namensverzeichnis